Eduard Bertz

Philosophie des Fahrrads

EDUARD BERTZ

PHILOSOPHIE DES FAHRRADS.

DRESDEN U. LEIPZIG
CARL REISSNER
1900.

Eduard Bertz

Philosophie des Fahrrads

Erweiterte Neuausgabe
herausgegeben von
Wulfhard Stahl

g

Georg Olms Verlag
Hildesheim · Zürich · New York
2012

Bibliografische Information der Deutschen Nationalbibliothek

Die Deutsche Nationalbibliothek verzeichnet diese Publikation
in der Deutschen Nationalbibliografie; detaillierte bibliografische Daten
sind im Internet über *http://dnb.d-nb.de* abrufbar.

Printed in Hungary
Gedruckt auf säurefreiem und alterungsbeständigem Papier
Umschlaggestaltung: Inga Günther
unter Verwendung einer Zeichnung von Emil Kneiss in:
Jugend 1 (1896), Nr. 26, 27. Juni, S. 415
ISBN 978-3-487-08497-8

Inhalt

Falke — M.-Gladbach, Nr. XIV.

Bahn-Rennrad.

1

Die Geschichte des Fahrrads und ihre Symbolik. Schnelligkeit und Verbreitung. Kostenpunkt

Noch waren die Werkzeuge sehr unvollkommen, mit deren Hilfe die antiken Kulturvölker ihre Herrschaft über die Natur ausübten, als von den Lippen des Sophokleischen Chors schon der bewundernde Ruf ertönte: „Nichts ist gewaltiger als der Mensch!" Wie würde der griechische Dichter erst staunen, wenn er heut zu sehen vermöchte, bis zu welchem Umfang diese Herrschaft im Laufe der Jahrtausende gewachsen ist. Denn jede neue Erfindung war ein Sieg, der den menschlichen Machtbereich erweiterte und die rohen Kräfte, die ungebändigt des Menschen grausamste Feinde waren, in seine Verbündeten, ja in seine gehorsamen Sklaven umwandelte. Fast könnte es scheinen, als habe das Weltgesetz, dem alle Wesen unterworfen sind, für den Menschengeist seine Gültigkeit verloren, da die Natur sich in ihm zu einer höheren Lebensform gesteigert hat, indem sie ihm als ihrem bevorzugten Sohne das Regiment anvertraute. Im ersten Stadium der Entwicklung, wo das Prinzip der natürlichen Zuchtwahl mit ursprünglicher Rücksichtslosigkeit waltet, werden die Geschöpfe ganz und gar von den Verhältnissen beherrscht: Sie müssen sich der Welt anpassen, oder sie verderben. Im zweiten Stadium aber, mit dem die Kultur beginnt, tritt der Mensch, und er allein von allen Erdbewohnern, der Natur wie ein Freier gegenüber. Seine Anpassungsfähigkeit, die sich im Kampf ums Dasein aus dumpfer Sinnlichkeit zu höchster Geistigkeit entwickelte, wurde zum schöpferischen Vermögen, und die Welt, der er sich ehedem angepaßt, die paßt er nun sich selbst an.

Freilich mehren sich mit den Erfolgen auch die Bedürfnisse, niemals endet die Not, und nur in immer erneutem Kampfe lassen die Elemente sich abringen, was wir von ihnen fordern. Das drücken schon die tiefsinnigen Sagen der Alten aus. Bei den Griechen war es Prometheus, der die Flamme vom Himmel stahl, um das Kulturfeuer auf Erden zu entzünden; er versinnbildlicht den ersten Sieg der Menschheit über die Natur. Aber an den Felsen geschmiedet, wo der Adler des Zeus die Leber des Wehrlosen frißt, muß er mit ewiger Qual für seine Vermessenheit büßen, und auch in diesem tragischen Schicksal spiegelt das Los des Menschengeschlechts sich wider, das, der Unschuld des Naturlebens entrissen, mit der Kultur all ihre Schmerzen auf sich nahm. In der Genesis werden die Bewohner des Paradieses zwar zur Herrschaft über das Tierreich berufen; die Welt ist ihr eigen; sie sind mit der Natur in Harmonie gesetzt. Doch auch ihnen wird der ewige Lebenskampf auferlegt, als sie aus dem Paradiese vertrieben sind. „Im Schweiße deines Angesichts sollst du dein Brot essen" – dieser Fluch begleitet uns auf die Höhe unserer Errungenschaften, und nichts berechtigt uns zur Überhebung oder zur Rast. Allein eben diese Not, die uns quält, ist es gerade, die uns vorwärts treibt, die uns immer höher führt. Und wenn man auch das Leid und die Tränen der Entbehrung nicht darum segnen mag, weil sie den Antrieb zum Fortschritt bilden, so gewährt doch diese rastlose Höherentwicklung der gegen die Übermacht der Naturkräfte und des Schicksals kämpfenden Menschen einen erhabenen Anblick, der an den Kampf der Giganten und Titanen gegen die Olympischen erinnert. Zahllose Opfer fallen in diesem Kriege, und zuletzt erliegt auch der Glücklichste dem Gesetz der Vergänglichkeit. Aber über dem gähnenden Abgrund des Todes hängen wir für die kurze Spanne, die uns auf Erden vergönnt ist, unser trauliches Nest auf, das wir uns mit eigener Kraft geschaffen. Gegen die Mächte der Zerstörung, die heimlich nagend oder in tosendem Ungestüm die Welt erfüllen, haben wir es uns erobert, und die Freudigkeit der schaffenden Arbeit erhebt unsere Herzen und versöhnt uns mit dem immer drohenden Schicksal, dem wir ein Lächeln abgewonnen.

Zu den größten und folgenschwersten Triumphen des Menschen gehören unstreitig alle die Mittel, mit deren Hilfe es ihm gelang, seine Kräfte über ihr natürliches Maß zu steigern und dadurch Raum und Zeit zu überwinden. Es ist nicht unwahrscheinlich, daß spätere Geschlechter das Altertum bis zur Entdeckung der Dampfkraft rechnen und die Eisenbahnen nebst dem elektrischen Telegraphen als die Bahnbrecher des neuen Zeitalters ansehen werden. Denn mit ihnen erst begann der gewaltige Völkerverkehr, der die chinesischen Mauern überschritt, welche es bis dahin auch in Europa gab, und der notwendig nach und nach mit der inneren Annäherung der Nationen den Durchbruch einer politischen Ethik herbeiführen muß, nach welcher die Besten in allen Landen schon lange geschmachtet haben. Bisher stand ja die Politik jenseits von Gut und Böse und schleppte sich hin mit dem ungeheuerlichen Widerspruch, daß das Lebensgesetz der Art, das natürlich menschliche Sittengesetz, für den größeren Menschenverband, der sich Staat nennt, seine Verbindlichkeit besitzt. Aber wenn einmal die Grenzen des Raumes überbrückt sind und immer häufiger die Nachbarn sich in herzlichem Einverständnis begegnen, so muß das Gefühl ihrer gemeinsamen Menschenwürde hüben wie drüben erstarken, und was heut noch eine kleine Minderheit ist, das muß dann zur überwiegenden Mehrzahl werden, die Scham empfindet über die so lange in Dumpfheit und Verblendung gehegte nationale Barbarei.

Auch das Fahrrad ist eins von den Werkzeugen, vermöge deren der Mensch sowohl sich der Erde wie die Erde sich selbst anpaßt; eine Waffe, mit deren Hilfe er ihre Schranken niederzwingt und ihr Herr wird. Und da es ihn so gut wie die Eisenbahnen, ja besser noch, von Land zu Land trägt, so ist es auch seinerseits ein Apostel des Völkerfriedens.

Schon in der Geschichte des Fahrrads liegt für den „guten Europäer" eine erhebende Symbolik: Es ist ein gemeinsames Werk der Kulturmenschheit. An dieser Tatsache kann nicht gerüttelt werden, wenn auch in einzelnen Punkten noch manches der Aufklärung bedarf und die verschiedenen Chronisten sich stark widersprechen. Aus Deutschland stammt die erste Idee der Fortbewegung durch die Muskelkraft des Fahrenden, wiewohl nur vermittelst drehbarer Handkurbeln; aus Deutschland ebenso das Prinzip der zwei hintereinander laufenden Räder, die in der ersten Hälfte des 18. Jahrhunderts in Nürnberg an einer Laufmaschine auftauchten. Danach ist es freilich irrig, unseren Drais als den Erfinder des Laufrads zu bezeichnen, und noch viel weniger kommt ihm die Ehre zu, das Fahrrad erfunden zu haben. Doch wurde vielleicht von ihm schon am Laufrad die Balancierfähigkeit des Zweirads erkannt. In Frankreich wurden zuerst von Richard an einem mehrrädrigen Wagen, dann von Michaux am Zweirad Tretkurbeln angewendet, und wären diese auch wirklich schon im 13. Jahrhundert von Roger Bacon, dem Oxforder Doctor mirabilis, ersonnen worden, so würde dadurch das Verdienst der Franzosen nicht geschmälert werden, das Laufrad in ein Fahrrad verwandelt und Frankreich zum eigentlichen Geburtsland des Radsports gemacht zu haben. Dort entstanden auch die Tangentialspeichen. In England wurde durch Vevers die erste lenkbare Fahrmaschine gebaut, hier wurde das Holz zuerst durch Stahl ersetzt, hier kamen die Kugellager und die Transmissionskette auf. Hier entstand auch das Sicherheitsrad für jedermann, und hier endlich wurde, nachdem der aus Amerika stammende Kissenreifen in Irland von Dunlop durch den Pneumatic ersetzt worden, der Radsport zur lebendigen Wirklichkeit, anderen Völkern zur Nachahmung.

Angesichts dieser Ergebnisse der Forschung sollte man doch den kleinlichen Streit um die Priorität der Erfindung des Fahrrads aufgeben. Nicht von einem Menschen, nicht von einem Volke, sondern durch die Zusammenarbeit der Länder ist es geschaffen. Wenige andere Errungenschaften der Kulturmenschheit erweisen in gleichem Maße die Solidarität der Nationen und zeigen uns so deutlich den Weg, den die Entwicklung der Zivilisation uns führen will. Die friedliche Wechselwirkung der Völker, ihr unzerreißbarer Kulturbund ist eine Tatsache, die nichts aus der Welt schafft; und es ist die hohe Aufgabe der Philosophie, in energischem Widerspruch gegen das unheilvolle, um die Wahrheit unbekümmerte Treiben einer kurzsichtigen Interessenpolitik, diese Erkenntnis in das hellste Licht zu rücken, damit der verächtliche und verdammungswürdige Rassenhaß, an dem unsere Zeit noch krankt, immer mehr vom Angesicht der Erde verschwinde.

Die Entwicklung des Fahrrads hat Tatsachen der Mechanik aufgedeckt, die von den Erfindern nicht in Berechnung gezogen waren. Wie so oft, ist das Glück auch hier dem Genie auf halbem Wege entgegengekommen. Gerade Fachleute, welche die Schwierigkeiten am besten zu würdigen wissen, die es zu überwinden galt, erklären daher auch das Rad ohne Zögern für das Wunder der Neuzeit. Solch eine ungeahnte Entdeckung war die Balance, die das Zweirad hält und die noch heut von den Theoretikern mehr beschrieben als eigentlich begründet wird. Solch eine Entdeckung war ferner die außerordentliche, im Verhältnis zu seiner Schwere von keinem anderen Gefährt erreichte Tragfähigkeit des Rades, die sich erst aus Versuchen und Erfahrungen ergab: Sie machte es möglich, das Gewicht des Rades immer mehr zu vermindern, ohne daß es dadurch an Haltbarkeit verlor. Eine solche Entdeckung endlich war die Geschwindigkeit des Rades; denn wenn auch gesteigerte Geschwindigkeit der Fortbewegung der Zweck des Draisschen Laufrades und des Michauxschen Velozipeds war, so haben diese Männer doch wohl in ihren kühnsten Träumen nicht erhofft, was heut darin erreicht ist. Bewußt erstrebt wurde sie erst von den späteren Vervollkommnern des Fahrrads. Und eben durch diese zwar nicht übernatürliche, aber übermenschliche Schnelligkeit hat es seine hohe Wichtigkeit als Verkehrsmittel erlangt.

Die größten Leistungen, die wir kennen, die Weltrecords unserer Sportgrößen, hinter Schrittmachern und Windfängern auf den Rennbahnen erzielt, oder gar der tolle Ritt des Amerikaners Murphy hinter einer Lokomotive, kommen hier freilich nicht in Betracht; denn sie sind bedingt durch künstlich geschaffene Verhältnisse; die praktische Bedeutung fehlt ihnen; sie haben nur den Wert von Kuriositäten. Aber was ein Radfahrer ohne Schrittmacher auf offener Landstraße zu leisten vermag, das ist von allergrößtem Gewicht; denn darin zeigt sich, wie weit Raum und Zeit von dem Rade überflügelt werden, und an dieser Frage hängt der Nutzen unserer Maschine im täglichen Leben wie ihre segensreiche Hilfe in außergewöhnlichen Schicksalslagen: nicht dem einzelnen nur vermag sie zu nützen, sie vermag ihn auch in Gefahr und Not zum Retter ganzer Ortschaften zu machen.

Da dient uns denn als bester Wertungsmaßstab der Vergleich zwischen der Schnelligkeit des Fahrrads und derjenigen des Pferdes. Und es hat sich durch vielfältige Versuche herausgestellt, daß der Reiter dem Radfahrer zwar auf kürzere Strecken sehr bedeutend überlegen ist: So schlug z.B. bei einem Rennen über 1400 Meter auf glatter, bergab gehender Landstraße der Reiter den Radfahrer, der mit einer Übersetzung von 104 fuhr, um 200 Meter. Auf größeren Strecken aber trägt der Radfahrer stets über den Reiter, auch wenn dieser das beste Rennpferd benutzt, den Sieg davon, und je weiter die Entfernung, um so mehr steigert sich das Verhältnis zu Gunsten des Radlers.

Die Schätzung seiner Leistungsfähigkeit ist natürlich sehr relativ, da es dabei auf die Unterschiede der persönlichen Kräfte und den Körperbau ankommt; doch wird man nicht übertreiben, wenn man annimmt, daß die Schnelligkeit des Radfahrers fünf- bis siebenmal größer ist als die des Fußgängers. Dabei darf man selbstverständlich den Weltrecord von 58,980 Kilometern in der Stunde, den der Franzose Taylor am 11. September 1899 auf der Pariser Prinzenpark-Bahn geschaffen hat, nicht als maßgebend ansehen.

Wie sich aus dem Vorrang des Pferdes auf kürzere und seinem Zurückbleiben auf weitere Strecken ergibt, beruht die Überlegenheit des Radfahrers ganz besonders auf seiner größeren Ausdauer, und diese ist dadurch bedingt, daß die Benutzung des Rades einen verhältnismäßig geringen Kraftaufwand erfordert. Darin beruht eben das Geheimnis seiner Macht und seiner Beliebtheit, daß es kaum ermüdet und dem Radler die Fähigkeit verleiht, den Raum gleichsam spielend zu überwinden.

So gewaltig also ist die Leistungsfähigkeit des Menschen, wo es auf Geschwindigkeit ankommt, durch das Fahrrad gewachsen; und da in der menschlichen Natur, als Ursache sowohl wie in seiner Steigerung als Ergebnis der Entwicklung, der Trieb liegt, den Nietzsche als Willen zur Macht definiert hat, seine Herrschaft auszubreiten bis an die äußerste Grenze seines Vermögens, so kann es nicht Wunder nehmen, daß diese die Kraft vervielfältigende Maschine sich in wenigen Jahren die Welt erobert hat. In allen Erdteilen und von allen Rassen wird sie benutzt, im Kapland so gut wie in Sibirien. Schon blühen in Japan die Damenradfahrclubs, und die Neger in den afrikanischen Kolonien übernehmen jetzt unsere abgelegten Räder so gern wie unsere alten Zylinderhüte. Selbst unter scheinbar widerstrebenden Bedingungen wird der Sport gepflegt. In kulturfernen Dörfern, die durch weiche, tiefe Sandwege von der neuen Zeit mehr getrennt als mit ihr verbunden sind, sieht man die jungen Burschen ihre Stahlrößlein tummeln; kein Pflaster scheint zu rauh, keine Landschaft gebirgig genug, um die Sportlustigen abzuschrecken.

Am meisten natürlich huldigt man der Radlerei in den großen Städten. Schon 1896 wurde die Zahl der Radfahrer allein in Berlin auf 35'000 berechnet, und diese Armee ist noch allenthalben in beständigem Wachstum begriffen. Eine lebendige Anschauung dieser ungeheuren Verbreitung gewinnt man, wenn man an einem Sonntag zur Zeit der Baumblüte den Straßenzug beobachtet, der von Berlin nach Werder führt. Eine ununterbrochene Kette von Rädern zieht sich an solchen Tagen in den Vormittagsstunden über eine Strecke von einigen vierzig Kilometern von der Metropole bis zu dem märkischen Inselstädtchen, und wenn abends der ganze Zug mit leuchtenden Laternen den Heimweg antritt, ist es bis tief in die Nacht, als ob eine endlose Prozession riesiger Glühwürmer sich dahinbewege. In einem Aufsatz der *Fortnightly Review* hieß es 1894, im Jahre 1870 sei das Radfahren eine Tändelei einiger wunderlicher Enthusiasten gewesen, 1880 ein wachsendes Vergnügen des Mittelstandes, 1890 ein nationaler Zeitvertreib; im Jahre 1900 aber werde es höchstwahrscheinlich aus einem Luxus ein notwendiges Bedürfnis geworden sein, und in naher Zukunft werde alles, was gesunde Gliedmaßen besitze, Männer, Frauen, Kinder, so gut über ein Rad verfügen wie über ein Paar Stiefel.

In der Tat, wir sind auf dem besten Wege zu diesem Ziele; denn beide Geschlechter radeln heutzutage, und jedes Alter, Arbeiter, Bauer und Soldat so gut wie Künstler und Gelehrte, wie Reichskanzler, Kaiser und Könige. Wie das Rad in seinem Ursprung und Wachstum ein gemeinsames Werk der Völker, so ist es in seiner Benutzung ein gemeinsamer Besitz aller Menschen, aller Klassen. Man darf freilich aus dieser Wahrheit keine überschwenglichen Folgerungen ziehen. Der Zar aller Reußen und der radelnde Schneidergeselle sind Sportskollegen, das ist richtig; aber sie besitzen noch manchen anderen unentbehrlichen Gegenstand gemeinsam, ohne daß bisher daraus ein tieferer Zusammenhang abgeleitet wäre. Trotzdem sind es nicht wenige, die in dieser gemeinsamen Sportausübung sich schon vom numerierten Klassenvertreter zum Menschen durchgefunden und unmerklich allerlei mittelalterliche Vorurteile von sich abgestreift haben. Und wirklich hat die Gemeinsamkeit des Radfahrens etwas Verbindendes; denn sehr lebendige Interessen, Wünsche und Bestrebungen sind es, die sich in jedem Radfahrer entwickeln; er wird durch die Bedürfnisse seines Sports unbewußt zum Mitglied einer großen, weltumfassenden Reformpartei, und es kann gar nicht ausbleiben, daß dabei allerlei Kleinliches von ihm abfällt und allerlei Neues, Befreiendes ihm zuwächst. Durch diese Interessengemeinschaft aber, die ein Band der Sympathie um die ganze radfahrende Welt schlingt, muß sich allerdings nach und nach eine innere Umwandlung vollziehen, so wenig sie auch zunächst noch manchem zum Bewußtsein kommen mag, und dadurch steht das Rad im Dienste des Fortschritts, der Entwicklung zur Humanität, des Friedens und der Freiheit. Und darum ist es auch keineswegs ausgeschlossen, daß zwischen dem Friedensmanifest des Zaren und seiner Zugehörigkeit zu dem großen kosmopolitischen Volk der radfahrenden Leute ein innerer Zusammenhang besteht.

Die Verbreitung des Radsports würde aber noch viel größer sein, wenn nicht die Kosten eines Rades noch immer sehr beträchtlich wären. Für ein gutes Niederrad muß man noch jetzt 275 bis 325 Mark ausgeben, selbst wenn man es bar bezahlt. Die angesehenen Fabriken führen zwar auch billigere Nummern; doch sind deren Zubehörteile wie Reifen, Sättel, Luftpumpen, Glocken u. dgl. meist minderwertig und müssen bald durch bessere ersetzt werden, wodurch man seines Vorteils bald wieder verlustig geht. Kauft man aber gar für wenig Geld ein Rad aus einer obskuren Fabrik oder aus Amerika, so muß man auf Schaden und Verdruß ohne Ende gefaßt sein und kann unter Umständen mehr für Reparaturen ausgeben, als die ganze Karre wert ist. Sachverständige meinen daher, die teuren Räder seien auf die Dauer doch die billigsten. Nun ist es freilich gewiß, daß ein wirklich gutes Rad aus bestem Material hergestellt sein muß und sehr sorgfältige Arbeit erfordert; darum können die Fabrikanten es auch nicht verschenken. Aber eine berechtigte Frage ist es doch, ob die herrschenden Preise nicht viel zu hoch sind und der Zwischenhandel eine viel höhere Steuer bezieht, als ihm eigentlich zukommt. Englische Blätter erklärten schon vor fünf Jahren, es sei gar kein Zweifel, daß der Preis der Fahrräder künstlich auf seiner Höhe erhalten werde und das berechtigte Maß weit übersteige. Schon damals war es deswegen auch in England üblich geworden, einen Rabatt von fünfzehn bis fünfzig Prozent von den Preislisten abzuziehen. Auch Zola, der in seinem Roman *Paris* so viel Gutes über den Radsport zu sagen weiß, hat das Drückende der hohen Preise empfunden; denn die „Lisette“, la bicyclette pour tous, die in dem Buche eine so wichtige Rolle spielt, kostet nur 150 Francs, und sie durfte nicht mehr kosten, um das Rad für alle Welt zu werden.

Es ist leider zu gewiß, daß viele, die sich den Besitz eines Rades trotz der großen Ausgabe nicht versagen können, über ihre Verhältnisse hinausgehen und sich dadurch in Sorgen verstricken. Kommt dazu noch die Beteiligung an kostspieligen Vereinen oder auf den Touren eine verführerische Geselligkeit, so kann ein Mann von schwachem Charakter durch das Rad wohl wirtschaftlich ruiniert werden. Am schwersten wird es aber häufig denen, die ihr Rad auf Abzahlung entnehmen, ihren Verpflichtungen gerecht zu werden.

Dennoch ist der Radsport für den, der ihn maßvoll und vernünftig betreibt, kein teures Vergnügen. Hat man einmal sein Kapital in einem wirklich guten Rade angelegt, so verzinst es sich reichlich. Bei James Starley in Coventry, dem Vater des Niederrads, steht ein Rover, auf dem ein schottischer Landbriefträger nicht weniger als 70'000 englische Meilen, also mehr als viermal den Umkreis des Erdballs zurückgelegt hat, und mit Ausnahme des Preises neuer Pneumatics betrugen die Reparaturkosten der Maschine während ihrer gesamten Gebrauchszeit nur 3 Shillings und 6 Pence. Stead, der dies berichtet, fügt hinzu, der billigste Grünkrämer-Esel fresse in einer Woche mehr, als die Reparaturkosten des Rades in einem ganzen Jahr ausmachen.

Diesen Ausgaben aber stehen noch allerlei Ersparnisse gegenüber. Man raucht nicht, wenn man radelt, man kehrt nicht zu langen Sitzungen in die Bierwirtschaften ein; der Preis eines Sportanzugs beträgt nur ein Viertel oder ein Drittel des Preises guter Straßenkleider, und an Schuhwerk spart man am meisten. Dazu vermindern sich die Reisekosten; denn nur selten noch benutzt man Droschke, Tramway oder Eisenbahn. Und wäre auch das alles nicht, so wäre doch der positive Gewinn, den der Geschäftsmann durch die Schnelligkeit des Rades, der Erholungsradler durch die gesunde Körperübung erlangt, worüber noch zu sprechen sein wird. Also kann man sagen: Das Fahrrad ist eine Wohltat, und seine Kosten lohnen sich reichlich für den, der die Ausgabe erschwingen kann. Doch gerade darum wäre es zu wünschen, daß diese Kosten sich verminderten, damit mehr und immer mehr auch mit Glücksgütern nur spärlich gesegnete Leute seiner Wohltat teilhaftig würden.

Das Fahrrad als „Allheil!"-Mittel

Prof. Dr. Delbrück hielt auf dem Kieler evangelisch-sozialen Congreß folgende begeisterte Lobrede auf das Fahrrad:

„Ich kann Ihnen jetzt mittheilen, daß mir das Verständniß für die Lösung der sozialen Frage aufgegangen ist. Ich kann es Ihnen mit einem Worte sagen: Ich bin seit zwei Jahren Radfahrer. Im Velozipeд liegt die Zukunft des Volkes. Ein Redner hat die Lösung der sozialen Frage in der Beseitigung der Trunksucht erblickt. Auch darin schafft das Rad Wandel. Kein Radfahrer ist Alkoholist. Das verträgt sich nicht.

Auch die Wohnungsfrage, ein so wichtiges Kapitel der sozialen Frage, löst das Rad. Geben Sie den jungen Leuten ein Rad und sie fahren hinaus und haben kein Interesse, sich mit sozialdemokratischen Versammlungen abzugeben. Beinahe habe ich schon Angst, daß der ganze Congreß morgen überflüssig ist. Da wir aber noch nicht soweit sind, daß Jeder sein Huhn im Topfe hat und sein Fahrrad im Flur, werden wir uns doch wohl noch morgen mit ernsten Berathungen abgeben müssen."

Der Herr Professor Delbrück scheint die soziale Frage doch zu sehr durch die rosige Brille des Fahrrades anzusehen!

2

Das Rad als Verkehrsmittel. Kriegsdienst. Die soziale Bedeutung des Arbeiter-Fahrrads

Im Laufe der Kulturgeschichte begegnen wir immer wieder der Erscheinung, daß die Entdeckung neuer Wege das Streben der Menschheit auch auf neue, höhere Ziele richtet. Wie dies besonders bei der allmählichen Vervollkommnung der Verkehrsmittel zutage tritt, wie der Zweck hier erst durch das Hilfsmittel ungeahnt und fast ungewollt geschaffen wird, das weiß Wundt in seiner *Ethik* sehr interessant zu beleuchten. Zweck und Mittel fördern sich gegenseitig, und in diesem Wechselspiel der Erfolge vollzieht sich eine soziale und internationale Umwälzung, deren letzte Ergebnisse noch gar nicht zu übersehen sind.

So lassen sich auch in der Entwicklung des Radfahrwesens primäre und sekundäre Zwecke unterscheiden. Der erste Zweck des Fahrrads war ohne Zweifel die erleichterte Fortbewegung und die vermehrte Schnelligkeit; es waltete zunächst nur die rein praktische Absicht ob. Aus dem Gebrauche aber ergaben sich die überraschendsten Folgen, die dem Fahrrad neue, von den Erfindern nicht vorhergesehene Aufgaben schufen.

Eigentümlich ist es nun, daß in der Benutzung des Fahrrads die sekundären Zwecke den primären, ursprünglichen vorausgingen, d.h. daß es zunächst zum Werkzeug des Sports wurde und erst, als es sich in diesem bewährt hatte, allmählich zu seinem eigentlichsten Zwecke verwendet wurde. Der englischen Sportliebhaberei verdanken wir die Erkenntnis des praktischen wie des idealen Wertes des Fahrrads. Ein neues Spielzeug glaubte man gewonnen zu haben; und siehe, es wurde ein Kulturfaktor ersten Ranges.

Gewiß aber würde sich der Radsport niemals so gewaltig ausgebreitet haben ohne den Antrieb, den die Fabrikation und Vervollkommnung des Fahrrads durch den wirtschaftlichen Egoismus empfing. Am wenigsten von eigennützigen Motiven geleitet wurde wohl Dunlop, der irische Tierarzt, der als braver Vater nur für seinen jungen Sohn besorgt war, als er ihm den ersten Luftreifen um das Rad legte. Aber schon Hautsch hat den geschäftlichen Gewinn im Auge gehabt, da er einen seiner Triumphwagen an den schwedischen und einen zweiten an den dänischen Hof verkaufte. Ebenso hat Drais, als er für sein Laufrad durch Reisen und persönliche Vorführungen Propaganda machte, wahrscheinlich nicht nur den Ruhm gesucht. Und Michaux wußte die Erfindung des Velozipeds sehr tatkräftig auszubeuten, bis der Krieg seine Hoffnungen vernichtete und ihm den Ruin brachte. Das Angebot weckte erst die Nachfrage, und es steigerte sich und wuchs in demselben Verhältnis wie die Erkenntnis, daß hier ein neues, sicheres Mittel gefunden war, um das Geld aus der Tasche des lieben Nächsten in die eigene herüberzulocken, ja daß viel, sehr viel an dem Rade zu verdienen sei. Sobald man dies einmal erkannt hatte, wurden ungeheure Kapitalien in die Fahrradfabrikation gesteckt, und da schnell eine mächtige Konkurrenz erwuchs, so wurde auch ein riesiger Reklame-Apparat in Bewegung gesetzt, um den neuen Sportgegenstand zunächst in Mode zu bringen, und diese verfehlte dann natürlich nicht, ihre werbende Kraft immer weiter nach allen Richtungen auszudehnen. Die Industrie also wirkte in der Entwicklung des Radsports als treibende Ursache, und sie wirkt noch immer fort und wird nicht müde, die Trommel zu rühren, wie dies allein schon das Rennwesen dartun könnte, bei welchem die hervorragendsten Kräfte als Angestellte der Fabriken kämpfen, um die Vorzüge bestimmter Marken zu erweisen.

Andererseits jedoch hat die Fahrradindustrie zahllosen Menschen lohnende Arbeit gegeben und dadurch zur Vermehrung des nationalen Wohlstands beigetragen. Mit dem Wohlstand der Massen aber wächst auch die allgemeine Kultur, und auf ihrer Grundlage veredelt sich das Empfinden, und die Forderung sozialer Gerechtigkeit beginnt in den Herzen zu keimen.

Indessen würde der Nutzen, den die Industrie aus der Fahrrad-Fabrikation zieht, nicht zur Empfehlung des Radsports berechtigen, wenn dieser für die Radfahrer selbst als körperlich oder sittlich schadenbringend erkannt wäre. Sonst müßte man auch den Krieg, den nur die äußerste Not rechtfertigen kann, als einen Segen für die Menschheit erheben, weil durch die Kanonen- und Gewehrfabrikation viele Arbeiter ihren Lebensunterhalt gewinnen. Die Blüte einer Industrie verdient nur dann gepriesen zu werden, wenn diese guten oder zum mindesten nicht schädlichen Zwecken dient. Der industrielle Aufschwung darf nicht Selbstzweck sein, sondern er muß auf einer würdigen Grundlage ruhen. Das ungeheure Wachstum der Fahrrad-Fabrikation wäre also zu beklagen, wenn die Tadler des Rades, die noch lange nicht ausgestorben sind, mit ihren Anklagen recht hätten. Es können deswegen auch die Industriellen, die Fahrrad-Fabrikanten und -Händler, nicht maßgebend sein, wo es sich um Wertung des Rades vom hygienischen und ethischen Standpunkt handelt, weil sie interessiert und darum parteiisch sind; denn das Selbstinteresse blendet bei den meisten Menschen die Klarheit des objektiven Blickes. Uns liegt es daher ob, das Rad in seinem praktischen Gebrauche zu beobachten; erst da werden wir ein Urteil gewinnen, ob es wirklich und auf allen seinen Wegen als eine wohltätige Erfindung zu betrachten ist.

Seine Bedeutung als ein unentbehrlicher Bestandteil unseres wirtschaftlichen Lebens wird in das hellste Licht gerückt, sobald wir uns einmal unseren Zustand vorstellen, wie er sein würde, wenn wir das Fahrrad nicht besäßen. Es steigt damit ein Bild der Schwerfälligkeit und Hilflosigkeit vor uns auf, das uns an eine halb mittelalterliche Kulturperiode erinnert; wir müssen an den Kopenhagener in Andersens Märchen denken, den die Galoschen des Glücks in die Tage des Königs Hans zurückversetzten: „Nie hatte er sein Zeitalter erbärmlicher gefunden.“ So wird es uns begreiflich, daß die Einführung des Fahrrads eine Notwendigkeit war; es erschien als ein Bedürfnis der neuen Zeit, die mit ihm geboren wurde.

Über jedem Zweifel also steht der Wert des Fahrrads als eines zeitersparenden Beförderungsmittels. Die Eisenbahn war ihm vorausgegangen und hatte ihm Bahn gebrochen; aber sie selbst genügte den wechselnden Ansprüchen des modernen Verkehrs nicht mehr, weil sie auf bestimmte Wege wie auf bestimmte Stunden und bestimmte Stationen beschränkt ist; sie gehört nur der Masse, die sich ihr unterordnen und anpassen und ihre Bewegungen nach der Schablone des offiziellen Fahrplans regeln muß. Das Rad aber untersteht keinem Fahrplan, es ist frei. Nicht folgt es dem allgemeinen Geleise, sondern auf tausend selbstgewählten Pfaden schweift es dahin. Zu jeder Stunde, nach allen Himmelsrichtungen führt es seinen Reiter. Es dient ganz und gar dem individuellen Bedürfnis; es trägt der unendlichen Vielfältigkeit des menschlichen Wollens und Strebens Rechnung. Die Persönlichkeit, die im großen Zuge verschwand, kommt auf dem Rade wieder zur Geltung. Darum war es die notwendige Ergänzung der Eisenbahn.

Gute, bequeme Leute, deren heftigste Leidenschaft die Ruhe ist, meinen wohl, es habe sich besser leben lassen in jenen gemütlichen Tagen, als man noch Zeit in Fülle hatte und die atemlose Hetzjagd des modernen Großstadtlebens nicht kannte. Sie begreifen nicht, warum man's heut anders treibt, als sie es in ihrer fernen Jugend getrieben haben, betrachten dieses Drängen und Jagen fast als eine Versündigung gegen die menschliche Natur und prophezeien den Untergang der Rasse, die ihre Nerven im rastlosen Daseinskampf zerreibt. Gewiß ist viel Wahres und Berechtigtes in ihrer Auflehnung gegen den bis zum Äußersten gesteigerten Kraftaufwand der modernen Menschen, die so schnell leben, als ob es ein Wettrennen gäbe bis zum Ziele, an dem man erschöpft zusammenbricht. Aber das Rad wenigstens sollten sie nicht schmähen, das doch, wie wir noch erkennen werden, viel mehr berufen ist, die Ermatteten wieder aufzurichten, als den Niedergang zu fördern. Und gerade im Erwerbsleben erschwert es nicht, sondern erleichtert es dadurch, daß es Zeit und Kraft spart, den heißen Kampf; recht als ein Freund und Mitstreiter kam es den Überhasteten zu Hilfe. Es wäre auch wirklich absurd, etwas, das als Spiel und Sport das Entzücken der halben Welt bildet, wie ein neues Folterinstrument zu beseufzen, weil es redlich mitwirkend in Handel und Wandel eingreift und zum Angenehmen das Nützliche gesellt. Denen, die es erprobt haben, stärkt sein Dasein die Zuversicht, daß diese schaffens- und kampffreudige Zeit auch Heilung findet für die Wunden, die sie schlägt.

Indessen dürfte heutzutage kein Einsichtiger mehr den Nutzen bezweifeln, den die Verwendung des Rades im geschäftlichen Leben nach sich zieht. Am wichtigsten ist es natürlich da, wo es auf Schnelligkeit am meisten ankommt, und so hat es vor allem im Telegraphendienst ausgiebige Verwendung gefunden. Ebenso ist es für den Beruf der Landbriefträger von größter Bedeutung. Aber auch andere Behörden rüsten ihre Boten mehr und mehr damit aus; sogar die Polizei gebraucht es hier und da schon zum Meldedienst wie zur Verfolgung. Das letztere freilich besonders zum Zwecke des leidigen Radfahrerfangs, von dem später noch zu reden sein wird. Auch der Feuermeldedienst wird in vielen Orten bereits durch Radler versehen.

Viel mannigfaltiger ist natürlich die Anwendung seitens der bürgerlichen Berufsklassen. Bei den Ärzten ist es bereits sehr beliebt geworden, um sie zu ihren Kranken zu tragen. Der Industrielle, der Handwerker gebraucht das Rad täglich und beständig und vervielfacht durch den Zeitgewinn, den er dabei erzielt, seine Leistungsfähigkeit und die Früchte seiner Tätigkeit. Desgleichen bedient sich der Landwirt seiner, ja man kann sogar schon radelnde Viehtreiber sehen, wie es auch bereits kleine Ackerbesitzer gibt, die ihre Heuernte auf Dreirädern einbringen. Und nicht minder weiß das weibliche Geschlecht es zu nützen; machen doch selbst Scheuerfrauen mit Besen, Schrubber und Eimer auf dem Rade die Runde bei ihrer Kundschaft. Auch die Schuljugend legt den Weg zum Gymnasium, wenn sie in größerer Entfernung wohnt, auf dem Rade zurück, und die Schulbehörden haben ihr zur Aufbewahrung besondere Räume zur Verfügung gestellt. Kurz, es gibt kaum mehr einen Stand, der durch die Hilfe des Fahrrads nicht unterstützt und gefördert werden könnte. Zeit ist Geld – das alte englische Sprichwort scheint im Veloziped seine Verkörperung erlangt zu haben. Es ist ein Erwerbsmittel, eine Waffe im Kampf ums tägliche Brot geworden. Und deswegen ist es erfreulich, daß die Gerichte, obwohl das Verständnis für die Bedeutung des Rades bei den Behörden in anderen Beziehungen noch viel zu wünschen läßt, seine geschäftliche Unentbehrlichkeit erkannt und darum seine Unpfändbarkeit, wo es Berufszwecken dient, erklärt haben.

Doch nicht für den Frieden allein, auch für den Krieg ist das Fahrrad als ein nützliches Werkzeug erkannt worden, und die großen Militärstaaten haben besondere Radfahrertruppen eingerichtet, die für den Melde- und Vorpostendienst sorgfältig ausgebildet und an welche hohe Anforderungen gestellt werden. Denn unter allen Künsten und Wissenschaften gibt es wohl keine zweite, die so sehr wie die Wissenschaft der Kriegskunst mit der Zeit fortschritte und sich beständig verjüngte und jede neue Erfindung und Entdeckung ihren Zwecken dienstbar machte. Wenn man nun bedenkt, daß das Fahrrad in ganz besonderem Maße ein Werk des Friedens und für den Frieden ist, so kann es zuerst wohl schmerzlich berühren, daß es auch seinerseits von der allgemeinen Militärpflicht nicht ausgenommen sein soll. Indessen, so sehr man die Erhaltung und Ausbreitung des Friedens wünschen mag, darf man sich doch, was den Zeitpunkt der Verwirklichung dieses Wunsches betrifft, keiner optimistischen Täuschung hingeben. Es ist zwar sicher, daß je mehr die Interessen der Kulturmenschheit durch die Überwindung der Schranken des Raumes gemeinsame werden, desto mehr auch sich in den Völkern die Friedensliebe steigern und jeder Krieg als eine Schädigung ihrer friedlichen Arbeit gefürchtet werden muß. Aber vorläufig wenigstens hat die Voraussage Buckles in seiner *Geschichte der Zivilisation*, daß mit der Ausnutzung der Dampfkraft für den Völkerverkehr der militärische Geist schwinden werde, sich noch nicht bewahrheitet, sondern gerade das Gegenteil ist eingetroffen: Der Militarismus ist in allen Ländern bis ins Maßlose gewachsen. Und obwohl die Völker sich räumlich näher gerückt sind, ist die gesunde Vernunft in den Massen doch immer noch so schwach entwickelt und der suggestive Einfluß einer zielbewußt geleiteten Presse auf die öffentliche Meinung so groß, daß skrupellose Agitatoren jederzeit reichlichen Zündstoff finden, wenn sie den Nationalhaß im Dienste einer egoistischen Machtpolitik künstlich schüren. Diese Machtpolitik aber erkennt die Solidarität der Menschheit nicht an, sondern nur das Recht des Stärkeren, den Schwächeren zu unterdrücken und auszubeuten. Solange sie also in der Welt tatsächlich die Herrschaft führt und die Raubtierinstinkte in der menschlichen Gesellschaft noch nicht ausgestorben sind, solange ist auch der Gerechteste und Friedliebendste noch gezwungen, gerüstet zu bleiben; denn er muß erwarten, daß er überfallen und niedergeschlagen wird, sobald er eine Schwäche ahnen läßt. Und solange muß er auch darauf gefaßt sein, daß er eines Tages zum Kriege herausgefordert wird. Dann aber wird sein Krieg ein gerechter sein. Denn das muß der männliche Mann sich tief ins Herz schreiben, der Mann, der keinem sein Recht nimmt, aber auch sein eigenes sich nicht nehmen läßt: je ruchloser ein Krieg auf der einen, um so heiliger ist er auf der anderen Seite! Und kein edles Volk wird sich seine Freiheit von räuberischen Horden entreißen lassen, bis es den letzten Blutstropfen zu ihrer Verteidigung vergossen hat. Und weil dem so ist, darum soll auch dem Kriegsrad seine Ehre nicht geschmälert werden.

Von allen Erscheinungen auf dem Gebiete des Radfahrwesens ist aber die erfreulichste das Arbeiterfahrrad, dessen sozialpolitische Bedeutung gar nicht hoch genug veranschlagt werden kann. Die allenthalben wahrnehmbare Aufsaugung des ländlichen Kleingrundbesitzes durch den Großgrundbesitz, das Überzähligwerden eines großen Teils der ländlichen Arbeiter durch die Einführung landwirtschaftlicher Maschinen, welche die Menschenkraft ersetzen, und die Entwicklung der modernen Industrie mit ihrem riesigen Bedarf an Arbeitskräften und deren besserer Löhnung hat das platte Land immer mehr entvölkert und die ehemaligen Dorfbewohner in den Großstädten und Fabrikzentren zusammengetrieben. Diese Übervölkerung der Städte hat zu der entsetzlichen Wohnungsnot geführt, in welcher die soziale und sittliche Not des Proletariats am sichtbarsten zutage tritt. Und sie macht sich nach zwei Richtungen geltend: einerseits in der schlechten Beschaffenheit der Arbeiterwohnungen, andrerseits in ihrem hohen Mietspreise. Der Arbeiter wohnt in den elenden Räumen seiner Mietskaserne verhältnismäßig viel teurer als die wohlhabenden Klassen in ihren Villen und Palästen, wenn der ihnen zur Verfügung stehende Luftraum in Berechnung gezogen wird. Roscher hat diese Tatsache zu erklären und zu entschuldigen versucht durch die größere Unsicherheit der Kapitalanlage bei Vermietung an Proletarier; Karl Bücher aber trifft wohl die Wahrheit besser, wenn er von einer wucherischen Ausbeutung der Notlage des Proletariats spricht. Allerdings sind auch die ländlichen Wohnungsverhältnisse, insbesondere auf vielen der großen Güter, häufig genug ganz erbärmlich; aber auf dem Lande stehen die Hütten der Arbeiter wenigstens nicht dicht gedrängt, und bei der Arbeit unter freiem Himmel ist an frischer Luft kein Mangel. In den Großstädten dagegen hat die Spekulation in Mietskasernen und Bauplätzen eine so schwindelhafte Höhe erreicht, daß z.B., wie Friedrich Albert Lange erwähnt, vor nicht ferner Zeit noch ein Zehntel der Berliner Bevölkerung in Kellern wohnte. Und je prachtvoller und komfortabler die vornehmen Stadtteile werden, sagt Karl Jentsch, desto mehr verlumpen die proletarischen, weil die Wirte von Häusern, in die keine „anständigen“ Mieter ziehen, für deren Instandhaltung, Sauberkeit und Salubrität nichts tun. Nach den Ergebnissen der Statistik gab es 1880 in Berlin 159'639 Personen oder 14 Prozent der Bevölkerung in sogenannten übervölkerten Wohnungen, d.h. in einzimmrigen, welche sechs und mehr, oder in zweizimmrigen, welche zehn und mehr Personen zum Aufenhalt dienten. Solche Wohnungen, die meist schon an und für sich abschreckende, ungesunde Löcher sind, wirken durch die Zusammenpackung so vieler Menschen, junger und alter und beider Geschlechter, nur allzu oft auf Leib und Seele wahrhaft mörderisch. Jentsch zitiert den Bericht einer englischen Parlamentskommission von 1842, demzufolge die Zahl der jährlichen Todesfälle unter der Arbeiterbevölkerung, die nur durch Unreinlichkeit und ungesunde Wohnungen verschuldet waren, doppelt so groß ist als der Verlust der Verbündeten bei Waterloo. Und trotz aller Fortschritte der Hygiene ist es gewiß, daß noch immer und alle Tage „Menschenopfer unerhört“ das großstädtische Wohnungselend bezahlen. Zu alledem kann aus solchen Massenwohnungen nun und nimmer ein Heim werden, das man liebgewinnt. Die Kinder fliehen hinaus auf die Straße, wo sie früh verwahrlosen, der Vater vertut seinen Lohn in der Schnapsbutike, die seine einzige Erholungsstätte ist, und so sinken diese elenden Höhlenmenschen unserer Zivilisation nur immer tiefer.

Es ist aber gewiß, daß der leibliche und sittliche Schaden, der dem Proletariat aus dem Wohnungselend erwächst, alle Stände der Bevölkerung in Mitleidenschaft zieht. Ganz abgesehen davon, daß durch dichtes Beisammenhausen die Entstehung und Verbreitung von Seuchen begünstigt wird, bedeutet es überhaupt eine Schwächung der Gesamtheit, wenn große Bruchteile des Volkes in frühem Siechtum verderben: In hygienischer Beziehung haben Kapital und Arbeit solidarische Interessen. Doch in sittlicher Beziehung nicht minder. Wenn der Arbeiterstand ein reines, mäßiges Leben führt und die Gesetze achtet, so verbreitet sich nicht nur das Bewußtsein allgemeiner Sicherheit, wie es einem gesunden Gemeinwesen entspricht, sondern er selbst gewinnt ein Gefühl seiner Würde, das ihn auf eine höhere Stufe hebt und das Kulturniveau der ganzen Nation steigert. Und das Gemeinwesen reift dadurch zu innerer Freiheit, bis schließlich an die Stelle des Polizeistaats der sittliche Zusammenhang autonomer Menschen tritt.

Dies ist freilich das letzte Ideal, das vielleicht ewig unerreichbar bleiben wird; aber es wäre schon ein Gewinn, wenn wir ihm nur um ein Geringes näherrückten. Natürlich liegt es den wohlhabenden Klassen ob, dem arbeitenden Volke mehr als auf halbem Wege entgegenzukommen. Eben dies würde ihnen jedoch erleichtert werden, wenn in den unteren Schichten mit der Veredlung ihres Lebens auch das aufrichtige Streben nach Gerechtigkeit wüchse, welches das eigentliche Kriterium der Sittlichkeit ist. Zum Teil ohne Zweifel bewirkt der Druck des bösen Gewissens, daß die Besitzenden heutzutage in Angst und Mißtrauen den Proletariern gegenüberstehen. Sie empfinden wohl, daß sie nicht ohne Mitschuld daran sind, wenn diese leiblich verkommen und sittlich verrohen; ihre Gedankenlosigkeit, ihre Selbstsucht hat ja die treuen, rastlos wirkenden Gehilfen am gemeinsamen Kulturwerk zu Sklaven, zu Lasttieren, zu Maschinen erniedrigt. Aber zum andern Teil erwächst ihr Groll gegen das schonungslos vordringende Proletariat doch auch aus der Gewißheit, daß sie nicht die ganze Schuld an jenem Elend tragen, sondern daß der Kampf ums Dasein, der die Starken erhebt und die Schwachen erdrückt, ein Naturgesetz ist, dem auch sie selbst unterworfen sind. Die Betätigung ethischer Gesinnung kann diesen Kampf wohl mildern; aber ihr Wachstum wird allzu leicht im Keim erstickt, wenn der, dem man helfen möchte, uns als Übeltäter schmäht und jeden Frieden zurückweist. Darum ist also die Vorbedingung sozialer Versöhnung die Ausbreitung ethischer Gesinnung und damit des guten Willens zur Gerechtigkeit auch auf seiten des Proletariats. Solche Gesinnung aber kann nun und nimmermehr gedeihen in jenen Lasterhöhlen, über deren Türen geschrieben steht: Laßt alle Hoffnung draußen.

In dem Wohnungselend Wandel zu schaffen, das so grauenvolle Verwüstungen anrichtet, hat nun das Fahrrad begonnen, weil es die Entfernungen verkürzt und den Arbeitern damit die Befreiung aus den scheußlichen Löchern bringt, in denen sie bisher zusammengepfercht waren. Statt an die städtischen Mietskasernen mit ihrer Enge, ihrem

Schmutz, ihrer Stickluft und dem täglichen verbitternden Streit aller ihrer unglücklichen und mißmutigen Insassen gebannt zu sein, können sie fortan draußen im Freien, in weitgebauten Vorstädten oder in entfernten Dörfern größere, gesündere und dazu billigere Wohnungen beziehen. Sie haben nun die freie Wahl und sind nicht länger auf Gnade und Ungnade jenen übelsten Ausgeburten des Kapitalismus überliefert, den Wirten der großstädtischen Arbeiterzinshäuser, die aus dem kümmerlichen Erwerb der Armen ihren Reichtum pressen. Sie können sich ein geräumiges Heim schaffen, an dem sie Freude haben und in dem die gute Sitte gedeiht; ein Eigenheim, wo es friedlich zugeht und kein zänkischer Wandnachbar die Süßigkeit des Feierabends vergällt. Ihre Kinder können aufwachsen in Licht und Sonne, können sich in den Feldern tummeln und im Umgang mit der Natur ihre Herzenseinfalt bewahren, die in den Höfen und Hinterhäusern so schnell zugrunde geht. Ja, das Fahrrad bedeutet dem Fabrikarbeiter eine Rückkehr zur Natur, und das heißt Gesundung, heißt Bereicherung des Gemüts, heißt Erneuerung, Erhöhung des Lebens.

Es gibt aber auch Arbeiter, die bereits früher draußen in den Dörfern wohnten: Besonders bei den Maurern ist das Land schon längst beliebt gewesen. Diese brauchen nun wenigstens die weiten Wege nicht mehr zu Fuß zurückzulegen; sie ersparen Zeit und Kraft, können des Morgens besser ausschlafen, und die Abendstunden, wo sie sonst todmüde heimkamen, können sie der Erholung, dem Familienleben, ihrer Zeitung oder einem Buche widmen. Gewonnene Muße kann wohl übel angewandt werden; aber sie ist auch die Grundbedingung aller Veredlung.

In den Berichten der preußischen Gewerbeaufsichtsbeamten wurde die sozialpolitische Bedeutung des Fahrrads schon 1897 gewürdigt. Der Gewerberat für den Regierungsbezirk Liegnitz betonte, wie es zur Hebung der wirtschaftlichen und sittlichen Verhältnisse der Arbeiter beitrage. Es werde besonders gern von solchen benutzt, die in der Nähe größerer Städte ein Häuschen und Gartenland ihr eigen nennen. Durch das Rad sei es ihnen möglich geworden, nach der Arbeit in den Fabriksälen noch eine wohltätige Beschäftigung auf Land und Feld zu verrichten und die Last der Bewirtschaftung, die sonst auf den Schultern der Frauen allein ruht, diesen zu erleichtern.

Von dem Gewerberat für den Regierungbezirk Hildesheim und Lüneburg wurde besonders hervorgehoben, daß den Arbeitern von einer Göttinger Firma Räder zu ausnahmsweise billigen Preisen geliefert wurden, um ihre Wohnungsverhältnisse zu bessern. Diesem vortrefflichen Beispiel sind seither viele private und staatliche Betriebe in Deutschland gefolgt, z.B. auch die Direktion der königlichen Artillerie-Werkstatt in Spandau, und das gleiche wird aus England berichtet. Und in der Tat ist es ja sehr wünschenswert, den Arbeitern die große Ausgabe zu erleichtern. Im übrigen aber ist das Rad auch für sie das billigste regelmäßige Beförderungsmittel, sowohl direkt, weil es ihnen die Eisenbahn erspart, wie noch viel mehr indirekt durch den sonstigen Gewinn.

Es ist auch wichtig, daß das Verlangen nach einem Rade schon die Arbeiterjugend anregt, zu sparen und zurückzulegen. Damit beginnen bereits die Lehrlinge, ja mitunter sogar die Dorfschuljungen, die in den Wirtsgärten Kegel aufstellen, um ihren Verdienst für den Ankauf eines Fahrrads, dessen Besitz ja heutzutage der sehnlichste Wunsch jedes Knaben ist, zusammenzusparen.

Hochenegg weist ferner darauf hin, daß das Fahrrad dem Arbeiter gestattet, in der Mittagspause nach Hause zu fahren und dort sein Mahl im Kreise der Seinen einzunehmen, statt es auf der Straße öffentlich hinunterschlucken zu müssen. Seine Frau sei nicht mehr genötigt, eine erkaltete Mahlzeit weit her zu tragen, und sie erspare selbst viel Zeit, die sie ihrem Haushalt und ihren Kindern widmen könne. Das kann natürlich nur für die Arbeiter gelten, die in der Stadt selbst oder in den näheren Vorstädten wohnen, da ihre Mittagspause wohl überall nur eine Stunde dauert. Besser ist es jedenfalls, wenn sie aufs Land hinausziehen. Sie müssen dann eben die warme Hauptmahlzeit bis zum Abend aufschieben. Das Fahrrad hat überhaupt den Beruf, die allzu dicht zusammengedrängten Menschen wieder vernunftgemäß über das Land zu verteilen.

Wenn das Arbeiterfahrrad nach alledem eine hohe soziale Mission erfüllt, so darf man es gleichwohl nicht als das Universalheilmittel für alle Schäden der Zeit betrachten. In dem englischen Supplement der Zeitschrift *Spiel und Sport* war aus einem englischen Blatte ein Stück der Rede abgedruckt, die Prof. Delbrück am Eröffnungs-Abend des zehnten evangelisch-sozialen Kongresses in Kiel gehalten hat. Sie fehlt leider in der offiziellen Ausgabe der *Verhandlungen* [*des Evangelisch-sozialen Kongresses*]. Darin heißt es: „Ich kann Ihnen jetzt mitteilen, daß in meinen Augen die soziale Frage gelöst ist ... Die Zukunft des Volkes liegt im Veloziped.“ Hat der Redner sich wirklich so geäußert, so ist er ein außerordentlicher Optimist. Ganz so leicht wird die große Aufgabe des neuen Jahrhunderts uns wohl nicht gemacht werden. Aber wenn uns eine friedliche soziale Höherentwicklung vergönnt sein sollte, so darf die Einführung des Arbeiterfahrrads wenigstens als eine Stufe in ihr betrachtet werden, ja das Arbeiterfahrrad vermehrt unsere Hoffnung, daß diese Entwicklung sich auch weiter in ruhiger und gesetzmäßiger Stufenfolge vollziehen wird.

Da wir das Fahrrad als Verkehrsmittel betrachten, mag auch ein flüchtiger Blick auf das Automobil geworfen werden, dem auf seinem besonderen Gebiet zweifellos noch ungeheure Erfolge bevorstehen. Die durch Benzin oder Elektrizität getriebenen Motoren halten zwischen Fahrrad und Lokomotive die Mitte, insofern sie, wie die Motortandems, auch getreten werden oder, wie die Motordreiräder, wenigstens getreten werden können. Sie gehören dagegen ganz der Klasse der Lokomotiven an, wenn sie nur Automobile sind. Als solche bedeuten sie lediglich eine Verpflanzung der Lokomotive auf die Chaussee, ihre Befreiung von dem vorgeschriebenen Schienengeleise, die Vervielfältigung der Wege für den Dampfwagen, seine Begabung mit annähernder Universalität der Zielrichtungen. Die Automobile sind mithin eine Ausbildung, Weiterbildung der Idee der Lokomotive und wären wahrscheinlich auch ohne den Vorgang des Fahrrads erfunden worden.

Welche Wichtigkeit sie als Tranport- und Verkehrsmittel besitzen, erkennen wir, wenn wir ihre rasende Geschwindigkeit, die von menschlicher Kraft ganz unabhängig ist, beobachten und dazu ihre Fähigkeit, große Lasten zu schleppen, in Betracht ziehen. Da aber ein Motordreirad etwa 1600 Mark, ein größerer Motorwagen ungefähr 4000 Mark kostet, so ist nicht daran zu denken, daß sie das Fahrrad aus dem öffentlichen Verkehr verdrängen werden. Doch ist es vielleicht nicht ausgeschlossen, daß Selbstfahrer bei einiger Verbilligung später einmal die Fahrräder hier und da ersetzen werden, wo diese nur zur schnellen Beförderung dienen, ohne daß dabei auf die persönliche Muskelübung Wert gelegt wird. So könnten z.B. Arbeiter, die zusammen ein Dorf bewohnen, sich zum gemeinsamen Erwerb eines Motoromnibus zusammentun; man kann sich vorstellen, daß ein solcher, der ein Dutzend Personen befördern könnte, nicht wesentlich teurer zu stehen kommen würde als ein Dutzend Zweiräder. Mit einem solchen Omnibus könnten die Arbeiter ihr Ziel noch müheloser erreichen als heutzutage mit ihrem Rade, und diese Kraftersparung würde für sie jedenfalls schwer ins Gewicht fallen, da ihnen die übrigen Vorteile des Rades dabei nicht verloren gingen.

Wo aber der Einzelne seine eigenen Wege gehen will, wird das kostspielige Automobil dem verhältnismäßig billigen Rade den Rang nur in seltenen Fällen ablaufen. Und wo gar das Rad zugleich oder hauptsächlich dem Gesundheitssport dient, da spielt das Automobil überhaupt keine Rolle, und deswegen haben wir uns mit dem letzteren in diesem Buche auch nicht weiter zu beschäftigen.

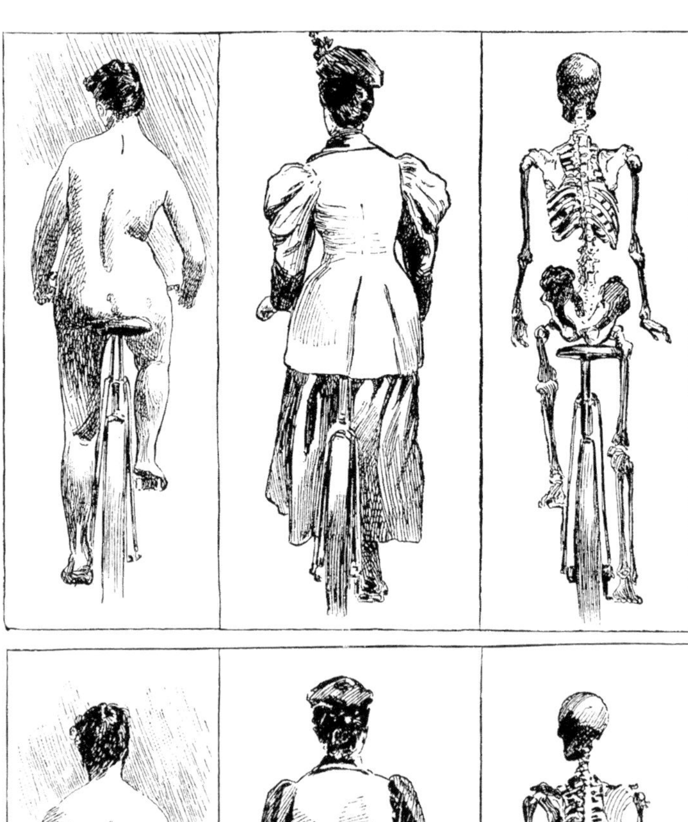

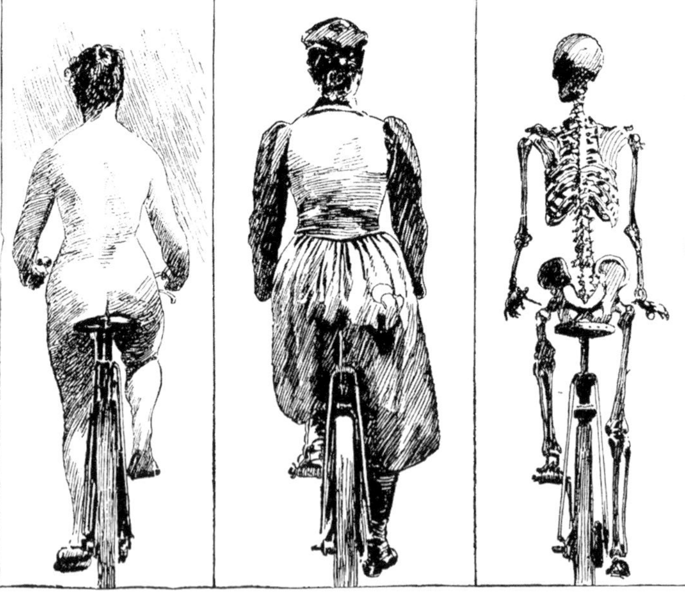

3

Der Kampf gegen die Entartung der Rasse. Darwin. Nietzsche. Die Leibesübungen

Indem das Fahrrad die Kräfte des Menschen über ihr natürliches Maß steigerte und die Fesseln lockerte, mit denen seine Abhängigkeit von Raum und Zeit ihn gebunden hält, wurde es ihm auf industriellem und sozialem Gebiet ein mächtiger Gehilfe, wurde es sein Mitarbeiter am Ausbau der Kultur. Aber die Segnungen dieser Kultur muß er durch schwere Opfer erkaufen; je höher auf der einen Seite sein Gewinn, um so größer auf der anderen der Verlust. Und schon beginnt er sich sorgenvoll zu fragen, ob die gebändigte Natur ihn nicht in heimlicher Empörung durch sein eigenes stolzes Werk langsam erdrücken will.

Das neunzehnte Jahrhundert brachte uns als die größte seiner Gaben die Grundlage einer wissenschaftlichen Weltanschauung; wir gewannen durch Darwins Forschungen die Erkenntnis, welches die wichtigste Ursache der Entwicklung der Lebewesen ist. Der Titel seines grundlegenden Buches gibt uns auch den Inhalt seiner Theorie; er lautet: *Über die Entstehung der Arten durch natürliche Zuchtwahl, oder die Erhaltung der begünstigten Rassen im Kampfe ums Dasein.* Dies bedeutet, daß in der Natur zwischen den Individuen und den Arten von Anbeginn ein beständiger Wettbewerb um die Lebensbedingungen geherrscht hat und noch heute herrscht und daß dabei die Untauglichen, nämlich die Schwachen und Verkrüppelten, immerfort ausgemerzt und an der Fortpflanzung verhindert werden, die Tauglichen dagegen, d.h. die Kräftigen und Anpassungsfähigen, erhalten bleiben und die Art weiterzeugen, die sich dadurch vervollkommnet. Wenn aber der Wettbewerb, durch den die natürliche Zuchtwahl sich vollzieht, aus irgendeinem Grunde aufhört, so vermehren sich die Untauglichen, vermischen sich mit den Tauglichen, die Art wird dadurch verschlechtert, und schließlich wird sie aufgerieben.

In dem späteren Buche über *Die Abstammung des Menschen* gelangt Darwin dann zu dem Ergebnis, daß im Kulturzustande die natürliche Zuchtwahl nur noch in abgeschwächter Form nachwirkt. Es werde von der zivilisierten Menschheit das Möglichste getan, um die Ausmerzung der Untauglichen zu verhindern. „Wir bauen Asyle für die Geistesschwachen, die Krüppel und die Kranken; wir schaffen eine gesetzliche Armenpflege; und unsere Ärzte betätigen ihre ganz Kunst, um jedermanns Leben bis zum letzten Augenblick zu erhalten. Mit Fug darf man annehmen, daß die Impfung Tausende bewahrt hat, die ehemals infolge ihrer Schwächlichkeit den Pocken erlegen wären. Und so kommt es, daß nun die schwachen Mitglieder der zivilisierten Gesellschaftsverbände ihre Art fortpflanzen. Niemand, der sich mit Haustierzucht abgeben hat, wird daran zweifeln, daß dies für die menschliche Rasse überaus nachteilig sein muß."

Außer der Humanität wirken aber nach Darwin im Kulturleben noch andere Ursachen zusammen, um die Entartung der Rasse zu beschleunigen. Als eine der schlimmsten betrachtet er die Tendenz der zügellosen, verkommenen und oftmals lasterhaften Individuen, sich in schnellerem Verhältnis zu vermehren als die Vorsorglichen und Tugendhaften. Auf diese Weise, meint er, müsse in dem ewigen Kampf ums Dasein zuletzt die minderwertige und weniger begünstigte Rasse die Oberhand gewinnen, und zwar nicht vermöge ihrer guten, sondern vermöge ihrer schlechten Eigenschaften. Einen schwachen Trost findet er zwar in einer Anzahl von Gegenwirkungen, die in der Gesellschaft tätig sind; aber er hat doch kein rechtes Vertrauen, daß sie sich stark genug erweisen werden, um die unverhältnismäßig schnelle Fortpflanzung der Minderwertigen zu verhindern. Und wenn sie das nicht vermögen, so werde die Nation zurückgehen, wie es sich zu oft in der Weltgeschichte ereignet habe. Der Fortschritt sei keine unveränderliche Regel.

Daß es sich bei alledem nicht nur um Theorien handelt, sondern daß ein physischer Niedergang schon jetzt bei den modernen Völkern nachweisbar ist, bestätigen uns Ärzte und Statistiker, und wir wissen es auch ohne deren Zeugnis, weil wir die Tatsachen beständig vor Augen haben. Am bezeichnendsten ist es vielleicht, daß eine umfangreiche Gruppe in der jüngsten Literatur sich mit ihrer Décadence sogar brüstet, als ob krankhafte Überempfindlichkeit des Nervensystems das Merkmal einer edleren Rasse wäre. Dabei wird kaum zu leugnen sein, daß die Entartung in der zweiten Hälfte des neunzehnten Jahrhunderts sich mit gesteigerter Schnelligkeit ausgebreitet hat.

Allein in noch höherem Maße als die Beschränkung des wohltätigen Einflusses der natürlichen Zuchtwahl trägt hieran eine Ausartung nach dem entgegengesetzten Extrem die Schuld, nämlich das Übermaß der Anforderungen, die durch den modernen Industrialismus und die immer zunehmende Überbevölkerung an die Leistungsfähigkeit der Menschen gestellt werden. Es hat sich eine Form des Kampfes ums Dasein herausgebildet, die als eine beständige und allgemeine Sünde gegen die Natur anzusehen ist. Der moderne Mensch lebt über sein körperliches Vermögen, er verzehrt sich vorzeitig, indem er, wie das englische Sprichwort sagt, die Kerze an beiden Enden zugleich brennt, und das Ergebnis ist seine eigene Schwächung wie eine geschwächte Nachkommenschaft. Schon in früher Jugend beginnt das Verderben, bei den Wohlhabenden durch Arbeitsüberbürdung seitens der Schule, im Arbeiterstande durch Heranziehung der Kinder zum Broterwerb; und dabei bringen die armen Opfer hier wie dort das Erbteil der Entartung schon mit auf die Welt.

Zweifellos ist also der Wettbewerb der Individuen, den das humane Zeitalter auf hygienischem Gebiet so sehr gemildert hat, im Handel und Wandel der zivilisierten Nationen nicht nur nicht erloschen, sondern heftiger und erbitterter entbrannt als je zuvor, und man könnte fast auf den Gedanken kommen, daß sich hier ein Ausgleich vollziehe und die Natur trotz aller Kulturschranken ihren Weg zu finden wisse. Allein zum Unglück ist das Ergebnis in beiden Fällen unverderblich.

Ein Fatalist könnte nun achselzuckend sagen, man müsse dem Schicksal seinen Lauf lassen. Wenn die Rasse daran zugrunde geht, daß sie den Kampf ums Dasein auf der einen Seite abgeschafft und auf der anderen ihn bis zur Unnatur übertrieben hat, so war sie eben nicht tauglich, und es werden Tauglichere kommen, die ihren Platz einnehmen, Slaven oder Mongolen. Wer hätte das Recht, sich zu beklagen, wo ein ewiges Weltgesetz waltet?

Doch so widerstandslos werden wir die Waffen nicht strecken; denn wir sind kein Naturvolk mehr, das seinen blinden Instinkten folgt und sich den übermächtigen Elementen zitternd beugt, sondern in vieltausendjähriger Entwicklung ist die Natur in uns sehend geworden, und die menschliche Intelligenz, als die höchste Steigerung und Vollendung der Naturkraft, ist zur Herrschaft gelangt und leitet die Elemente mit bewußtem Willen, setzt ihnen Zwecke und Ziele und erfüllt das vernunftlose Chaos mit einer sittlichen Ordnung. Auf dieser Höhe kann uns auch die Erkenntnis aufgehen, daß der Wettbewerb, der sich in seiner selbstgeschaffenen Kultur über alle Gebote der Natur hinwegsetzt, nicht mehr menschlich, daß er also nicht die natürliche, sondern die widernatürliche Zuchtwahl ist. Und dann wird der Mensch wieder Fühlung suchen mit der Natur.

In der Tat, Rückkehr zur Natur, das ist wieder die Losung des Tages geworden, wie es die des achtzehnten Jahrhunderts war, und wenn wir das Problem heutzutage mit bescheideneren Ansprüchen, aber auch in wirklichkeitsgemäßerem Sinne anfassen, als es Rousseau tat, so erkennen wir diesem doch das Verdienst zu, daß er das Übel, an dem wir kranken, schon mit klarem Blick ergründet, daß er die Kur, die uns immer wieder not tut, geahnt und nur allzu große Dosen von seiner Arznei verschrieben, daß er für seine wie für unsere Zeit eine bedeutsame Sendung erfüllt hat.

Das Evangelium, das Rousseau im achtzehnten Jahrhundert verkündete, wiederholte Friedrich Nietzsche im letzten Drittel des neunzehnten, wenn auch mit anderer Deutung und auf der Grundlage einer inzwischen gewaltig fortgeschrittenen Wissenschaft. Nicht minder wandelt Tolstoi auf Rousseaus Bahnen, und er steht diesem in seinem Glauben an die ursprüngliche Güte und die Gleichheit aller Menschen sogar noch viel näher; aber eben darum tritt er, soviel Beherzigenswertes und Gesundes seine Lehre auch im einzelnen enthält, in Widerspruch mit den Denkergebnissen der folgerichtigen Empiriker unserer Zeit; er verliert in seinem extremen Spiritualismus den Boden der Erfahrung unter den Füßen, und statt zur Natur gelangt er zur Unnatur. Nietzsche dagegen, dessen überstarker poetischer Trieb freilich am Ende auch zu philosophischer Entgleisung führt, muß zunächst doch als selbständiger Fortbildner der modernen Forschung betrachtet werden. Er ist der erste große Ethiker des Darwinismus, den Deutschland hervorgebracht hat, und deswegen müssen wir zusehen, welche Heilsbotschaft er uns bringt.

Worin sich Nietzsche von allen früheren Darwinisten unterscheidet, das ist die grelle Beleuchtung, in die er die bedrohlichen Konsequenzen des Entwicklungsgesetzes rückt, die Darwin selbst nur gestreift hatte, nämlich die Tatsache der Rassenentartung unter dem Einfluß der Kultur; und weiter ist es die Folgerung, die er aus dieser Tatsache zieht und auf der er sein System aufbaut: daß die Entwicklung umkehren muß, damit die durch die Kultur außer Tätigkeit gesetzte natürliche Zuchtwahl wieder wirksam werde wie im Zustande der Barbarei und in gerader Linie höheren Menschheitsbildungen zustrebe. Alles, was diejenige Entwicklung hemmt und aus der Bahn leitet, die er für die allein würdige hält, soll also beseitigt, der Naturgang soll korrigiert, es soll durch den Menschen gleichsam eine neue Schöpfungsperiode eingeleitet werden. Nietzsche ist von Grund aus revolutionär; er hat das Entwicklungsgesetz gegen sich selbst gekehrt.

Gerade aufgrund dieses ständig und überall fortwirkenden Entwicklungsgesetzes muß die besonnene Philosophie ihm widersprechen. Instinkte, die in vielen Jahrtausenden geworden sind, lassen sich nicht mehr willkürlich hinwegschaffen; sie vererben sich weiter und werden immer wieder auftauchen. Aber bewundernswert bleibt die grandiose Kühnheit in seinem Ideenflug, und begreiflich ist der hinreißende Einfluß, der den Zug der modernen Jugend an seine Fersen geheftet hat. Denn wo wäre der ungestüme Lebensdrang, den er den Willen der Macht nennt, daheim, wenn nicht in jugendlichen Herzen? Und wer ließe sich lieber als sie überreden, daß es nur auf einen beherzten Entschluß ankommt, um den Niedergang in einen Aufschwung zu verwandeln? Das hatte ja vor Nietzsche kein Darwinist vermocht. Steht doch Herbert Spencer, der ganz empirische und darum der eigentliche Philosoph der Entwicklung, der zweifellos ein weit zuverlässigerer Führer als Nietzsche ist und die Wissenschaft im positiven Sinne viel mehr gefördert hat, den Tatsachen der Entartung ratlos gegenüber. „Die Masse der geschwächten Menschheit, die in Behandlung zu nehmen wäre (er meint: durch Verhinderung ihrer Fortpflanzung), ist so groß, um einen zur Verzweiflung zu bringen: das Problem scheint unlösbar“, sagt er im zweiten Bande seiner *Prin-*

ciples of Ethics. Die unerfahrene Jugend aber folgt lieber dem, der ihr Zeichen und Wunder verspricht.

Wenn die Mitleidsmoral der modernen Kulturwelt sich durch Taten und öffentliche Einrichtungen äußert, die zwar das Leiden der einzelnen zeitweilig lindern, aber auf die Dauer dem Ganzen verderblich werden, so ist es eine logische Schlußfolgerung, daß man mit ihr brechen, daß man wieder hart werden und zum grausamen Egoismus des Wilden zurückkehren muß, damit das durch künstliche Mittel am Leben erhaltene Geschlecht miserabler Schwächlinge vom Erdboden verschwinde. Das ist Nietzsches Gedankengang. Und ganz gewiß könnte man die Rasse physisch verbessern, wenn man die Armen- und Krankenpflege abschaffte, schwächliche Kinder ersäufte wie junge Katzen und die erblich Belasteten in Isolierzellen sperrte, so daß sie ihre Art nicht mehr fortzupflanzen vermöchten. Die eine der Konsequenzen des Darwinismus würde damit sicherlich erfüllt. Aber sie würde es nur im Widerspruch mit einer anderen, die sich noch viel mächtiger und unmittelbarer geltend macht, die nicht erst durch einen logischen Prozeß gewonnen wird, sondern als Tatsache und vorhandenes Entwicklungsergebnis das ältere Recht besitzt. Eine Umwandlung des ethischen Wertungsmaßstabes, wie Nietzsche sie fordert, hängt nicht vom Willen ab; denn die Mitleidsmoral, die wir abschwören sollen, beruht auf einem ererbten Instinkt, der, wie Darwin uns lehrt, natürlich geworden ist und das Mittel zur Höherentwicklung der Rasse, zur Menschwerdung war und der jetzt unser eigentliches Wesen ausmacht. Ihn aufgeben hieße das Hauptergebnis des Darwinschen Gesetzes vernichten, um eine unerfreuliche Begleiterscheinung desselben aus der Welt zu schaffen; es hieße kurieren wie Doktor Eisenbart. Die Ethik ist eben durch die darwinistische Erkenntnis in einen furchtbaren Konflikt mit sich selbst geraten, und es ist nicht zu erwarten, daß dessen Lösung jemals auf anderem Wege als durch beiderseitige Kompromisse möglich sein wird. Nietzsche versieht es, indem er zu einseitig nur die eine Gedankenreihe ausbildet.

Das Zarathustra-Buch, in welchem Nietzsches Theorie ihre extremste Form angenommen hat, ist indessen nur eine allegorische Dichtung, und man wird den Grundgedanken weniger unerhört finden, wenn man sich erinnert, wie schon lange vor Darwin die Gesetzgebung verschiedener, auch deutscher Staaten der Proletarisierung der Massen, also ihrer Entartung, durch Ehehindernisse vorzubeugen gesucht hat. Ebenso entspricht das Verbot der Bettelei mit seinen vortrefflichen volkspädagogischen Zielen durchaus Nietzsches darwinistischem Ideenkreise. Männer von reinstem Erkenntnistriebe und warmherzige Vaterlandsfreunde wie Malthus, dessen Bevölkerungsgesetz so starken Einfluß auf die Enstehung der Darwinschen Deszendenztheorie ausgeübt hat, und Justus Möser, der Verfasser der *Patriotischen Phantasien*, ja sogar bereits der heilige Vincentius von Paula waren in gewissem Sinne Vorläufer Nietzsches. Es ist also wahrlich kein niedriges ethisches Ideal, dem Nietzsche nachstrebt. Alles verkrüppelte Wesen aus der Welt schaffen, damit die Starken von ihr Besitz nehmen und das Herrlichste, was in ihr liegt, herausarbeiten können – das ist eine gewaltige, das ist eine heroische Idee, nur eben, bis zu ihrer äußersten Konsequenz getrieben, eine Idee für Übermenschen, und wir sind Menschen. Doch bleibt immerhin noch genug, was auch Menschen sich zu Herzen nehmen sollten.

Einer Neugestaltung unseres sozialen Lebens bedarf es aber, um die andere, nicht weniger verderbliche Ursache unserer Entartung, den Konkurrenzkampf, der die besten Kräfte frühzeitig aufreibt, auf ein natürliches Maß zurückzuführen. Wenn nicht an seiner wirtschaftlichen und ethischen Haltlosigkeit: an dem physischen Unvermögen der Rasse, es auf die Dauer zu ertragen, wird das kapitalistische System, das jetzt die Welt beherrscht, sicher zugrunde gehen.

Doch darauf können wir nicht warten, und inzwischen dürfen wir kein Mittel unbenutzt lassen, das den zersetzenden Einflüssen entgegenzuwirken vermag, die von der Abschwächung der natürlichen Zuchtwahl einerseits und von der wahnsinnigen Überspannung des allgemeinen Wettbewerbs andrerseits ausgehen. Wir müssen der rastlosen Hetzjagd, selbst mit Opfern, die Muße abringen, die zu einer rationellen Körperpflege gehört – für uns selbst, damit unsere Sinne aufnahmefähig bleiben für all das Hohe und Schöne und Köstliche, was das Leben zu bieten hat: das ist unser Recht; und für das Ganze und die kommende Zeit, damit unser Geschlecht immer mehr Macht gewinne, die feindlichen Lebensgewalten zu bändigen: das ist unsere

Pflicht. Für unsere Gesundheit sorgen, das gehört nach Herbert Spencer zur Ethik.

Und da ist es vor allem tüchtige Leibesübung, was uns not tut. Wenn sie allein auch zur Regeneration der Rasse nicht genügen wird, und noch weniger zur Lösung der sozialen Frage, so kann sie doch den Rückgang aufhalten, bis die übrigen Bedingungen reif geworden sind. In sinkenden Zeiten finden wir stets, daß die Menschen zu weichlich wurden, um ihre Kräfte durch angestrengte Bewegung zu stählen. So mußte der jüngere Perikles nach Xenophons Erzählung dem warnenden Sokrates zugeben, daß die Athener dahin gelangt seien, sowohl selbst die Kräftigung des Körpers zu vernachlässigen, wie auch diejenigen zu verlachen, welche sich darauf legten: Das war damals, als die griechische Freiheit ihrem Untergang zutrieb. Und so schrieb ein Jahrhundert nach dem Sturz der römischen Republik der Stoiker Epiktet in der Verblendung seines einseitigen Spiritualismus, es zeuge von gemeinem Sinn, viel Zeit auf Leibesübungen zu verwenden, ein Beweis, wie sehr selbst die edelste Philosophie des scheidenden Altertums die Forderungen der Natur mißachtet: kein Wunder also, daß sie unfähig war, den Verfall zu hemmen. Das sind Beispiele, die uns zu denken geben und deren Lehre wir beherzigen werden, wenn wir nicht gewillt sind, uns kampflos hinwegschwemmen zu lassen, sondern der Verpflichtung eingedenk, die wir gegen unsere Nachkommen haben, ihnen ein unverkürztes Erbe an Kraft und Gesundheit zu hinterlassen.

Dies vor allem ist der hohe ethische Sinn in der Zarathustra-Philosophie, daß wir für das Gedeihen der kommenden Geschlechter verantwortlich sind; unserer Kinder Land soll das Ziel unseres Wirkens sein. Den Weg zu diesem Ziele, den Nietzsche uns führen will, finden wir ungangbar; wir können, wie Darwin sagt, nicht auf die edelste Eigenschaft unseres Wesens verzichten. Und wenn wir es selbst wollen, um noch Edleres dafür einzutauschen, so stünde dem Willen doch die Übermacht der Tatsachen entgegen: Im sozialen Verband sind die Schwachen stark, und ihr natürlicher Egoismus wird niemals zulassen, daß sie ihre gegenwärtigen Interessen dem Heil einer künftigen Menschheit zum Opfer bringen. Eben deswegen aber haben wir um so mehr Ursache, uns an die einfachen und gesunden

Kräftigungsmittel zu halten, die unsere Zeit uns bietet. Die Rückkehr zur Natur, wie Rousseau, Tolstoi und Nietzsche sie fordern, ist Abkehr von der Kultur, ist romantisch und reaktionär. Wir können ihnen nicht folgen, weil alle gesunde Entwicklung vorwärts und nicht rückwärts weist; Rückschritt ist immer Verfall. Aber innerhalb der Kultur können wir uns die Natur wiedergewinnen; wir können versuchen, das Unnatürliche aus unserem Leben zu verbannen; wir können uns bekehren von unseren Sünden gegen die Natur und dadurch auch unsere Kultur selbst heben. Denn eine Kultur, die auf der Unnatur aufgebaut ist, ist immer ungesund und steht noch auf einer niedrigen Stufe. Vernunftgemäße Gesundheit also, in deren Mittelpunkt die kräftige Leibesübung steht, ist das, was wir der drohenden Entartung entgegenzusetzen haben.

Die gesunde Jugend hat ja zu allen Zeiten einem heilsamen Naturinstinkt gehorcht, wenn sie ihren wilden Bewegungsspielen oblag. Der tiefe Sinn, der ihrem Spieltrieb zugrunde liegt, wird von Kant in der *Anthropologie* klar ans Licht gestellt: „Die Spiele des Knaben, weiterhin des Mannes, endlich des Bürgers werden insgesamt unwissentlich von der weiseren Natur zu Wagstücken, ihre Kräfte im Streit mit anderen zu versuchen, angespornt; eigentlich, damit die Lebenskraft überhaupt vor dem Ermatten bewahrt und rege erhalten werde. Zwei solche Streiter glauben, sie spielen unter sich, in der Tat aber spielt die Natur mit beiden."

Allein dieser Trieb scheint doch, wo er nicht künstlich gepflegt wird, die Jahre der Entwicklung kaum zu überdauern, und alle Tage bestätigen noch Goethes Wort:

> Des Menschen Tätigkeit kann allzuleicht erschlaffen,
> Er liebt sich bald die unbedingte Ruh.

Nicht jedem von uns, die wir durch Erziehung an Arbeit gewöhnt und mit geistigen Interessen erfüllt sind, wird dieser Sachverhalt, der nicht eben schmeichelhaft für unser Geschlecht ist, sogleich einleuchten; fühlen wir doch in uns den Schaffensdrang, der sich in fortdauernder Steigerung durch die Kulturmenschheit vererbt hat. Aber wenn wir als Kulturmenschen auch über die ursprüngliche Natur hinausgewachsen sind, dürfen wir doch unseren Ausgangspunkt nicht vergessen. Die von Ratzenhofer vertretene Ansicht, daß ein Gesetz der Arbeitsscheu durch alle sozialen Entwicklungsformen wirksam sei, entspricht in der Tat einem Grundprinzip der Erscheinungswelt. Es ist jenes von Richard Avenarius nachgewiesene Prinzip des kleinsten Kraftmaßes, wonach in der Seelentätigkeit wie im praktischen Verhalten des Menschen jeder Zweck stets mit den relativ geringsten Mitteln erstrebt wird. Im Naturzustande war der Mensch gezwungen, sich seinen Lebensunterhalt im steten Kampfe gegen die Natur und im Wettbewerb mit seinesgleichen zu erringen. Das war gut für ihn; denn es wurde der Antrieb zu seiner Entwicklung. Sobald jedoch im Kulturzustande der Kampf ums Dasein nicht mehr alle Kräfte in Spannung hält und der Stärkere gelernt hat, die zu seinem Lebensunterhalt erforderliche Arbeit auf fremde Schultern abzuwälzen, macht die natürliche Trägheit sich geltend. Bevorzugte Individuen gebrauchen die gewonnene Muße zum Denken und werden dadurch die Förderer der Gesamtheit; die größere Masse aber wird faul, oder wenn die Langeweile sich geltend macht, sucht sie neue Formen zur Befriedigung ihrer grob sinnlichen Gelüste.

Es wird uns hierdurch verständlich, warum Nietzsche die Kultur als eine Krankheit, eine Entartungsform der Menschheit betrachtet und warum Tolstoi die körperliche Arbeit predigt. Das Märchen vom Schlaraffenland veranschaulicht das Ziel einer Kulturentwicklung, die auf immer größere Arbeitsersparnis gerichtet ist; hinter diesem Ziel aber liegt der Untergang. Denn der Kampf ums Dasein, die Betätigung der lebendigen Kräfte, ist nicht nur ein Mittel, sondern Selbstzweck. Das Prinzip des kleinsten Kraftmaßes würde die Rasse vernichten, wenn nicht andere Gesetze ihm entgegenwirkten. Verweichlichung, die sich mit einer allzu großen Erleichterung des Wettbewerbs einstellt, ist der Anfang vom Ende. Die Trägheit, welche sich des Menschen bemächtigt, sobald seine Fähigkeiten zur Erreichung ihrer ursprünglichen Bestimmung entbehrlich geworden sind, vermindert, wenn sie zur Gewohnheit wird, das Leben, sie schwächt den Menschen und liefert ihn in die Hand seiner Feinde. Seine Feinde aber sind nicht nur die Nebenbuhler im Lebenskampf, sondern es sind die Naturkräfte überhaupt, die das Schwächliche hinwegreißen und das Absterbende der Verwesung preisgeben.

Diese Erkenntnis mußte vor allem den Herrenvölkern aufgehen, deren Kultur auf dem Untergrunde der Sklaverei ruhte. Ein in Weichlichkeit verkommendes Volk hätte den Heloten nicht lange gebieten können; es wäre von ihnen verschlungen worden. Darum galt es, stark zu bleiben und ritterlich, um Herren zu bleiben; und es galt zugleich, einen Ersatz zu finden für die Betätigung der Kräfte, die das Sklavenvolk seinen Herren ersparte. Deswegen haben die kriegerischen Nationen des Altertums die körperliche Bewegung als Leibesübung organisiert, sie zum wesentlichen Bestandteil der Jugenderziehung und zum Staatsgesetz erhoben, und so wurde das öffentliche Leben der Alten in ihrer Blütezeit recht eigentlich ein Kultus der Kraft und der Gesundheit.

Die Hellenen erstrebten die harmonische Ausbildung des ganzen Menschen. Die Dreiheit von Gesundheit, Schönheit und Tugend, deren Verschmelzung sie Kalokagathia nannten, war das griechische Erziehungsideal, ein physisches und zugleich ein ethisches. In den Erfolgen dieser Pädagogik sind sie vorbildlich geblieben für alle späteren Völker und bisher noch unerreicht. In den dorischen Staaten freilich und besonders in Sparta beschränkte man sich allzu einseitig auf die Pflege des Körpers, und das Geistige wurde geflissentlich niedergehalten. Das Ergebnis war, wie überall, wo der Leibessport ausschließlich und auf Kosten der intellektuellen Bedürfnisse geübt wird, ein Tiefstand der Kultur, der gegen die hohe Entwicklung des ionischen Wesens unerfreulich abstach. Plato scheint die Spartaner im Sinne gehabt zu haben, als er in der *Republik* die Verwilderung des musenlosen Athleten schilderte. Athen aber bildete sich zu jener einzigen Harmonie des Leibes und der Seele, die vielleicht niemals in der Weltgeschichte der Genius eines Volkes wieder aus sich erzeugen wird.

Trotz des militärischen Geistes, der unser modernes Staatswesen beherrscht, sündigen wir doch in unserem Privatleben weit weniger nach der Seite der Spartaner als nach dem entgegengesetzten Extrem; wir vernachlässigen den Körper. Wollen wir also von den Hellenen lernen, wodurch ein Volk sich am besten vor Entartung schützt, so kommt nur ihre Leibespflege für uns in Betracht. Die Gymnastik bestand, gleich unserer aus ihr hervorgegangenen Turnkunst, aus körperlichen Übungen, die nach zweckmäßigen Regeln vorgenommen wurden, um teils den ganzen Körper, teils die einzelnen Muskeln zu kräftigen und geschmeidig zu machen. Sie konnte aber nur gedeihen, weil sich zur Pflicht die Neigung, zur Anstrengung die Lust gesellte, und das war allein dadurch möglich, daß sie dem Überdruß vorbeugte, der aus trockener, pedantischer Handhabung und freudloser Eintönigkeit erwächst; mit einem Worte dadurch, daß sie zum Spiel wurde, zum Kampfspiel. „Der Mensch spielt nur, wo er in voller Bedeutung des Worts Mensch ist, und er ist nur da ganz Mensch, wo er spielt", sagt Schiller. Die Entwicklung der Gymnastik zum Kampfspiel, zur Agonistik war das glückliche Resultat der Freiheit einerseits und der Gemeinsamkeit in den Übungen andererseits, die den Wetteifer hervorrief. Und eben der Ehrgeiz, der in den Wettkämpfen nach dem Siege rang, brachte die Gymnastik zu ihrer höchsten Blüte. Dasselbe Prinzip, das Darwin als den Antrieb zur Höherentwicklung der Arten erkannt hat, wirkte auch in den hellenischen Gymnastiken, um vollkommene Bildungen zu erreichen. Besonders trugen hierzu auch die Nationalfeste bei, deren Mittelpunkt solche Wettkämpfe bildeten. Mit dem Kranz aus Zweigen des Ölbaums belohnt, von den Dichtern besungen, durch eherne Bildsäulen verewigt, waren die olympischen Sieger die bewunderten Helden ihres Stammes.

An der Spitze der gymnastischen Übungen stand der Lauf, der auf geringere Entfernungen auch für das weibliche Geschlecht als das vorzüglichste Bildungsmittel galt. Aus der Darstellung von Guhl und Koner ersehen wir, daß die Rennbahn im Wettlauf entweder nur einmal oder hin und zurück bemessen wurde. Zu beiden Arten gehörte nach Lucian besonders Schnelligkeit, zu einer dritten dagegen vor allem Kraft des Atems. Bei dieser dritten Art betrug die zu durchlaufende Strecke bis zu 24 Stadien, also über eine halbe Meile, und sie erforderte nicht geringere Anstrengung als die Dauerrennen unserer heutigen Radfahrer. Der Spartaner Lades, der bereits als Wettläufer den Siegeskranz errungen hatte, stürzte bei einem solchen Langlauf am Ziele tot zu Boden. Also schon in der griechischen Gymnastik der Unterschied von Steher- und Fliegerkonkurrenzen. Bei festlichen Gelegenheiten wurde wohl auch ein nächtlicher Wettlauf mit Fackeln veranstaltet, die von den Epheben brennend bis zum Ziele getragen werden mußten. Übrigens war die Anwendung von Mitteln, die man im heutigen Sportleben als unfair bezeichnet, um den Mitkämpfern einen Vorsprung abzugewinnen, also List, Gewalt und Bestechung, streng verboten, und das Verbot scheint zu beweisen, daß sie im alten Griechenland ebensowohl vorkam wie bei den Radrennen der Neuzeit.

Wie bei allen gymnastischen Übungen kämpften die Griechen bei dem Wettlauf unbekleidet; doch gab es auch einen als Vorübung für den Kriegsdienst sehr wichtigen Lauf in Waffenrüstung. Die Nacktheit der Kämpfer, die der unschuldigen Naturfreude eines Künstlervolkes entsprach, mußte neben der Kraft auch die Schönheit zum Ziele der Ausbildung machen. Wir Modernen freilich würden ihren Anblick schwer ertragen, auch wenn wir der Natur weniger entfremdet wären; denn die Einflüsse der Industrie, das Stillsitzen in Schulen und Schreibstuben und die lange Vernachlässigung der Leibesübungen haben unsere körperliche Schönheit verdorben, so daß unsere Rennfahrer, wenn sie in Tricots auftreten, uns nur ausnahmsweise wahrhaft edle, harmonisch entwickelte Formen zeigen.

Als eine Ausartung muß die griechische Athletik angesehen werden: Es war der bis zur Virtuosität gesteigerte handwerksmäßige Betrieb der Gymnastik durch Berufsathleten, welche sich ihr einzig und allein widmeten. Diese haben in den heutigen Berufs-Radrennfahrern ein modernes Seitenstück erhalten. In ihrer Zunft war beim Trainieren eine strenge Diät vorgeschrieben: Sie mußten sich anfänglich alles Fleischgenusses enthalten, während eine spätere Zeit ihnen diesen zwar erlaubte, aber nur dem Ziegenfleisch krafterzeugende Eigenschaften beimaß. Plato tadelt diese Einseitigkeit an ihnen und wirft ihnen vor, daß sie sogleich schwer und heftig erkrankten, sobald sie nur im mindesten von der festgesetzten Lebensordnung abwichen.

Von der römischen Jugend wurden vorzugsweise Diskoswurf, Hantelübungen, Fechterkünste mit hölzernem Schwert und das Reiten betrieben; die Ballspiele aber waren auch hier wie in Athen am volkstümlichsten. Es nahmen indessen nicht nur die Jungen an den leichteren Körperübungen teil, sondern auch gereifte Männer, ja es wurde übel vermerkt, wenn einer denselben nicht täglich einige Zeit widmete. Seneca tat es noch als Greis und hielt sich dazu einen Knaben als

Vorturner. Cicero, der sich von dieser Sitte ausschloß und überhaupt die griechische Gymnastik verwarf, war eben ein Stubengelehrter und schon zu stark von jenem bereits bei Plato auftauchenden und durch die Stoiker zum Extrem gesteigerten Spiritualismus angekränkelt, welcher die Unabhängigkeit des Geistes vom Körper predigte. Dennoch hat auch er für den Wert der Leibesübung noch ein Lob. Ein anderer Römer aber, Juvenal, hat das klassische Wort gesprochen, das eine zur Wirklichkeit zurückgekehrte und das Naturgesetz der Gesundheit begreifende Zeit zu ihrem Wahlspruch machen konnte: Orandum est, ut sit mens sana in corpore sano. Der römische Staat als solcher hatte sich jedoch nicht um die Gymnastik bekümmert, sondern ihre Ausübung dem persönlichen Belieben überlassen; auch gab es keine Palästren und Gymnasien in Rom. So konnte es geschehen, daß, während die Gymnastik bei den Griechen in der Kaiserzeit noch einmal für kurze Zeit aufblühte, die Römer sich immer mehr von ihr abwandten und in zunehmender Verweichlichung ihrem Untergang entgegentrieben. Galenos lehrte noch, ein prinzipieller Gegner des stoischen Aberglaubens an die Übermacht des Geistes, in einem förmlichen System der Gesundheits- und Heilgymnastik den Einfluß der körperlichen Zustände, der Nahrung und Bewegung, auf die Sittlichkeit und forderte, ein Vorläufer der neuzeitlichen Schul- und Familienhygiene, die Überweisung der Erziehung an den Arzt. Aber schon war es zu spät; denn das Zeitalter der Askese war im Aufgang, das das Recht und die Würde des Leibes verkannte und sich an der Menschennatur schwerer als irgendeine andere Geschichtsperiode versündigte.

Sicherlich war die Philosophie der Stoa geeignet, männliche Charaktere zu bilden, solange sie die rationelle Körperpflege nicht verabsäumte. Der Glaube, daß der Leib kann, was der Geist will, hatte dabei eine durchaus günstige Wirkung; denn es ist ein bekanntes psychologisches Gesetz, daß das Selbstvertrauen die Kraft unterstützt. Aber dieser Glaube mußte sich als trügerisch erweisen, sobald man die äußerste Konsequenz der stoischen Lehre zog und dem Geist zumutete, sich vom Körper völlig unabhängig zu machen. Man kann die Seele vernachlässigen, ohne daß der Mensch an seiner robusten Gesundheit etwas einbüßt; läßt man aber den Leib verkümmern, so gehen Leib und Seele miteinander zugrunde. Es war dem mittelalterlichen Christentum vorbehalten, den gefährlichen Schritt über den Spiritualismus der Stoa hinaus zu tun.

Mit dem Christentum traten die germanischen Völker in die Kulturgeschichte; sie wurden von ihm gezähmt, aber auch beinahe gebrochen. Tacitus hat uns erzählt, was bei den alten Deutschen für die Leibespflege der Jugend getan wurde. Ihre einzige und bei allen Festen wiederkehrende Volksbelustigung war der Waffentanz ihrer Jünglinge, die sich in kühnem Sprunge nackt zwischen Schwerter und gefällte Speere stürzten. Das war der Weg, um Helden zu erziehen; aber das aufsteigende Christentum wollte die Menschen zu Heiligen machen, und das Ideal des Heiligen ist, wie Lecky sagt, von dem des Helden generisch verschieden.

Der Geist der Askese, der über ein Jahrtausend die Welt beherrschte, hatte die Unterdrückung aller körperlichen Bedürfnisse zum Ziele. Die mittelalterlichen Christen verachteten den Leib, sie schämten sich seiner und betrachteten ihn als das Merkmal der Erniedrigung. Deswegen übte man, im Gegensatz zum klassischen Altertum, statt der Leibespflege die Kasteiung des Leibes, und diese traurige Verirrung bemächtigte sich auch der Jugenderziehung. Als Salzmann im letzten Viertel des achtzehnten Jahrhunderts natürliche Grundsätze in die Jugendbildung einführte, schmeckte, wie er sagt, noch immer fast das ganze Erziehungswesen nach Möncherei. „Die ersten Erzieher der Deutschen waren Mönche“, schreibt er. „Und da es bekannt ist, daß der Plan der Stifter des Mönchswesens dahin ging, den Leib, als den Sitz der Sünden, zu entkräften, damit die Seele genese, so setze ich es als erwiesen voraus, daß die Mönche die ersten Urheber davon sind, daß bei der Erziehung die Vervollkommnung des Körpers fast gänzlich ist vernachlässigt, und so die Seele selbst ist verhindert worden, ihre Kräfte gehörig auszubilden.“

Wäre es der Kirche wirklich gelungen, die sinnlichen Triebe des Menschen zu unterdrücken, so würden jetzt wahrscheinlich die Nachkommen mongolischer Einwanderer an unserer Stelle sitzen; denn die Christenheit wäre schon lange ausgestorben. Aber man mag die Natur mit der Forke austreiben, sie bricht doch wieder hervor, sagt Horaz. Trotz all ihrer Heiligkeit führten die Frommen des Mittelalters beständige Kriege, bald unter sich, bald gegen die Türken, und der

Krieg ist gewiß ein Gegenmittel gewesen gegen die von der Askese verschuldete physische Entartung. Überhaupt hat wenigstens der Ritterstand sich seiner Erziehung von der mönchischen Sinnenfeindschaft völlig zu emanzipieren gewußt und auf die körperliche Ausbildung der Knaben durch Reiten, Fechten und was sonst zu den ritterlichen Künsten gehört, hohen Wert gelegt. Doch fehlten ähnliche Antriebe auch den Bürgern nicht gänzlich. So waren im südlichen und inneren Frankreich die wohlhabenden Bürger der älteren Städte altherkömmlich zu Reiterdiensten verpflichtet, und ebenso waren in Deutschland die sogenannten Konstabler berittene Bürger. Bei den Bauern aber erhielt wohl die harte Not, die zur Arbeit zwang, die Kräfte in Übung. Und der ungestüme Drang nach energischer Lebensäußerung machte sich auch in ausgelassenen Lustbarkeiten geltend. Der Bauerntanz unter der Dorflinde ist bekannt genug, und die Geistlichkeit eiferte vergeblich gegen den „Tanzteufel". Auch folgte dem Tanze oft genug erhebliches Raufen, das gewiß sehr heilsam war.

Dennoch ging es abwärts mit der Menschheit; denn selbst der lebenerhaltenden Arbeit entwöhnten sich viele, wie die massenhafte Zunahme des mittelalterlichen Bettelunwesens beweist, das durch das übermäßige und wahllose Almosengeben der Kirche gezüchtet wurde. Der Romanismus war eine Krankheit, und die Welt sehnte sich nach Genesung. Darum scheint es unzweifelhaft, daß bei der Reformation unter der Oberfläche auch der physische Lebensinstinkt der Rasse mitgewirkt hat. Diese befreite sich von dem römischen Druck, weil er ihre gesunde Natur an der Entwicklung hinderte; sie wehrte sich gegen ihre Entartung und stieß das Lebensfeindliche ab. Mit innerer Notwendigkeit mußte daher Luther als erster wieder die Gymnastik der Alten empfehlen: „Ritterspiel mit Fechten, Ringen usw. – macht feine geschickte Gliedmaß am Leibe und erhält ihn bei Gesundheit. Jungen Leuten ist Freude und Ergetzen so hoch vonnöten, wie ihnen Essen und Trinken ist."

Langer Zeit bedurfte es, ehe Luthers Saat Früchte echter Kultur hervorbringen und zu wahrhafter Befreiung der Geister gedeihen sollte. Seine unmittelbaren Nachfolger in Deutschland schmiedeten nur neue Fesseln und wühlten sich in den Staub einer neuen Scholastik hinein. So brachte der Protestantismus zunächst auch nur Schulmeister im übelsten Sinne des Wortes hervor, die sich um die Pflege des Leibes nicht kümmerten, und die ersten, die Luthers Anregungen in der pädagogischen Praxis fruchtbar machten, waren die klugen Jesuiten; doch beschränkte sich ihre Arbeit auf die bevorzugten Stände. Das siebzehnte Jahrhundert mußte herankommen, ehe die Zucht und Übung des Körpers durch Comenius als notwendiger Bestandteil der Volkserziehung gefordert wurde, und gleichzeitig schrieb in England Locke das erste Buch der neuen Zeit, das die Erziehung wirklich auf physischen Grundlagen aufbaut. Der eigentliche Reformator des modernen Erziehungswesens war jedoch Rousseau; durch ihn ist der Leib bei den Pädagogen erst wieder zu Ehren gekommen. Die Philanthropisten, welche die Gymnastik in Deutschland wiedererweckten, waren Rousseaus Jünger. Unter ihnen wurde auch das neuzeitliche Turnen geboren.

Damals schon empfand man, was uns durch Darwin nun so viel deutlicher geworden ist, daß die Entartung der Rasse bekämpft werden müsse. „Selbst eine öffentliche Anfrage über die Veredelung des Menschengeschlechts, deren Urheber sogar die Fortpflanzung geleitet zu sehen wünschte", war 1807 erschienen, wie uns Pröhle in *Jahns Leben* berichtet. Als daher Jahn nach dem Vorgange von Vieth und Gutsmuths das Turnen neu begründete, da handelte es sich um ein Werk im Dienste des Vaterlandes, um Übungen, bei denen zugleich mit dem Leibe auch die Seele der erschlafften Zeitgenossen turnen und sich stählen sollte.

Bei Jahn bestand aber das Turnen anfangs fast nur in dem Räuber- und Wandererspiele; die künstlichen Übungen auf dem Turnplatz entwickelten sich erst allmählich und wurden meist von Jahns Schülern erfunden. Was heutzutage in unseren Schulen als Turnen gelehrt wird, unterscheidet sich von dem Jahnschen fast ebenso sehr wie das deutsche Gymnasium von dem griechischen; wir haben den Namen, aber nicht mehr die Sache.

Man sollte nun meinen, nachdem die Begeisterung der Turner so Großes dazu beigetragen, dem Vaterlande die verlorene Freiheit zurückzuerkämpfen, hätte der Staat Einsicht und Dankbarkeit genug besitzen müssen, um der Gymnastik einen unerschütterlichen Ehrenplatz in der Jugenderziehung zu sichern. Es lag doch vor Augen, wie schwer das Mönchswesen die gesunde Kraft der Nation geschädigt hatte und wie sehr sie der Erneuerung bedurfte. Allein die deutschen Regierungen waren mit Blindheit geschlagen; sie wollten lieber über zahme Spießbürger herrschen als über freie, starke Männer. Weder was sie sich selbst noch was sie ihrem Volke schuldeten, war ihnen bewußt. Und so begann jene schmachvolle Demagogenhetze, die den Geist, und mit ihr die zwanzigjährige Turnsperre, die den Leib der deutschen Jugend rechtlos machte. Was Deutschlands innere Angstpolitik damals im Frieden an der Nation sündigte, war so schlimm, als was der Korse ihr im Kriege angetan hatte. Es ist fast, als ob in der christlichen Zeitrechnung geistliche und weltliche Machthaber zielvoll darauf hingearbeitet hätten, die Rasse zu verderben.

Indessen erhob sich gegen Ende der dreißiger Jahre immer lauter die Klage, daß die Jugend in den Schulen, besonders in den Gymnasien, physisch verkümmere. Nachdem in Preußen ein Regierungswechsel eingetreten war, wurden daher die Leibesübungen 1842 durch königliche Kabinettsordre als ein notwendiger Bestandteil der öffentlichen Erziehung anerkannt, und seitdem gehört das Turnen zum Lehrplan unserer Unterrichtsanstalten. Die wiederaufgeblühten Männerturnvereine aber waren leider selbst jetzt vor polizeilicher Verfolgung noch nicht sicher, sondern die bald einsetzende Reaktion maßregelte und unterdrückte sie von neuem als staatsgefährliche Verbindungen. Dadurch verlor das Turnen selbst in der Schule seinen Kredit, und der frische, freie Turnersinn verschwand von den Turnplätzen.

Jetzt haben wir freilich im ganzen Deutschen Reiche wieder Turnvereine für jung und alt, und es ist ein großes Glück für unser Volk, daß es an Männern nicht fehlt, die ihnen ihre Dienste widmen und die schulentlassene Jugend, die Lehrlinge, dazu heranziehen. Nur sind es lange, lange nicht genug; und weil sie eine Sache der wenigen, der einzelnen, der Ausnahmen sind, können sie auch nicht mehr leisten, was Jahn ihnen zugedacht hatte. Und vollends durch die Einpferchung in geschlossene Hallen hat das Turnen sowohl für sie wie für die Schuljugend den besten Teil seiner Bedeutung verloren. Ohne Turnplätze wäre es für Jahn nicht denkbar gewesen. Weit draußen im Freien sollten sie liegen, der Marsch hinaus galt ihm als Gewinn. Bewegung in frischer Luft und ringsum die lebendige Natur; Wald und Feld und Sonnenschein, das gehörte alles dazu. Eingefangen in staubigen Sälen, hätte er seine fröhliche Kunst nicht wiedererkannt. Nein, wir haben das Jahnsche Turnen nicht mehr.

In den Schulen aber ist es ein Jammer mit dem ganzen Betrieb. „Zwei Stunden wöchentlich sollten gutmachen, was 30 oder mehr Sitzstunden und die häusliche Arbeit verdarben", schreibt Guntram Schultheiß. „Und damit die Jugend beim Turnen nicht verwildere und verrohe, wurde es vollständig in den Unterrichtsplan eingefügt und nach den Grundsätzen der Schuldisziplin geregelt, so daß es so ziemlich dem Schreibunterricht sich zur Seite stellte. Dienstbeflissene Turnlehrer betonten deshalb ganz besonders die Frei- und Ordnungsübungen als schulgemäß, weil sie die strengste Aufmerksamkeit und Unterordnung unter das Kommando erfordern." – „Hat das Schulturnen, in dieser Weise betrieben, die Erwartungen erfüllt? Ist die Jugend frischer, kräftiger geworden?" fragt er. Und er kommt zu dem Schlusse: „Wer mit Sachkenntnis, Unbefangenheit und Wahrheitsmut beobachtet und urteilt, wird die Frage nur verneinen können." Dies Ergebnis wird von ärztlicher Seite durchaus bestätigt. Eine Autorität ersten Ranges, der verstorbene Nußbaum in München, legte es als seine Erfahrung nieder, „daß das Schulturnen, so wertvoll es auch ist, zum Ausgleich für die kopferwärmende Lebensweise unserer geplagten Schulkinder nicht genügt. Es fehlt dabei die frische Luft."

Wenn wir nach alledem durch die ganze deutsche Geschichte eine höchst unhellenische Mißachtung des Leibes verfolgen können, so finden wir dagegen bei den Engländern der neuen Zeit das andere Extrem ausgebildet. Kein zweites modernes Volk kommt den Griechen in unermüdlicher Übung der Körperkräfte so nahe wie sie, und die robuste Gesundheit, die sie sich dadurch erhalten haben, macht es sehr erklärlich, daß sie sich als die auserlesene Herrscherrasse der Welt betrachten. „Sie boxen, rennen, schießen, reiten, rudern und segeln von Pol zu Pol", sagt Emerson von ihnen. „Sie denken mit Heinrich dem Vierten, daß männliche Übungen die Grundlage jener Höhe des Geistes sind, die der einen Natur das Übergewicht über die andere verleiht."

Aber Spiele sind es, nicht schulmäßige Gymnastik, was die englische Weise der Körperbildung bezeichnet. Man hat es mit dem

Turnunterricht nach deutscher Art versucht, und bei einem Volke, das alle körperliche Tüchtigkeit so hochschätzt, konnte es nicht ausbleiben, daß er Freunde fand. Aber ein dringendes Bedürfnis dazu war doch nicht vorhanden; man ist weit entfernt, ihn den Spielen gleichwertig zu erachten, und die Gefahr, daß er sie verdrängen könnte, ist völlig ausgeschlossen. In Herbert Spencer hat er sogar einen energischen Gegner gefunden, der ihn sowohl in seinem Buche über Erziehung wie in seinem ethischen Hauptwerk bekämpft. Spencer gibt zu, daß Gymnastik besser ist als gar nichts; aber er bestreitet, daß sie auf die Körperentwicklung einen gleich heilsamen Einfluß ausübt wie das Spiel, und einen besonderen Nachteil erblickt er in dem mangelnden Interesse, ja in dem Widerwillen, den sie als schulmäßiger Drill erzeugt. Diese monotonen Bewegungen ermüden und werden langweilig, da ihnen der Reiz des Vergnügens fehlt, sagt er. Sicher würde er dem Worte Schillers beipflichten: „Durch gymnastische Übungen bilden sich zwar athletische Körper heraus, aber nur durch das freie und gleichförmige Spiel der Glieder die Schönheit." Spiel aber, das mit Lust gepflegt wurde, nicht pedantische Schulmeisterei, war eben auch die Gymnastik der Hellenen.

Die Erkenntnis, daß die Engländer durch ihren Sportbetrieb viel vor uns voraushaben und daß unser Turnen allein nicht hinreicht, uns gesund und stark zu machen, beginnt sich denn auch immer weiter zu verbreiten. Selbst ein so konservativer Pädagog wie L. Wiese räumt ein, daß es die Freiwilligkeit und die Lust an der Sache tun muß und daß diese durch den deutschen Turnunterricht nicht so leicht geweckt und dauernd erhalten wird wie durch die englischen Spiele; er konstatiert, wie lässig das Turnen in den oberen Klassen unserer Schulen oft betrieben wird. Kein Wunder also, daß Sport und Spiele der Engländer mehr und mehr bei uns in Aufnahme kommen. Und wir dürfen uns dessen freuen.

Neben dem Turnen haben wir nun freilich auch noch das Schwimmen und das Schlittschuhlaufen. Das letztere war von alters her volkstümlich bei uns; Klopstock hat es besungen, der junge Goethe hat es gepflegt. Aber ihm gehört doch im besten Falle immer nur ein kleiner Teil des Jahres, und bei den milden Wintern, an die wir uns bereits gewöhnt haben, fällt es fast ganz aus. Das Schwimmen dagegen, das unsere Jugend fast überall freiwillig betreibt, spielt tatsächlich als Kräftigungsmittel wohl eine bedeutsamere Rolle bei uns als das erzwungene Turnen, und ihm haben wir es wahrscheinlich zu verdanken, daß wir nicht schon viel mehr heruntergekommen sind, als es bereits der Fall ist. Allein jedoch genügt es schon deswegen nicht, weil der Mensch nur kurze Zeit im Wasser aushalten kann, und es würde vielleicht noch weniger wirken, wenn die Jugend in den Schwimmanstalten nicht durch Rennen und Springen ihre Geschmeidigkeit entwickelte und die nackten Leiber dem Sonnenbad aussetzte. Gerade das letztere ist von höchstem Wert, und deswegen sind auch die Schwimmschulen unsere eigentlichen Gymnasien.

Nun besitzen wir allerdings noch das eine, für die nationale Hygiene Unschätzbare, was den Engländern fehlt: den allgemeinen Militärdienst. Sollte jemals das Zeitalter des Völkerfriedens aufgehen, so würde statt des Waffendienstes eine noch viel durchgreifendere Organisation der Leibesübungen nötig werden, als wir sie jetzt schon brauchen, damit Mannhaftigkeit und Wagemut im Volke nicht aussterben. Für jetzt aber müssen wir dankbar anerkennen, daß die militärische Ausbildung unserer Jünglinge auch für den Frieden, und gerade für ihn, von hohem Werte ist, weil sie Männer erzieht. Nur ist es ein Mangel dieser Einrichtung, daß sie gerade denen entgeht, die ihrer am meisten bedürfen, den Schwächlichen. Und dann kommt sie, wie Paulsen bemerkt, auch etwas zu spät: „Zwischen Schulzeit und Dienstzeit liegt eine lange Zeit leerer Freiheit, die nur zu oft mit Verwilderung und Ausschweifung erfüllt wird.“ Aber sie kommt nicht nur zu spät, sie hört auch zu früh wieder auf, d.h., es folgt dem aktiven Dienst allzubald das eingeengte Leben in Schreibstuben und Fabriken, in denen die Kraft, weil es ihr an Übung fehlt, wieder verkümmert. Und was uns not tut, ist doch gerade die Erhaltung unserer frischen Gesundheit, wie sie nur möglich ist durch beständigen Gebrauch der Kräfte, bis ans Ende des Mannesalters.

Daß unser Körper nicht länger vernachlässigt werden darf, daß wir ihm die liebevollste Pflege schulden, steht also fest. Man mag über die Seele denken, wie man will, man mag unser Körperliches als das Haus des Geistes, man mag den Geist als eine Äußerungsform der Materie oder man mag die ganze Erscheinungswelt als Phantasiespiel und Symbol eines Unerkennbaren ansehen: Für unser vergängliches Ich bleibt doch die wichtigste Tatsache der Erfahrung die Abhängigkeit des Geistes von den Zuständen des Leibes, und daraus folgt, daß alles, was wir für die Gesundheit des Leibes tun, auch der Seele zugute kommt und daß das Höchste, was der Mensch vermag, sein unerschütterliches Ausharren im Dienste der Wahrheit und Gerechtigkeit, ja sein erhabenstes Ideal, auf dieser physischen Grundlage beruht. Und ferner steht es fest, daß nur dann, wenn wir unseren Leib gesund und unverdorben erhalten, wir eine gesunde Nachkommenschaft erzeugen können, daß also die Sorge für unsere Gesundheit unsere Pflicht ist, weil wir verantwortlich sind für das Wohl und Wehe der künftigen Geschlechter.

Über das Was kann mithin kein Zweifel sein; es handelt sich nur noch um das Wie. Und da ist zunächst, was die Jugenderziehung betrifft, zu fordern, daß aus den Lehrplänen der Schule so viel wie möglich der unnütze Ballast hinausgeworfen werde, damit das heranwachsende Geschlecht Zeit gewinne zu Spiel und Leibesübungen, weil die leibliche Gesundheit allem anderen vorgeht. Für die Arbeiterbevölkerung aber, worunter hier alle Angestellten, auch kaufmännisches Geschäftspersonal und Beamte, verstanden werden sollen, hat die Gesetzgebung weiter zu sorgen, wie sie damit schon begonnen hat, durch Festsetzung einer angemessenen Ruhezeit, wobei der Normalarbeitstag das Ideal bleibt. Endlich wer unabhängig ist, soll es sich selbst zum Gesetz machen, seine Zeit zwischen Arbeit und stärkender Erholung zu teilen, immer eingedenk der ethischen Wahrheit, daß Gesundheitspflege Pflicht ist.

Wie aber ist die gewonnene Muße fruchtbar zu verwenden? Welche Art der Leibesübung ist die beste, um dem einzelnen und der Rasse die geschwächte Kraft wieder zu stählen? Die Antwort ist nicht schwer: alle, aber jede zur rechten Zeit und am rechten Ort. Keine Einseitigkeit, sondern das Ziel sei harmonische Ausbildung, wie die Hellenen sie erstrebten. Aber auch kein drückender Zwang; denn Lust und Liebe muß bei der Sache sein, und eines schickt sich nicht für alle.

Also Schwimmen und Schlittschuhlauf möglichst für jedermann, für jung und alt. Und auch Wandern und Bergeklettern für jedermann;

denn das bildet Leib und Geist zugleich und ist durch nichts anderes zu ersetzen. Auch Reiten und Rudern für die, denen die Gelegenheit geboten ist. Und Turnen gewiß, vor allem in der Form des Spiels, als Wettlauf und Sprung, als Ballspiel, Ringen und Gerwurf; und draußen in freier Natur, wenn immer die Witterung es erlaubt. Der Ehrgeiz möge mitwirken, der den Wetteifer anregt; das ist besser als pedantische Dressur. Aber Freiheit und Freude darf nicht fehlen, und die rechte Freude ist eben nur möglich, und das Spiel wird nur wahrhaft zur Erholung, wenn der Leib nicht vorher durch das Übermaß der Arbeit erschöpft ist.

Alles dies zusammen oder auch nur ein Teil davon würde hinreichen, um uns neues Leben einzuhauchen, wenn es in der rechten Weise betrieben würde. Aber dem steht nun die rastlos stampfende Maschine unseres modernen Sozialzustandes mit ihrem Räderwerk als feindliche Tatsache gegenüber. Alle diese Räder greifen ineinander, keins läßt sich herausnehmen, keins für sich selbst treiben, und dieser große Zusammenhang macht, daß wir eben so leben müssen, wie wir leben, solange nicht fundamentale Veränderungen vorgegangen sind; und deswegen ist jene „rechte Weise“, in der wir die Bedingung eines gedeihlichen Betriebs der Körperübungen sehen, für jetzt nur ein schöner Traum, eine Utopie. Handel und Industrie, Verwaltung und Wissenschaft, sie stellen in unserer Zeit so hohe Anforderungen an unsere Kräfte, daß die Zumutung, nach der erschöpfenden Berufsarbeit noch anstrengende Körperübungen zu verrichten, von der überwiegenden Mehrzahl schweigend abgelehnt wird. Zur Gymnastik, wie sie in Hellas ausgeübt wurde, gehört Muße; aber selbst die Hellenen waren, wie wir gesehen haben, zur Zeit des Sokrates davon abgekommen, und sie hatten doch noch keine Ahnung davon, wie der allgemeine Wettbewerb im Zeitalter der Industrie alle Kräfte in Anspruch nimmt. Wir haben also wahrlich hinreichende Entschuldigung, wir zerriebenen und abgetriebenen Sklaven des modernen Industriestaats, wenn das Turnen uns nicht mehr zieht. Wir brauchen etwas anderes, einen Ersatz von neuer Art, etwas, das den Anreiz zur Bewegung, zu ausreichender Kraftanstrengung durch Eigenschaften erzielt, die kein anderer Zweig der Gymnastik besitzt: etwas, das Kraftübung ohne schwere Anstrengung, das Ruhe in der Bewegung, das Lust in der Arbeit ist; etwas, das durch den schnellen Wechsel des Orts und der Szenerie, durch eine mühelos erreichte Steigerung der Kräfte über ihr natürlich beschränktes Maß, das durch den Zauber flugartigen Fortgleitens das Gemüt mit einem ehemals unbekannten Wohlgefühl beglückt. Solch ein wunderbares Neues brauchen wir ermüdeten Kulturmenschen, um unsere Gesundheit darin wiederzufinden – und wir besitzen es jetzt. Das Zweirad ist dem Menschen des zwanzigsten Jahrhunderts gegeben als die notwendige Ergänzung all der anderen Mittel zur Leibespflege, die ihm in seinem der Natur entfremdeten Zustande nicht mehr genügen konnten. Es ist gekommen, nicht allein, um ihm zu dienen als hilfreicher Knecht; es will auch seine Heilkraft an ihm erproben als sein Arzt.

Bicyclanthropos curvatus (der gekrümmte Radaffenmens
Rückbildung der Species „Homo sapiens" im XX. Jahrhundert. (nach Haeckel)

4

Das Rad im Dienste der Volksgesundheit

Zwei feindliche Strömungen unterspülen, wie wir gesehen haben, die gesunde Kraft der Rasse und bedrohen sie mit dem Niedergang: Die eine besteht in der Erhaltung der Untauglichen durch die Schutzmaßregeln der humanen Gesellschaft, die andere in der Verschlechterung der Tauglichen durch die naturwidrige Form, die der Kampf ums Dasein im modernen Industriestaat angenommen hat. Das ungeheure Problem, wie die erstere abzuleiten sei, wird vielleicht niemals völlig gelöst werden; denn die Religion des Mitleids, die der radikalste Denker unserer Zeit, Nietzsche, für unsere Entartung verantwortlich macht und die er darum folgerichtig aus unseren Herzen reißen möchte, ist zu tief eingewurzelt in den ererbten Instinkten der Kulturmenschheit, als daß sie durch philosophische Theorien zerstört werden könnte. Leichter scheint es dagegen, der zweiten Gefahr zu begegnen; denn dazu bedürfte es wenigstens keiner Umwertung unserer sittlichen Begriffe, sondern vielmehr ihrer konsequenten Anwendung. Aber die nämliche Gesellschaft, die den Schutz der Schwachen auf dem sogenannten humanitären Gebiete organisiert hat, weil sie selbst ein Schutzverband der Schwachen ist, zeigt sich humanen Erwägungen schwer zugänglich, wo es sich um den Widerstreit der Interessen handelt, also in der allgemeinen Hetzjagd nach dem Gelde. Der Fortschritt zu menschenwürdigen Lebensbedingungen für die große Masse der Nachzügler, die in dieser Hetzjagd hinter dem kleinen Vortrab der Schnellfüßigen weit zurückbleibt, vollzieht sich daher nur sehr langsam. Die egoistischen Instinkte sind vielleicht noch stärker als die altruistischen, weil ihre Wurzel tiefer in den Naturschoß zurückreicht. Aber in dem immer vollkommener werdenden Ausgleich zwischen beiden besteht das eigentliche Wesen des Kulturverlaufs, und deswegen ist es mit Sicherheit zu erwarten, daß die Gesellschaftsordnung früher oder später eine Gestalt annehmen wird, in der keiner den anderen mehr hindern darf, sein Dasein nach den Lebensgesetzen der menschlichen Natur auszuwirken.

Was wir in unserem gegenwärtigen Entwicklungsstadium vermögen, um der Entkräftung unserer noch gesunden Volksbestandteile vorzubeugen und die schon geschwächten, aber noch heilbaren wieder zu stärken, ist also leider keine Radikalkur. Aber einen großen Schritt zur Genesung würden wir doch tun, wenn es uns gelänge, die Pflege der Gesundheit durch wohltätige Leibesübungen zur allgemeinen Sitte zu machen. Welcher Art diese Übungen wären, darauf würde es zunächst nicht viel ankommen, wenn sie nur überhaupt das Prinzip der Bewegung verwirklichen. Die Erkenntnis von der Heiligkeit der Gesundheit müßte die öffentliche Meinung so durchdringen, daß jeder Jüngling und jeder Mann, jedes Mädchen und jede rüstige Frau sich moralisch gezwungen fände, irgendeinen Zweig der Gymnastik regelmäßig zu üben, um nicht als verweichlichte Schwächlinge verachtet zu werden.

Von diesem Ziele, das sich in einer höheren Kulturperiode zweifellos dereinst verwirklichen wird, sind wir aber noch weit entfernt. Bis vor kurzem hielt die überwiegende Mehrzahl der männlichen Bevölkerung sich nach den Schuljahren jeder Art Körperübung fern, des weiblichen Geschlechts ganz zu geschweigen. Höchstens dem Kegelschieben in den Biergärten lagen sie ob; allein, was sie dabei an Muskelkraft gewannen, das büßten sie durch die gleichzeitige Alkoholvertilgung sofort wieder ein. Da kamen aus England allerlei sportliche Anregungen zu uns herüber und begannen in einzelnen Kreisen Wandel zu schaffen. Zunächst das Rudern; daneben Fußball und Lawn Tennis. Auch das Hochrad fand hier und da seinen Reiter. Doch es blieb bei zerstreuten Liebhabergruppen, bis das Niederrad erfunden wurde. Nun aber änderte sich die Szene, erst langsam, dann in immer steigender Progression. Und siehe, mit einem Male war der Radsport in Deutschland Mode geworden, und Leute aus allen Ständen und von allen Altersstufen, Männlein und Weiblein, die bisher durch nichts zu bewegen gewesen waren, ihre Körperkraft zu üben, tummelten plötzlich ihr Stahlrößlein, als ob sie dazu geboren wären.

Das ist es, darin liegt die Hauptbedeutung des Radsports, daß ihm mit einem Schlage gelang, was keiner Art Gymnastik vorher gelungen war: ungezählte Scharen, die aus Mangel an angemessener Kraftbetätigung verkümmerten, für die heilsamen und der Rasse unentbehrlichen Leibesübungen zu gewinnen. Ob das Radeln als Leibesübung anderen gleichwertig oder gar überlegen ist, mag hier zunächst dahingestellt bleiben. Das Wichtigste ist, daß mit ihm überhaupt ein kräftiger Sport in unserem Volke, und zumal unter unseren Frauen und Töchtern, Sitte geworden ist. Und darum begrüßen wir es als eine wertvolle Waffe im Kampfe gegen die Entartung der Kulturmenschheit.

Es muß nun freilich ausgesprochen werden, daß der Radsport sich nicht für jedermann eignet und von gewissen Konstitutionen nicht ertragen wird; und ferner, daß er selbst von gesunden Leuten leicht gemißbraucht werden kann, wodurch er, statt zu nützen, ihnen schweren Schaden bringt. Allerdings begleitet die Möglichkeit eines Mißbrauchs jeden wie immer gearteten Gebrauch, und wir begegnen schädlichen Folgen und selbst tödlichen Unfällen auch bei anderen Leibesübungen, die ohne Vorsicht oder im Übermaß betrieben wurden. Trotzdem könnte ein kühler, voreiligen Verallgemeinerungen abgeneigter Kopf wohl einwenden, das Rad fordere durch seine Natur zum Mißbrauch geradezu heraus, und die Zeit von ungefähr fünfzehn Jahren seit der Einführung des Niederrads sei noch viel zu kurz, um die Frage endgültig zu bejahen, ob seine Vorteile für die Gesundheit seine Nachteile überwiegen. Aber gerade das Gegenteil entspricht den Tatsachen. Diese fünfzehn Jahre haben vollkommen genügt, um die heilsamen Wirkungen des Radsports augenscheinlich zu machen, ja dazu genügt oft ein einziger Sommer; und wer sie an sich erfahren hat, wird sie sich nicht absprechen lassen. Diese Jahre haben jedoch auch gewisse schädliche Wirkungen offenbart, und das ist gleichfalls ein unbestreitbarer Gewinn; denn um etwas ganz zu beherrschen, muß man wissen, welche Gefahren es in sich birgt und was bei seinem Gebrauche zu vermeiden ist. Die bisher hier und da zutage getretenen üblen Folgen entsprangen zum größten Teil der Unkenntnis hinsichtlich der richtigen Methode des Sportbetriebs; sie waren die Kinderkrankheiten des Radsports. Je mehr aber eine aus der Erfahrung gezogene Hygiene des Radsports zu allgemeiner Anwendung gelangt, um so seltener werden die Radfahrer in Zukunft an ihrer Gesundheit geschädigt werden. Wir haben also allen Grund, zu erwarten, daß das Fahrrad sich in der kommenden Zeit noch besser bewähren wird als in diesen ersten Lehr- und Probejahren. Doch auch jetzt ist es schon gewiß, daß das Zeugnis der bedeutendsten und gewissenhaftesten Ärzte für die in zahlreichen Fällen allenthalben erprobte Heilkraft des Radfahrens einsteht und eine diesem zu verdankende Mehrung der Volksgesundheit auf der einen Seite beweist. Der Gefahr aber, die andrerseits dem Nutzen gegenübersteht, läßt sich vorbeugen durch Belehrung und ärztlichen Rat, denen vernünftige Menschen in der Regel doch zugänglich sind; und wenn die Unvernunft sich Schaden tut, so liegt die Schuld eben in ihr selbst und nicht in ihrem Werkzeug.

Was die Wirkungen des Radelns bei krankhaften Körperzuständen betrifft, so mag es genügen, auf das Urteil Nußbaums, des berühmten Chirurgen, hinzuweisen, dem die medizinische Wissenschaft allenthalben zustimmt. Er erklärte, daß das Radfahren ganz zweifellos ein ausgezeichnetes Heilmittel sei, auf ganz richtigen Grundsätzen beruhe und durch Bewegung des Körpers und Geistes zustande bringe, was keine andere Kur leistet. Es habe seinen glänzendsten Wirkungskreis als Stärkungsmittel für Menschen, die versäumt haben, ihren Körper auszubilden und zu kräftigen. Eine schwache Brust, ein träger Unterleib, schlechtes Atmen, Neigung zur Fettbildung und Blutarmut, das seien die Krankheitszustände, welche ganz vortrefflich auf das Fahrrad passen. Das Radeln sei eine anstrengende Arbeit, bei der alle Muskeln, selbst die Rumpf- und Nackenmuskeln und der Kopf mitwirken. Diese Arbeit erfordere tiefes Atmen, wodurch die Stauungsluft der Lungen entfernt und der Brustkorb energisch ausgeweitet werde. Eine solche Ausdehnung des Brustkorbes und der Lunge sei der beste Schutz gegen die verderblichste Krankheit Europas, die Tuberkulose. Die Kräftigung aller Körpermuskeln, welche der Hauptherd für den Stoffumsatz sind, und die zweckmäßige Ernährung des ganzen Körpers sei die erste Wirkung des Radfahrens. Durch die gesteigerte Muskeltätigkeit verbrenne das überschüssige Fett, durch die Entfettung des Herzens und der großen Adern aber werde der Umlauf des Blutes erleichtert. Besonders weichen vor dem Radfahren jene modernen Überreizungen, denen kein Stand und kein Alter jetzt entgeht, die Nervenschwäche in allen ihren Formen. Schon nach wenigen Wochen verschwinde eine quälende Krankheitserscheinung nach der andern. Der Körper gesunde, und mit der Gesundheit des Körpers komme auch die Gesundheit des Geistes. Die Tatkraft kehre zurück, die Lust zum Leben, die Lust zur Arbeit, der Schaffensdrang, und damit der frohe Sinn und die Zufriedenheit.

Als Heilmittel der Neurasthenie wird das Radfahren besonders auch von Albert Eulenburg, dem ausgezeichneten Nervenarzt, gerühmt. „Alles, was man dem Radfahren mit Recht oder Unrecht vorgeworfen hat", äußert er, „verschwindet für uns vollständig gegenüber der Tatsache, daß bei angemessenem und vorsichtigem Betriebe in zahllosen Fällen unendlicher Nutzen damit zu stiften ist – und zwar ganz besonders bei krankhaft veranlagten nervösen (neurasthenischen) Personen, *beiderlei* Geschlechts."

Aber so wichtig es für das Glück der leidenden Menschheit ist, daß sie im Fahrrad ein Heilmittel gefunden hat, so kann dies doch nur als eine erfreuliche Begleiterscheinung angesehen werden. Ungleich wichtiger, ja vom Standpunkt der Volksgesundheitspflege als die Hauptsache erscheint es, daß der richtig betriebene Radsport Krankheiten verhütet, die Gesundheit erhält, die Kraft mehrt. Die Gymnastik der Hellenen sowohl wie unsere moderne Turnkunst waren nicht auf Kranke berechnet, sondern auf Gesunde, um das Volk in ihrer Pflege auf seiner Höhe zu erhalten, ja es in seinen Nachkommen auf eine noch höhere Stufe zu erheben, und denselben Beruf erfüllt der Radsport, der sich darum ebenbürtig dem Turnen zur Seite stellt und es durch die Lust, mit der er betrieben wird, weit übertrifft. In diesem Punkte gelangt die Gesamtheit der ärztlichen Advokaten des Radsports zu gleich günstigen Ergebnissen; deutsche, französische, englische und amerikanische Ärzte stimmen darin überein. Ihre verschiedenen Urteile lassen sich in den Worten Hoffnungs zusammenfassen: „Nur wenige körperliche Übungen erfüllen so alle Forderungen, welche die Gesundheitspflege an den Menschen stellt, wie gerade ein vernünftig betriebenes Radfahren."

Doch auch die eigenen Erfahrungen denkender Laien sind nicht wertlos. Allenthalben können wir von Angehörigen der gebildeten Stände, deren Gesundheit durch sitzende Lebensweise und geistige

Überanstrengung schwer gelitten hatte, vernehmen, welche Heilkraft das Rad an ihnen bewährt hat, und solche Zeugnisse verdienen die ernstlichste Beachtung. Es ist vornehmlich die produktive Geistestätigkeit des Gelehrten und Schriftstellers, die übermäßige, unverhältnismäßige, einseitige Gehirnarbeit, die dem Körper Schaden bringt. In seiner Edinburgher Rektoratsrede spricht Carlyle von der Unerreichbarkeit vollkommener Gesundheit für diese Menschenklasse. Wenn man sich in eine irgendeine langwierige Gedankenarbeit versenke, wenn man es z.B. unternehme, ein Buch zu schreiben, werde man nicht damit zustande kommen, ohne dadurch entschieden krank gemacht zu werden. Er wenigstens habe es niemals anders vermocht. Jeder Schriftsteller, der seine Werke nicht handwerksmäßig hervorbringt, wird ihm das bestätigen. „Und nichtsdestoweniger muß man“, fährt Carlyle fort. „Ist’s euer Beruf, so ist’s auch eure Pflicht, zu Ende zu führen, was ihr angegriffen habt, selbst auf Kosten der Gesundheit. Nur müßt ihr immer darauf bedacht sein, so schnell wie möglich wieder davon los und zur Gesundheit zurückzukommen: Sie habt ihr als das wahre Gleichgewicht und den Schwerpunkt der Dinge zu betrachten.“ Diesen Schwerpunkt haben nun viele Schriftsteller tatsächlich auf dem Rade gefunden. Natürlich trägt zu der günstigen Wirkung bei ihnen neben der Bewegung ein gutes Teil auch die zeitweilige Enthaltung von geistiger Arbeit, das Ausspannen, bei; das Rad gibt dem Kopfe eine Ruhepause und hindert ihn, sich zu überanstrengen, da es Zeit fordert und in dieser Zeit das Regiment für sich allein beansprucht. Über den beim Radfahren unvermeidlichen Zeitverlust ist freilich gerade der Schriftsteller, dessen Gehirn sonst in allen wachen Stunden mit Problemen ringt und selbst im Schlafe nicht ruhen will, anfänglich sehr unzufrieden; er macht sich Gewissensbisse und meint wohl gar, das Rad vertrage sich überhaupt nicht mit seinem Beruf. Bald aber erkennt er, daß die durch das Radeln gewonnene Frische ihn befähigt, nur um so intensiver zu arbeiten; und sobald er sieht, daß er nun in wenig Zeit mehr zu leisten vermag als ehedem in viel Zeit, betrachtet er das Rad als seinen Mitarbeiter und Amanuensis. So ist es mir selbst ergangen, der ich, tief in die Nächte hinein an den Schreibtisch gebannt und in beständiger Gedankenarbeit vergrübelt, dahin gekommen war, mich vorzeitig alt zu fühlen. Als ich ein paar Monate geradelt war, konnte ich dem lieben Freund und Arzt, mit dessen Zustimmung ich mich dem Radsport hingegeben, von einer wunderbaren Verjüngung meines ganzen Wesens, von neuer Schaffensfreudigkeit und wiedergekehrter Lebenslust dankbar Meldung machen, und er antwortete: „Nun weiß man doch, wie eine Altmännermühle aussieht, und bemerkenswert ist, daß nicht Wind oder Wasser, sondern eigene Kraft das Räderwerk treibt."

Indessen sind auch einige absprechende Urteile über den Radsport von ärztlicher Seite gefällt worden. Einer der heftigsten Angriffe dieser Art ist die Broschüre *Das weibliche Radeln* von Leo. Aber der Verfasser zählt ganz unzweifelhaft zu denen, die dem Fahrrad von Anfang an mit einem unbesieglichen Vorurteil entgegengetreten sind, und dies Vorurteil hat auch sein ärztliches Urteil getrübt. Er ist der Typus jener alten Leute, welche die neue Zeit nicht mehr verstehen, weil sie sie mit dem Maßstab einer längst vergangenen messen. Das geht unzweideutig hervor aus seiner Erklärung, daß er „aus vollster Überzeugung in ethischer, moralischer, erzieherischer und somatischer Richtung hin zu denen gehöre, welche die möglichen Nachteile des weiblichen Radelsportes ungleich höher taxieren als den etwaigen entbehrlichen Nutzen." Es widerspricht der ärztlichen Wissenschaft geradezu und ist auch im höchsten Sinne keineswegs ethisch, sich auf die hergebrachte Moral zu versteifen, die doch so oft nur ein schöner Name für Engherzigkeit und Unduldsamkeit ist. Eine gerechte Würdigung menschheitlicher Bestrebungen wird man wohl eher erreichen, wenn man zu der Erkenntnis vordringt, daß die Moral wandelbar ist und daß jede Zeit ihre besondere erzeugt, die aus ihren besonderen Bedürfnissen herauswächst. Mit dem Fortschritt der Kultur müssen die ethischen Begriffe, gerade weil sie sich veredeln und vertiefen, notwendig sich auch von den Fesseln der Konvention befreien, die mit der wahren Ethik gar nichts zu tun haben, sondern nur ihr Wachstum behindern.

Doch erklären sich Leos schiefe und verkehrte Urteile über den Radsport auch aus seinem mangelnden Sachverständnis. Denn offenbar ist er nicht selbst Radfahrer. Man glaube doch ja nicht, daß sich das Wesen des Radfahrens ohne eigene Ausübung verstehen läßt. Wer sie begonnen hat, dessen Anschauungen, dessen Empfindungsleben, dessen Gesichtskreis erweitern sich, und eine ganz neue Welt geht ihm auf, die dem bloßen Theoretiker verschlossen bleibt. Der Nichtradfahrer hat daher gar kein Recht, über das Radfahren mitzusprechen, noch weniger, darüber abzusprechen. In allen übrigen Fächern ist es geradezu eine sittliche Forderung, daß Sachverständige hinzugezogen werden, wenn über ihre Angelegenheiten zu Gericht gesessen wird. Nur dem Radsport glaubt jeder Vorschriften machen zu dürfen, ohne sich des einzigen Mittels, der praktischen Betätigung, bedient zu haben, um zu lernen, wie es eigentlich damit beschaffen ist. Wir werden davon noch weiter zu reden haben. Kein Wunder, daß alle die verbissensten Widersacher des Rades keine Radfahrer sind.

Unter den physischen Nachteilen des Radfahrens nennt Leo zunächst „die neben der Ermüdung einhergehende, wenn auch nur vorübergehende Anschwellung und Steifigkeit der Arme und Beine, bedingt durch die Einseitigkeit der Haltung und Störung ihrer Innervation und Blutzirkulation." Jeder erfahrene Radler weiß, daß solche Erscheinungen aus dem richtigen Gebrauch des Rades nicht hervorgehen können, sondern nur aus seinem Mißbrauch. Bei Überanstrengung werden sie aber auch jeder anderen Körperbewegung folgen.

Ferner wird erwähnt „die ungleichmäßige Entwicklung bei Muskulatur usw. am Knochenskelett." Während die Muskulatur des Rumpfes, etwas weniger der Arme, in der Entwicklung zurückbleibe und in ihnen die fettige Entartung begünstigt werde, sollen sich die Muskeln der Beine oft ganz enorm, ja bis zur Unschönheit und Plumpheit und resultierendem unzierlichen Gange entwickeln. Hier wie im ganzen Verlaufe der Schrift ist es offenbar, daß Leos Urteil nicht auf Erfahrung beruht, sondern theoretisch ausgetüftelt ist. Man könnte beinahe vermuten, es liege ihm die scheußliche, aber natürlich nur humoristisch gemeinte Karikatur des bekannten Seligmannschen Bildes zugrunde: „Bicyclanthropos curvatus (der gekrümmte Radaffenmensch). Rückbildung der Species Homo sapiens im XX. Jahrhundert (nach Haeckel)." Wo hat Leo solche Beine mit ganz enorm und bis zur Plumpheit entwickelten Muskeln gesehen? Wenn er nur einmal die Berufsfahrer bei einem Radrennen beobachten will, wird er finden, daß sie kaum stärkere Waden haben als andere junge Leute, ja daß manche gar keine besitzen. Und das ist auch ganz erklärlich; denn da die

Füße des Radfahrers auf den Pedalen ruhen und es auf ebener Bahn nur eines leichten, spielenden Druckes bedarf, um das Rad vorwärts zu bewegen, so leistet das Bein beim Radfahren weniger Arbeit als beim Laufen, wie es denn auch weniger ermüdet. Gar nicht vergleichen läßt sich das leichtfüßige Radeln mit dem harten, gewaltsamen Auftritt, der beim militärischen Marschieren, besonders beim Parademarsch, reglementsmäßig ist, weswegen denn auch nach Leos Theorie plumpe Beine weit eher das Merkmal der Soldaten sein müßten, an denen er jedoch gerade eine plastische Veredelung rühmt.

Weiterhin behauptet er, Haltung und Gang würden in der Wachstums- und Entwicklungsperiode durch das Radeln überhaupt ungünstig beeinflußt. Bei einiger Übung in der Untersuchung nackender Gestalten, wie z.B. durch die Militärärzte bei den Rekrutierungen, sei man imstande, wo nicht durch Gymnastik das Übel ausgeglichen werde, ohne jede vorherige Personalkenntnis diejenigen Knaben und Jünglinge, welche viel radeln, wegen ihrer charakteristischen fehlerhaften Haltung und ihres mangelhaften Ganges herauszufinden. Aber durch eine hinreichende Anzahl tatsächlicher Beobachtungen läßt diese Aussage sich nicht begründen. Es ist vielmehr der Mangel jeder Art gymnastischer Übungen, dem die Militärärzte so häufig die Schuld an der schwächlichen Entwicklung der jungen Leute zuschreiben müssen, und wenn auch jeder Verständige zugeben wird, daß für die Jugend eine vielseitige gymnastische Ausbildung wünschenswert erscheint, so kann doch nur ein ganz Verblendeter bestreiten, daß in Ermangelung einer solchen das einseitige Radeln immer noch tausendmal besser ist als gar keine Gymnastik und daß es deswegen tatsächlich eine Lücke ausfüllt.

Leo fragt nun, warum das, was er vom männlichen Geschlecht behauptet, bei den Mädchen anders sein sollte. Er vermöchte, sagt er, „Zweiflern spezielle Schilderungen von Hunderten und Tausenden zukünftiger Mütter vorzuführen, an denen der Sachverständige durch die Kleider hindurch Deviationen der Knochen und der jammervollen Gestalt erkennen könnte, wie sie auch bei übertriebenem (!) Radeln und disponierender Schwäche des Skelettes sich entwickeln können." Wie sie sich entwickeln können, wohlgemerkt! Daß sie es tun, wagt selbst er nicht zu behaupten; es ist eine bloße Möglichkeit, und noch dazu eine, die nur bei dem Zusammentreffen übertriebenen Radelns mit einer schon vorhandenen konstitutionellen Minderwertigkeit eintreten könnte; es sind also keine Erfahrungen, um die es sich hier handelt, sondern Phantasien. Jene Deviationen der Knochen sind allerdings leider keine Seltenheit, aber mit dem Radfahren stehen sie in gar keinem Zusammenhang. In dem Gutachten, das die Berliner medizinische Gesellschaft 1864 über das Mädchenturnen abgab, heißt es: „Allgemeine Muskel- und Nervenschwäche, nervöse Leiden aller Art, Bleichsucht, mangelhaftes Wachstum, Schmal- und Engbrüstigkeit und Rückgratsverkrümmungen sind notorisch sehr häufige Krankheitszustände bei Mädchen, wohl zehnmal so oft bei diesen beobachtet als bei Knaben.“ Und was hier von Deutschland gesagt ist, gilt auch von anderen Ländern, selbst von dem sportlustigen England. In seinem Erziehungsbuch zitiert Herbert Spencer folgende Erfahrung von Sir John Forbes: „In einer großen Stadt besuchten wir kürzlich ein Mädchen-Alumnat mit vierzig Schülerinnen, wo wir auf eingehende und sorgfältige Nachforschung erfuhren, daß es unter den Mädchen, die seit zwei Jahren zu dieser Schule gehörten (und das war die Mehrzahl), nicht eine einzige gab, die nicht mehr oder minder verwachsen war.“ Ich übersetze aus der englischen Ausgabe von 1878. Beide Beobachtungen, die deutsche wie die englische, stammen, wie man sieht, aus einer Zeit, die den weiblichen Radsport noch gar nicht kannte. Nicht den Fahrrädern also ist das Übel zuzuschreiben, und Leo müßte das wissen. Das Radfahren trägt ganz im Gegenteil zur Heilung jener Mißbildungen bei; es wirkt orthopädisch. Bemerkenswert ist es übrigens, daß ganz ähnliche törichte Gründe, wie sie heutzutage gegen das Radfahren beider Geschlechter vorgetragen werden, seinerzeit auch gegen das weibliche Turnen erhoben wurden. Euler erzählt, daß man unter anderem befürchtete, das Turnen mache die Mädchen zu stark und das Gesicht unschön; auch bewirke es dicke Hälse, plumpen Körper sowie zu starke oder zu breite Hände.

Zum Schlusse seines Sündenregisters führt Leo den beim Radeln sich entwickelnden Staub an, der sowohl auf die Augen wie auf die Lungen schädlich wirke. Das mag richtig sein. Da aber nur die von Fuhrwerken zermahlenen und von Pferdehufen zerstampften Chausseen staubig zu sein pflegen, so kann die Polizei Augen und Lungen der Radfahrer schützen, wenn sie die Bankette für den Radsport freigibt. Viel wahrscheinlicher ist es, daß der scharfe Luftdruck die Augen schädigt, wenigstens wenn sie durch Überanstrengung und Nachtarbeit bereits geschwächt sind. Starker Tränenfluß bei rauhem und windigem Wetter ist in diesem Falle bereits beobachtet worden. Doch dann muß eben von Augenleidenden beim Radeln eine Schutzbrille getragen werden.

Trotz all seiner Feindseligkeit jedoch muß selbst Leo zugeben, daß das weibliche Vergnügungs-Radeln seinen Nutzen hat, den er dem berufsmäßigen schon vorher zuerkannte. Aufschließung der schönen Gottesnatur in weiterem Umkreise, fleißigere Bewegung in freier, frischer Luft, Aufrüttelung aus dem verweichlichenden Zimmerleben und der geistigen und körperlichen Schlaraffenfaulheit, allmähliche Erhöhung der Widerstandsfähigkeit gegen Witterungseinflüsse, Reizung des Appetits durch die Muskelarbeit, Beförderung des Stoffwechsels, lebhaftere, wenn auch nur teilweise, Blutzirkulation und dadurch Anregung der Blutbildung, der Ernährung, der Kräfte und der Lebensfrische, das erklärt er für Wirkungen, die keinem Zweifel unterliegen, und mehr kann man eigentlich nicht verlangen.

Betrachtet man nun seine Einwürfe gegen das Radfahren im ganzen, so ergibt sich, daß sie einesteils nicht stichhaltig, andernteils nur auf die Ausartungen des Sports, auf den Mißbrauch des Rades anwendbar sind. Diese aber, die jeder bekämpfen muß, der das Fahrrad im Dienste der Volksgesundheit verwendet sehen will, sind kein zureichender Grund, um auch den vernunftgemäß betriebenen Radsport zu verurteilen; wer es tut, schüttet das Kind mit dem Bade aus. Und das eben geschieht durch Leo, dessen Polemik wir so eingehend behandeln mußten, um zu zeigen, wie wenig die Medizin gegen den Radsport in seiner berechtigten Ausdehnung vorzubringen hat.

Die schädlichen Wirkungen zu beleuchten ist auch der Hauptzweck des Vortrags, den Martin Mendelsohn im Verein für innere Medizin zu Berlin gehalten hat: „Der Einfluß des Radfahrens auf den menschlichen Organismus.“ Doch erscheint der Verfasser keineswegs als ein Widersacher unserer Übung, und seine Untersuchung sticht durch den wissenschaftlichen Geist, in dem sie unternommen wurde, sehr vorteilhaft von Leos tendenziösem Angriff ab. Nur muß man leider aus einem höchst ungerechten Vorwurf, welchen Siegfried „lediglich das Produkt theoretischer Spekulationen seitens Nichtradfahrer“ nennt, den Schluß ziehen, daß es auch Mendelsohn an der vollen, nur durch praktische Ausübung des Sports erreichbaren Sachkenntnis gefehlt hat. Er behauptet nämlich, daß beim Radfahren die durch die Bewegung erzeugte Wärme und der Blutafflux die sexuelle Libido steigere; es sei daher bei Männern nichts Seltenes, daß sie wiederholt ihren Weg unterbrechen müssen, da die geschlechtlichen Erregungserscheinungen sie hindern, auf dem Fahrrad zu verbleiben. Man kann nur annehmen, daß derjenige, dem er diese Beobachtung verdankt, an Satyriasis oder einem ähnlichen krankhaften Zustande litt und gar nicht auf das Rad, sondern in die Klinik gehörte; anders läßt eine solche Erfahrung, wenn es überhaupt eine ist, sich kaum erklären; denn selbst falsche Sattelstellung würde vielmehr Schmerzen als Libido zur Folge haben. Wenn beim Reiten auf dem Pferde die Geschlechtsorgane beeinflußt werden, so liegt die Ursache in der starken Erschütterung, die doch auf dem Rade nicht vorkommt. Mendelsohns Voraussetzung, daß durch das Radfahren ein Blutafflux in den Unterleibsorganen stattfinde, ist vollkommen irrig, und damit fällt auch seine Folgerung. Siegfried stellt demgegenüber die Tatsache fest, daß die Einwirkung eine blutableitende, blutentleerende ist, und erwartet mit Recht, daß jeder Radfahrer ihm dies aus Erfahrung bestätigen wird. Seine persönlichen und ärztlichen Beobachtungen haben ihn zu dem Ergebnis geführt, „daß das Radfahren mit dem Auftreten sinnlicher Erregungen und Empfindungen unvereinbar ist, daß es vielmehr das beste und wirksamste Gegenmittel gegen eine etwa dazu vorhandene Neigung darstellt.“ In der Tat erfordert es ja auch, ganz abgesehen von dem Blutzufluß, viel zu viel Aufmerksamkeit, lenkt es die Sinne viel zu sehr ab, um sexuelle Reizzustände die Oberhand gewinnen zu lassen. Gerade die Entsinnlichung, die Unschuld des Gemüts ist eine von den hauptsächlichsten psychischen Wohltaten, die mit dem Radfahren verbunden sind.

Abgesehen von diesem Vorwurf, der den Tatsachen widerspricht und zur Ehrenrettung des Radsports mit allem Nachdruck zurückgewiesen werden muß, enthält Mendelsohns Schrift aber höchst erfreuliche Zugeständnisse. Wenn auch sein eigentliches Thema die Pathologie des Radfahrens ist, so hat er doch von dem Werte jeder angemessenen Körperübung und so besonders des Radfahrens für den normalen Organismus eine hohe Meinung. Es setze eine große Zahl von Muskeln in Tätigkeit, und gerade diejenigen unter ihnen, welche beim Gehen feiern; es führe noch dazu aus der Enge der Stadt in die günstigen hygienischen Bedingungen der freien Natur hinaus; es steigere den Mut und das Selbstvertrauen. Darum können die Vorteile dieser Übung, ihre günstigen Rückwirkungen auf den Ablauf der körperlichen und geistigen Funktionen große, unschätzbare sein, wenn sie mit Maß und der Individualität entsprechend vorgenommen werden. Das Radfahren werde in glücklicher Vereinigung vier verschiedenen Anforderungen des Lebens gerecht, indem es als gymnastische Übung, als Erholung von geistiger Arbeit, als Berufsausübung und besonders als das idealste, weil unabhängigste und wohlfeilste Beförderungsmittel diene. Gegenüber der Heilkraft des Radfahrens auf den erkrankten Organismus nimmt er allerdings eine sehr skeptische Haltung ein; aber er führt doch gegen den Schluß eine Anzahl Fälle an, in denen es bei mäßigem Gebrauch bemerkenswerte Erfolge gehabt hat, sowohl bei Frauenleiden wie bei Krankheiten der Atmungsorgane und des Herzens. Den von anderen Seiten bezeugten günstigen Einfluß des Radfahrens auf die Gicht hält er selbst für wahrscheinlich.

Indessen war es ihm doch in erster Linie darum zu tun, auf die Gefahren des Radsports, auch bei sonst gesunden Personen, hinzuweisen. Aber er verliert sich dabei nicht in solche lächerlichen Extreme wie Leo, und gerade wo dieser von den „oft ganz enorm, ja bis zur Unschönheit und Plumpheit entwickelten Muskeln der Beine und resultierendem unzierlichen Gange“ spricht, heißt es bei Mendelsohn: „Damit bleibt der Gesamteindruck eines solchermaßen in seiner Kraft gesteigerten Gliedes im wesentlichen ein unveränderter, und man kann daher einem durch Radfahren vervollkommneten Körper die Art seiner Ausbildung nicht ebenso ohne weiteres ansehen wie etwa einem Reiter, dessen Gang durch die besondere Entwicklung der Adduktoren etwas Charakteristisches erhält.“ Solch ein Zugeständnis ist um so wertvoller, als Mendelsohn für die üblen Wirkungen des Radfahrens einen unerbittlich scharfen Blick besitzt. Diese üblen Wirkungen aber sind im wesentlichen die Folgen des Übermaßes, der Übertreibung, und hiergegen warnend die Stimme zu erheben ist nicht nur Sache des Arztes, sondern auch unsere eigene Sache, gerade weil wir das Rad als einen Krafterneuerer für das ganze Volk begrüßt haben. „Es ist auch hier wie mit den anderen wirksamen Agentien unseres Arzneischatzes", schließt Mendelsohn seine Arbeit, „im Übermaß verwendet sind sie Gifte, und nur in der sorgfältig bemessenen Heildosis wirkliche Heilmittel."

Nicht radfahren dürfen Personen, die an organischen Herzkrankheiten, vorgeschrittener Lungenschwindsucht, fieberhaften Zuständen, akuten Entzündungen, Hirn- und Rückenmarkkrankheiten, also auch Epilepsie, sowie an Nierenerkrankungen leiden. Ebensowenig solche mit Anlage zu Gelenkentzündungen. Auch bei gewissen Frauenleiden ist das Radfahren unzulässig, und unbedingt ist es dem weiblichen Geschlecht zur Zeit der Menstruation zu verbieten. Nur bedingungsweise radfahren dürfen solche, die mit leichteren Krankheitszuständen der Lunge und der Luftröhre oder mit nervösem Herzklopfen behaftet sind, sowie die sogenannten Apoplektiker. Eingehenderes darüber geben die meisten Ärzte, die über das Radfahren geschrieben haben, unter den deutschen besonders Nußbaum, Fressel, Hoffnung und Mendelsohn, in ihren Schriften. Überhaupt sollte niemand, der nicht kerngesund ist, ohne ärztliche Erlaubnis das Radfahren erlernen; und besonders bei Angehörigen des weiblichen Geschlechts, älteren Leuten und Kindern darf es nicht unterlassen werden, vorher den Arzt um Rat zu fragen.

Hinsichtlich des Radfahrens der Kinder sind die Meinungen geteilt. Doch was hier als Gegengrund angeführt wird, ist eben auch nur das Übermaß. Sir Benjamin Ward Richardson meint, solange der Körper sich noch in der Entwicklung befinde, solange also das Skelett noch nicht vollkommen ausgebildet sei, das seine volle Reife erst mit einundzwanzig Jahren erlange, dürfe das Radfahren nicht mit Leidenschaft betrieben werden. Das ist ein verständiger Rat, sofern unter Leidenschaft Maßlosigkeit verstanden wird; doch gilt er in diesem Falle für jedes Alter. Andere fordern indessen aus übertriebener Vorsicht, daß bis zum achtzehnten Jahre mit dem Erlernen überhaupt gewartet werde, was eine beklagenswerte Schädigung der heranwachsenden Generation gerade in der Zeit, wo ihr die gymnastischen Übungen am meisten not tun, bedeuten würde. Sehr bestimmt wenden sich denn auch die medizinischen Sportschriftsteller in Deutschland wie Fressel, Hoffnung und Siegfried gegen eine solche Beeinträchtigung. „Lassen wir die Jugend denn nicht auch durch Turnen ihren Körper stählen und kräftigen?" fragt der erstere. Aber er wünscht allerdings, daß das Radfahren der jungen Leute nur in verständiger, ihren Kräften angemessener Weise betrieben werde, wozu bei Siegfried und Hoffnung noch die Forderung kommt, daß es von älteren Personen überwacht werde, um Übertreibungen zu verhüten, und daß nur ein gut passender Sattel Verwendung finde. Bedenklich scheint es freilich, wenn bereits Kinder von drei bis vier Jahren zu Kunstradfahrern ausgebildet werden; aber sobald die Jugend Turnunterricht erhält, darf man das maßvolle Radfahren gewiß als einen nützlichen Bestandteil ihrer allgemeinen gymnastischen Erziehung ansehen; denn auch das Rad ist ein Turngerät für sie. Man kann ja täglich beobachten, mit welcher spielenden Leichtigkeit kräftige Knaben das Radfahren erlernen und mit welcher bewunderungswürdigen Meisterschaft sie es vermöge ihrer Gelenkigkeit beherrschen. Sie sind darin den Erwachsenen weit überlegen; ein Beweis, daß es der jugendlichen Natur besonders angemessen ist. Auf die frühe Ausbildung der Stärke, Geschicklichkeit, Hurtigkeit, Sicherheit legt auch Kant vorzüglichen Nachdruck. Als Beispiel führt er die Schweizer an, die sich schon von Jugend auf gewöhnen, auf den Gebirgen zu klettern, so daß sie auf den schmalsten Stegen mit völliger Sicherheit gehen und tiefe Klüfte überspringen lernen. „Die meisten Menschen", sagte er, „fürchten sich vor einem eingebildeten Falle, und diese Furcht lähmt ihnen gleichsam die Glieder, so daß alsdann ein solches Gehen für sie mit Gefahr verknüpft ist. Diese Furcht nimmt gemeiniglich mit dem Alter zu." Er meint daher, solche Versuche mit Kindern seien wirklich nicht sehr gefährlich, zumal diese im Verhältnis zu ihrer Stärke ein weit geringeres Gewicht haben als Erwachsene, weswegen sie auch nicht so schwer fallen. Wir sind demnach der Ansicht, daß der Wert des Radfahrens für die körperliche Ausbildung gerade der Jugend besonders hoch zu veranschlagen ist. Nur darf nicht vergessen werden, daß dem Rade mehr als jedem anderen Turngerät die Versuchung zum

Mißbrauch beiwohnt, daß also seine Benutzung seitens der Jugend mit Gefahren verknüpft ist, welche kein Erzieher aus dem Auge verlieren darf, wenn es nicht das Gegenteil seines segensreichen Zwekkes herbeiführen soll.

Für das Radfahren der Erwachsenen gibt es ganz bestimmte Regeln, deren Nichtbeachtung der Gesundheit schweren Schaden bringen kann. Alle diese Regeln gelten in verschärftem Maße auch für die Jugend. Die wichtigste ist, daß beim Radfahren der Mund fest geschlossen bleibe und nur durch die Nase geatmet werde. Sodann ist bergan stets langsam zu fahren; bei größeren Steigungen aber hat man abzusitzen und das Rad zu schieben. Ferner muß der Sattel durch einen Sachverständigen richtig gestellt werden, d.h. sowohl in einer der Beinlänge entsprechenden Höhe wie in einer Hebung nach vorn, die das Vorgleiten verhindert. Desgleichen wähle man eine praktische Lenkstange und schraube sie soweit heraus, daß sie eine vollkommen aufrechte Körperhaltung gestattet. Durch den Rennsport sind heutzutage die sogenannten Rennmaschinen mit tief nach unten gebogenen Lenkstangen bei unseren jungen Leuten Mode geworden; das solide Tourenrad genügt ihnen nicht mehr; sie möchten alle Rennfahrer und womöglich Meisterschaftsfahrer sein. Solche Lenkstangen zwingen zu einer weit nach vorn gebeugten Haltung, und darum ist diese verderbliche Mode mit aller Energie zu bekämpfen. Daß die liegende Stellung auf dem Rade höchst unschön ist, wird wohl niemand leugnen, der ästhetisches Gefühl besitzt. Der schwerste Vorwurf trifft sie aber wegen ihrer Gesundheitsschädlichkeit. Von allen Ärzten, deren Urteil hier allein in Frage kommt, wird sie einstimmig verdammt. Schlank und aufrecht und ebenso gerade wie den Reiter auf seinem Pferd verlangt Fressel den Radfahrer; die Schultern sollen zurückgenommen sein, die Brust frei gewölbt, der Rücken gerade wie ein Brett, das ist Siegfrieds Forderung. Schon in der Ruhe ist die zusammengekrümmte Stellung nachteilig, wieviel mehr muß sie es sein bei einer so gesteigerten Tätigkeit des Herzens und der Lungen, wie sie mit dem Radfahren zusammenhängt. Es kommt bei diesem so sehr viel auf ein freies und tiefes Atmen an, und gerade das wird durch die Einengung des Brustkastens unmöglich gemacht. Auf sämtliche Organe der Brust- und Bauchhöhle sowie auf das Knochengerüst der Wirbelsäule und des Brustkorbes erstreckt sich, nach Siegfrieds Ausdruck, der schädliche Einfluß dieser katzenbuckelartigen Krümmung, und das ist gerade für den unreifen jugendlichen Körper so verhängnisvoll, daß jeder Erwachsene, dem die Leitung der Jugend obliegt, sich schwer an ihr versündigt, wenn er ihr solche widernatürliche Haltung erlaubt.

Mit allem Ernst ist das junge Volk schließlich noch am überschnellen Fahren zu verhindern. Fünfzehn Kilometer in der Stunde sollten selbst für reife Personen das äußerste Maß sein; aber vielleicht ist das schon zu viel. Rocheblave wenigstens will nicht mehr als zwölf Kilometer gestatten, weil bei 14-16 Kilometern der Puls schon mit 150 Schlägen geht. Eine solche Steigerung der Herztätigkeit kann, wenn sie sich häufig wiederholt, zu dauernden Herzkrankheiten und zu einem frühen Tode führen. Vor allem sollte es deswegen den Knaben verboten werden, Wettrennen unter sich zu veranstalten, wozu die Natur des Rades und das Beispiel des Rennsports sie nur allzuleicht verführt.

Das sind die Bedingungen, deren Mißachtung das Rad zu einem Mörder unserer blühenden Jugendschar machen könnte; sie immer wieder einzuschärfen dürfen deswegen sowohl die Eltern in der Familie wie die Lehrer in der Turnschule nicht verabsäumen. Werden sie aber erfüllt, so kann das Fahrrad, wie es den Erwachsenen zur Erhaltung, zur Kräftigung und Wiederherstellung ihrer Gesundheit dient, auch in der Jugenderziehung als Bildungsmittel des Leibes und des Charakters eine bedeutsame Rolle spielen.

Aber noch eins bleibt für die Jugend zu beachten. Da es feststeht, daß das Radfahren nicht alle Muskeln in gleicher Weise zur Entwicklung kommen läßt, so könnte es leicht zur Verunstaltung und Schwerfälligkeit führen, wenn es in jungen Jahren zu einseitig und ausschließlich geübt würde. Wir wollen aber ganze Männer, ganze Frauen, wir wollen ein harmonisch ausgebildetes Geschlecht heranwachsen sehen. Und deswegen ist neben dem Radfahren auch das Wandern, das Turnen, das Bewegungsspiel, das Schlittschuhlaufen und Schwimmen nicht zu vernachlässigen. Auch das Rudern ist, wenn es maßvoll betrieben wird, eine sehr heilsame Übung, bei der alle Teile des Körpers zugleich beschäftigt werden. Kein unverhältnismäßig großer Teil der Erholungszeit ist deswegen dem Radfahren zuzugestehen, sondern es soll abwechseln mit anderen Körperübungen, die auf andere Muskeln kräftigend einwirken. Nur wenn das geschieht, gedeiht das freie Spiel der Kräfte. Denn so hoch wir den Wert des Fahrrads für die Volksgesundheit veranschlagen, als Universalheilmittel dürfen wir es nicht betrachten; das wäre ein gefährlicher Irrtum. Nicht über, sondern gleichberechtigt neben den anderen Zweigen der Gymnastik steht der Radsport in der Jugenderziehung, und je verständiger zwischen ihnen die Arbeitsteilung, um so besser werden sie zusammenwirken gegen die Entartung der Rasse.

Der Aufschwung des Bicycle-Rennsportes ist schon darum auf's Wärmste zu begrüssen, weil durch ihn das Interesse für die elende Thierquälerei der Pferderennen eingeschränkt wird.
Grossartig waren die jüngst in Paris abgehaltenen 72 Stundenrennen. Von den 38 Theilnehmern wurden drei während oder nach dem Rennen blödsinnig. — 35 waren es schon vorher.

5

Der Rad-Rennsport und die Nachteile der Sport-Leidenschaft

Die Ethik, meint Herbert Spencer, habe mit den einzelnen Zweigen des Sports nicht viel mehr zu tun, als die verschiedenen Grade ihrer Mißbilligung festzustellen. Diese Auffassung ist nach dem Standpunkt, den wir vertreten, und auch nach Spencers eigenen Voraussetzungen hinsichtlich der Pflicht, für die Gesundheit Sorge zu tragen, viel zu rigoros. Der englische Jockey-Klub führt mit Stolz den Wahlspruch: Pro patria est, dum ludere videmur, und mit voller Berechtigung darf auch jeder andere Sport ihn sich aneignen, dem das Spiel ein Mittel zur Übung der Leibeskraft ist. Der Wetteifer, der dabei mitwirkt, dient, wie wir schon gesehen haben, in höchst zweckmäßiger Weise der Entwicklung des Willens und der Steigerung leiblicher Tüchtigkeit bis zur Höhe menschlichen Vermögens. Die olympischen Spiele waren Wettkämpfe, also Sport; und da sie als Bildungsmittel des Volkes eine nationale Aufgabe erfüllten, waren sie Sport in der edelsten Bedeutung. Die Verwerflichkeit des Sports liegt mithin nicht in seinem Wesen; sie liegt nur in seiner Ausartung.

Nachdem Wettrennen und Wettfahrten zu Fuß, zu Pferde, zu Wagen und in Ruderbooten seit dem Altertum den menschlichen Ehrgeiz als Kraftproben gereizt hatten, mußte der Radrennsport sich mit Notwendigkeit aus der Natur einer Maschine ergeben, deren größte Bedeutung in ihrer Schnelligkeit bestand. Es war von großer Wichtigkeit, den Wert des Fahrrads durch seine Leistungsfähigkeit zu erweisen, und da diese von der Leistungsfähigkeit des Radfahrers abhängt, so lag der sportmäßige Betrieb der Radfahrkunst, also die auf das Ziel höchster Gewandtheit und Ausdauer gerichtete Erziehung des Radfahrers, im Wesen der Sache. Aber aus dieser Abhängigkeit des Rades von seinem Führer folgte auch die Eigentümlichkeit des Radrennsports, die allen früheren Sportzweigen fremd war: daß er sich zum großen Teil in den Dienst der Industrie stellte. Ursprünglich war in den Wettkämpfen vorwiegend das ideale Moment bestimmend; es wurde nur um Ehrenpreise gefochten. Doch bald wurden durch Geldpreise weniger ideale Triebe zu Hilfe gerufen, bis endlich die Industriellen aus dem Rennsport einen Konkurrenzkampf ihrer Fabrikate machten, indem sie die hervorragenden Sportkräfte an sich zogen und sie dafür bezahlten, daß sie für ihre Räder oder Reifen Reklame fuhren. Diese Reklamefahrer wurden also Angestellte der Fabrikanten, sie übten den Rennsport, der nun ihr einziger bürgerlicher Beruf war, zum Broterwerb aus. Allerdings beweist ihre Reklame keineswegs, was sie beweisen soll. Wenn zwei Räder gleich gut sind, so siegt der bessere Mann, und selbst auf einem minderwertigen Rad wird ein guter Fahrer den minderwertigen noch besiegen, der ein gutes Rad benutzt. Die Sportzeitungen, die über die Ergebnisse der Rennen berichten, ignorieren daher auch völlig die von den Rennfahrern benutzten Fabrikate und geben die Ehre allein dem menschlichen Wettkämpfer.

Trotzdem haben die Berufsfahrer, indem sie für den Ruhm der Fabriken kämpfen, einen Teil ihres eigenen Ruhmes verkauft. Das hindert natürlich nicht, daß sie Ehrenmänner im vollen Sinne des Wortes sind, und es entzieht ihren Leistungen, die nur durch bewunderungswerte Ausdauer, also auch durch moralische Vorzüge, möglich sind, nichts von ihrer Bedeutung. Ebensowenig kann ihnen die Betrachtung Abbruch tun, daß sie eigentlich, indem sie ihre Kunst für Geld ausüben – ihr Jahreseinkommen ist mitunter so groß wie ein Ministergehalt –, zum fahrenden Volk gehören, das aus Seiltänzern, Kunstreitern, Akrobaten und Gauklern besteht; denn da auch die ausübenden Künstler höherer Art, Musiker, Sänger und Schauspieler, ja sogar die schaffenden wie Dichter, Maler, Bildhauer und Komponisten das Geld als Preis ihrer Arbeit nicht verschmähen, so vermag die Tatsache des klingenden Lohnes unmöglich die Kunst oder den Künstler herabzusetzen. Die strenge Scheidung zwischen Amateurs und Professionals hat denn auch, neben einer berechtigten, eine andere, ebenso lächerliche wie unerquickliche Seite. Es ist gewiß das Höchste, ja es ist das eigentliche Wesen des Sports, nur für die Ehre zu ringen. So war es im griechischen Altertum, so war es auch in der deutschen Turnkunst. Spiele, an die sich der kleinste Gewinn knüpfte, wurden von Jahn mit moralischer Strenge verworfen. „Turnspiel geht um Sieg“, sagte er. Aber alles, was an diesem Grundsatz ideal ist, wird im Radrennsport wieder in Frage gestellt durch die Anmaßung, die in dem Worte „Herrenfahrer“ liegt. Es war nicht wohlgetan, daß wir sie zugleich mit dem Sport aus England übernahmen. Sie entstammt der geldstolzesten Plutokratie der Welt, die in verächtlichem Dünkel auf alles, was nicht von seinen Renten leben kann, wie auf niedrigere Wesen hinabblickt. Ein Sport, in dessen Liebe alle Volkskreise zusammenkommen, sollte doch unter seinen Anhängern den kapitalistischen Übermut unterdrücken, der, aus einer beschränkten, ja aus einer wahrhaft ruchlosen Gesinnung geboren, den Menschen nicht nach dem taxiert, was er ist, sondern nach dem, was er hat. Auf dem ganzen Erdenrunde ist nichts so erbärmlich wie der Snob; er beleidigt den Geist der Menschheit.

Aber trotz alledem liegt das Rennwesen, wie es von den Berufsfahrern getrieben wird, außerhalb des Rahmens unserer Untersuchung; denn es ist kein Sport. Der Kunstreiter steht gewiß in der Dressur und der vollkommenen Beherrschung des Pferdes unter den Reitern obenan; doch wird ihn niemand als Sportsman bezeichnen. Ebensowenig sind die Berufsfahrer Sportsmen. Der wirkliche Sport ist Selbstzweck, er ist Spiel und nicht Geschäft; die Berufsfahrer aber bezwecken, durch bezahlte Schaustellungen Geld zu verdienen, und deswegen sind sie Geschäftsleute. Aus diesem Grunde können sie auch von einer Kritik gar nicht berührt werden, die das Radfahren als gesundheitsförderndcs gymnastisches Spiel in seinem Einfluß auf die großen Massen betrachtet, weil dieser Einfluß bei dem berufsmäßigen Betrieb eben gar nicht in Frage kommt. Ein Beruf, durch den ein ganz bestimmter Stand seinen Lebensunterhalt erwirbt, hat seine Existenzberechtigung im Wesen der bürgerlichen Gesellschaft; aber das Gesetz der Arbeitsteilung macht ihn exklusiv; er berührt die Allgemeinheit nicht, und diese darf ihn getrost seine eigenen Wege gehen und seine eigenen Ziele verfolgen lassen, die eben rein geschäftlicher Art sind.

Der Radrennsport, dem allein der Name des Sports zukommt, wird einzig von Amateurs ausgeübt, und nur mit diesen haben wir uns deswegen hier zu beschaffen. Damit erkennen wir zugleich die Berechtigung, ja die Notwendigkeit der Scheidung in Amateurs und Professionals an; nur würde es sowohl aus sachlichen wie aus ethischen Gründen angemessen sein, nicht mehr zwischen Berufsfahrern und Herrenfahrern, sondern zwischen Berufsfahrern und Sportsmen zu unterscheiden. Wir müssen es als ein großes Glück ansehen, daß diese Scheidung der größeren Mehrzahl der Radfahrer verbietet, um Geld zu kämpfen. Wenn die Gewinnsucht sich allgemein in den Dienst der Sportausübung stellte, so würde das Rennwesen noch eine größere Gefahr für die Volksgesundheit bedeuten, als es ohnehin schon der Fall ist. Es scheint darum keineswegs wünschenswert, die Trennung der Berufsfahrer und der Amateurs zu beseitigen; ja es wäre gut, wenn überhaupt alle öffentlichen Radrennen da, wo vom Publikum ein Eintrittsgeld erhoben wird, ausschließlich den Berufsfahrern überlassen blieben. Streng genommen verstößt es doch bereits gegen den Begriff des Herrenfahrers, bei bezahlten Schaustellungen mitzuwirken, und es würde im allgemeinen Interesse liegen, wenn diese Anschauung Boden gewönne.

Der Radrennsport verfolgt den Zweck, die größtmögliche Schnelligkeit zu erreichen oder, wie es in der Sportsprache heißt, möglichst hohe Records aufzustellen. Die bisherigen Records mit ihren Maschinen zu schlagen und alle Konkurrenten an Schnelligkeit zu überbieten ist das beständige Streben der Fabriken und der teils durch den Ehrgeiz, teils durch die hohen Preise angefeuerten Rennfahrer. Eine unersättliche Schnelligkeitsgier hat sich des Rennsports bemächtigt und Leidenschaften entfesselt, die weit abliegen von der reinen Freude eines maßvollen Sportbetriebs.

Dabei kann nicht einmal zugegeben werden, daß die Erfolge der Bahnrennen für die praktische Leistungsfähigkeit des Rades beweiskräftig sind. Denn im täglichen Verkehr, wo die Schnelligkeit des Fahrrads unter Umständen über Leben und Tod entscheiden kann, gibt es keine glatten, trockenen Zementbahnen, sondern da sind holprig gepflasterte Straßen, schlüpfrige Chausseen und allerlei Terrainschwierigkeiten zu überwinden. Also können nur Straßenwettfahrten wirklich zeigen, was das Rad unter gewöhnlichen Bedingungen vermag. Die Bahnfahrer gehen aber in der Regel gar nicht auf die Landstraße, weil diese ungünstig auf ihren Tritt wirken soll. Es ist daher auch erklärlich, wenn Detlev Sierck meint, das Rennwesen sei für den Radfahrsport, was für ein Haus die Ornamentik. Wir werden sehen, in welchem Sinne das zutrifft. Die Ornamentik einer afrikanischen Boma besteht in den Schädeln erschlagener Menschen.

Eine andere Einrichtung des Rennwesens, die es für das wirkliche Leben wertlos macht, ist die jetzt allgemein übliche Führung der Rennfahrer, besonders der Dauerrennfahrer, durch Schrittmacher. Denn im Ernstfalle werden wohl zumeist keine Schrittmacher vorhanden sein; wenn sie es aber sind, so können sie eilige Botschaften auch ohne den Rennfahrer überbringen, und dieser ist dann überflüssig. Sodann zeigt sich mit Benutzung von Schrittmachern wohl, was das Rad vermag, aber nicht, was der Reiter vermag, durch den das Rad doch erst Leben und Bewegung erhält. Der Luftwiderstand, welcher sich bei Gegenwind sogar vervierfacht, gehört einmal zum Wesen des Radfahrens; wo er durch vorauffahrende Luftbrecher und Windfänger beseitigt wird, tritt eine künstliche Erleichterung der Arbeit des Rennfahrers ein, die mit den normalen Bedingungen des Radfahrens nicht zu vergleichen ist. Unter sonst gleichen Bedingungen siegt daher auch der Radfahrer, der die besten Schrittmacher hat; es ist also nicht das persönliche Übergewicht, das die Entscheidung herbeiführt. Das Schrittmacherwesen hat mithin nicht den Zweck, die Schnelligkeit des Rennfahrers, sondern die des Rades zu erweisen; es dient nur der Industrie. Insofern ist es allerdings für das Rad selbst eine beweiskräftigere Reklame als das Rennen ohne Schrittmacher, dem wir diese Beweiskraft nicht zugestehen konnten. Aber von Sport kann dabei nur noch in sehr bescheidenem Maße die Rede sein. Sportsmen sollten daher das Rennen mit Schrittmachern den Professionals überlassen.

Auch bei Straßenrennen werden Schrittmacher benutzt. Der Amerikaner Murphy hat in ihrer Anwendung das Ungeheuerlichste geleistet. Im Herbst 1897 legte er mit ihrer Hilfe die englische Meile in einer Minute $^{4}/_{5}$ Sekunden zurück, indem er mit Rückenwind eine steil abfallende Strecke hinabsauste. Die erreichte Geschwindigkeit belief sich auf 95 Kilometer in der Stunde, übertraf also die des Blitzzuges. Diesen seinen eigenen Record schlug Murphy zwei Jahre darauf, als er hinter einem Expreßzug, oder eigentlich innerhalb einer an diesen angebauten, nach hinten offenen Halle mit Dach und Seitenwänden, die englische Meile in $57^{4}/_{5}$ Sekunden fuhr. Das ist wohl das Äußerste, was die Schnelligkeitsgier bisher erreicht hat.

Wir wissen von den Ärzten, daß zwölf bis höchstens fünfzehn Kilometer in der Stunde für den Radfahrer das gesunde Maß ist, dessen Überschreitung ihm mit Gefahr droht. Wie weit es durch den Rennsport überschritten wird, lehren die Records unserer Flieger- und besonders unserer Stehergrößen, auch wenn wir von Murphys Monstrositäten absehen. Es ist klar, daß solche außerordentlichen Leistungen eine gewaltige Überanstrengung der Kräfte erfordern, und wir haben nun nachzuforschen, welchen Einfluß diese auf die Gesundheit ausübt.

Bei Touristen sind nach übermäßigem Bergklettern, bei Soldaten nach forcierten Märschen Dehnungen des Herzmuskels, Herzerweiterungen sowie Nierenerkrankungen festgestellt worden. Ebenso hatten englische Ärzte schon vor den Zeiten des Radsports bei den Bootsmannschaften von Oxford und Cambridge, welche die alljährlichen Ruderwettfahrten auf der Themse abhalten, das häufige Auftreten von Herzkrankheiten betont. Dr. Albu in Berlin hat nun ein Dutzend Radrennfahrer vor und nach einer Fahrt von 5 bis 30 Minuten Dauer genau untersucht, und die Ergebnisse, die er dabei gewann, sind so bedenklicher Natur, daß sie jedem Sportfreunde zur Warnung dienen sollten. Sie waren bei allen zwölfen mehr oder minder ausgeprägt, wenn auch, je nach der Widerstandskraft des einzelnen, in verschiedenem Grade. „Die Aktion des Herzens", heißt es in Ritterbands Bericht, „war in einem Maße verstärkt, daß sie bei jedem Herzstoß die Brustwand fühl- und sichtbar erschütterte. Es fand sich eine bei manchen Fahrern sogar relativ beträchtliche Herzerweiterung, die vor der Fahrt nicht bestanden hatte, und zuweilen waren statt der normalen Herztöne gewisse Geräusche zu hören, die den Beweis lieferten, daß die Funktion des Herzens in hohem Grade alteriert war. Der Puls war im ersten Moment unfühlbar, dann fadenförmig, weich und klein und schlug 144mal in der Minute, während die normale Pulszahl 75-80 beträgt. Das Atmungstempo war 48-64 pro Minute (statt 18 unter gewöhnlichen Umständen). Lippen und Gesicht zeigten eine bläuliche Färbung, also Zustände, wie sie ähnlich sonst nur bei drohender Herzlähmung gefunden werden. Man hatte den Eindruck, daß diese Männer sich nur infolge langer Gewöhnung und durch ihren energischen Willen aufrecht erhielten." Albu sieht in diesen Erscheinungen hauptsächlich die Folge exzessiver Muskelanstrengung, welche den Blutdruck erhöht und die Zirkulation so bedeutend steigert, daß der Herzmuskel das ihm in weit größerer Menge und unter weit stärkerem Druck als sonst zuströmende Blut nicht bewältigen kann und infolgedessen gedehnt wird.

Eine andere Ursache erblickt er in der vorgebeugten Stellung der Rennfahrer bei forciertem Fahren, auf deren große Schädlichkeit wir bereits hingewiesen haben. Gerade auf der Rennbahn kann man sie ja in ihren lächerlichsten Gestalten beobachten. Freilich dient sie der Schnelligkeit; sie bietet dem Luftwiderstande den kleinsten Raum und folgt demselben Prinzip wie der horizontale Flug und Körperbau des Vogels, die horizontale Richtung des Schwimmens, der Bau der Schiffe. Aber daß sie gewissermaßen notwendig ist, spricht gegen die Berechtigung des Rennfahrens überhaupt. Sie komprimiert nach Albu den Leib und die hier liegenden großen Gefäße, die das Blut zum Herzen zurückführen, ist also für die Fortbewegung des Blutes vom und zum Herzen ein enormes Hindernis, und eben dies leistet der Dehnung und Erweiterung dieses empfindlichen Organs ganz besonders Vorschub.

Auch die Nierentätigkeit sämtlicher von Albu untersuchten Rennfahrer zeigte mehr oder minder bedeutende krankhafte Veränderungen.

Alle diese pathologischen Zustände des Herzens und der Nieren sind allerdings zunächst nur vorübergehend und gleichen sich in der Ruhe wieder aus. Bei häufiger Wiederholung der Anstrengung aber summieren sich in beiden Organen die schädlichen Wirkungen, und es kommt zu tiefgreifenden, unheilbaren Störungen, zu bleibendem Siechtum, und blühende Jünglinge werden zu Invaliden.

Zu beachten ist nun, daß sämtliche Rennen, die solche bedenklichen Erscheinungen hervorriefen, sich, wie oben erwähnt, nur über die Zeit von 5 bis 30 Minuten erstreckten. Bei Steherkonkurrenzen ist aber eine mehrstündige Dauer nichts Ungewöhnliches. Ja, in Amerika hat man ununterbrochen sechstägige Radrennen veranstaltet, so im Dezember 1896 in New York. In den Zeitungen, welche darüber berichteten, hieß es: „Die Teilnehmer, die über die nötige Energie verfügten, 144 Stunden ohne Schlaf, ohne Ruhe und in steter Aufregung im Sattel zu bleiben, werden vielleicht den Rest ihres Lebens brauchen, um sich von den Anstrengungen zu erholen." Der Sieger, Hale, konnte am letzten Tage nur mit Mühe und unter Anwendung aller erdenklichen künstlichen Mittel dazu gebracht werden, das Rennen fortzusetzen, und schließlich bekam er sogar Halluzinationen. Auch einzelne seiner Mitbewerber hatten Anfälle von Irrsinn, andere stürzten wie leblos von der Maschine auf die Bahn. Ganz ähnliche Dinge ereigneten sich noch im Juli 1899 in Paris beim 24-Stunden-Rennen um den Bol d'Or.

Nach dem Physiologen Tissié ist eine der bedenklichsten Folgen des Rennsports der „Automatismus" der hauptsächlich beschäftigten Muskeln. Wettfahrer, die das Rad verlassen, können mitunter keinen Schritt gehen, radeln aber sofort weiter, wenn man sie wieder in den Sattel hebt. „Der Engländer Mills fiel auf der Fernfahrt Bordeaux–Paris jedesmal in Ohnmacht, wenn er sich in die Kontrollbücher einschrieb, sobald er aber wieder auf dem Sattel saß, rannte er mit solcher Schnelligkeit, daß er alle Schrittmacher überholte." Tissié erklärt dies so, daß die Ohnmacht eintrat, wenn Mills zum Bewußtsein kam, daß seine Muskeln aber wieder fortarbeiteten, wenn er in den Zustand des unbewegten Automaten zurückkehrte. Dies Versinken in eine automatische Unbewußtheit hält er für die größte Gefahr des Sports im Übermaß, da sich infolge davon leicht krankhafte Gehirnzustände auf die Nachkommen vererben könnten.

Neben den Schädigungen der inneren Organe gibt es aber auch solche, die offen vor Augen liegen. Die Unglücksfälle, die sich bei den Rennen ereignen, sind zahllos; kaum eine Nummer der Sportzeitungen kann man während der Rennsaison in die Hand nehmen, ohne von mehr oder minder gefährlichen Stürzen zu lesen. Große Schorfe an den nackten Beinen der Wettfahrer sind auf der Rennbahn etwas so Gewöhnliches, daß die Presse zeitweilig mahnt, man möge den unästhetischen Anblick doch wenigstens unter Mullbinden verbergen. Doch oft handelt es sich um weit beträchtlichere Schäden, um schwere Arm- und Beinbrüche, ja um tödliche Verletzungen. Eine Statistik der Rennbahn-Unfälle würde ein erschreckendes Gesamtbild darbieten.

Indessen, auch von dem Erfolgreichsten und Glücklichsten heißt es nur allzubald: „Die Zeit ist über ihn hinausgegangen.“ Wenige Rennfahrer vermögen sich noch nach dem fünfundzwanzigsten Jahre, also gerade dann, wenn der Mann in die Periode seiner reifsten Kraft tritt, auf der Bahn zu halten. Zweifellos, weil das Rennwesen eine Vergeudung der Gesundheit ist und den Menschen vorzeitig verbraucht. „Der Ruhm des Meisterfahrers ist sehr kurzlebig“, sagt Sierck. „Nur während weniger Jahre kann er auf der Höhe bleiben, sehr bald verblaßt sein Stern. Mannigfach umschweben ihn Gefahren, ein unglücklicher Sturz, Krankheit durch Überanstrengung setzt seinem Siegeszuge gar häufig ein zu nahes Ziel.“

Niemals aber traten die verderblichen Folgen des Radrennsports deutlicher zutage als bei dem Aushebungsgeschäft in Frankreich im März 1898. Die Berichte darüber sagen: „Vom Militär befreit wurden in den letzten Wochen fast alle französischen Wettfahrer, die in diesem Jahre stellungspflichtig waren. Der Schnellfahrer Nieuport wurde wegen eines Herzleidens zurückgewiesen, der ausgezeichnete Flieger Ruinart wegen Herzerweiterung, die kräftigen Tandemfahrer Prévot und Jamrin aus demselben Grunde, der riesenhafte Deschamps wegen Herzschwäche, ferner der einstige Dreiradmeisterfahrer Blanc, der seines kräftigen Körperbaus halber den Beinamen ‚der Stier‘ führt, gleichfalls wegen Herzkrankheit, und der Schrittmacher Deneau wegen Beinschrammen. Es ist jedenfalls sehr bemerkenswert, daß die meisten dieser besonders stark ausschauenden Wettfahrer Herzfehler haben.“ Auch von Bourrillon hieß es gleichzeitig, er sei freigegeben worden, und das scheint sehr glaublich, da die Blätter schon im Juli 1899 seine Entthronung verkündeten.

Aus allen diesen Tatsachen ziehen wir die Schlußfolgerung: so heilsam das maßvoll und vernunftgemäß betriebene Radfahren für das Gedeihen des Volkes, ebenso verderblich ist der Radrennsport, der gerade den kräftigsten und hoffnungsvollsten Teil unserer Jugend dem Siechtum entgegenführt. Die Berufsfahrer zahlen einen teuren Preis für die Summen, die sie durch ihr gesundheitsschädliches Gewerbe verdienen; grausamer Verfall und früher Tod erwartet die meisten von ihnen, und den übrigen, die in ihren besten Jahren versäumt haben, sich für einen ernsten Mannesberuf zu bilden, droht ein unfruchtbares und enttäuschtes Leben. Aber weil ein Handwerk kein Sport ist, haben wir die Erfahrungen, die sich aus ihrem Gewerbe ergeben, bloß als lehrreiches und warnendes Beispiel herangezogen für die echten Sportjünger, die nur allzusehr geneigt sind, es den ruhmvollen Meisterfahrern nachzutun. Übermächtig ist leider der Nachahmungstrieb in der unreifen und unerfahrenen Jugend; darum liegt in dem Vorbild, das sie durch die Rennveranstaltungen beständig empfängt, eine furchtbare Gefahr. Mit aller Strenge und mit aller Liebe sollte jeder, der auf Knaben und Jünglinge Einfluß hat, die Ausartung des harmlosen, wohltätigen, stärkenden und beglückenden Radsports zum mörderischen Rennsport verhüten, damit nicht das Fahrrad, das in seiner richtigen Verwendung ein Segensgeschenk freundlicher Götter ist, sich in einen Fluch für weite Kreise des Volkes verkehre.

Am besten wäre es, wenn das Rennwesen überhaupt unterdrückt werden könnte. Gegen die schlimmsten Ausartungen hat sich ja in Deutschland die öffentliche Meinung bereits aufgelehnt. Als im Sommer 1898 der „Verein für Veloziped-Wettfahren" eine Steher-Konkurrenz ausgeschrieben und für den Sieger im 24stündigen Rennen einen Preis von 15'000 M. ausgesetzt hatte, äußerte die *Tägliche Rundschau* in tiefer Entrüstung: „Wir halten ein 24-Stunden-Rennen für eine rohe Menschenschinderei und die Absicht, durch einen möglichst hohen Preis Bewerber anzulocken, für eine Herabwürdigung der Menschennatur." Es bedürfte nur einer Ausbreitung der Erkenntnis, daß auch Radrennen von kürzerer Dauer den blühenden Leibern unserer Jünglinge die Keime des Siechtums einimpfen, um es für alle, denen das Wohl der Nation am Herzen liegt, zur Gewissenspflicht zu machen, dem Unwesen steuern zu helfen. Sobald wir wissen, welche Menschenopfer von dem Rennsport gefordert werden, und uns doch noch an dem bunten Bild des Rennplatzes mit seinen aufregenden Szenen ergötzen, stehen wir ja um nichts höher als der römische Pöbel, der sich an dem blutigen Schauspiel der Gladiatorenkämpfe berauschte, oder die heruntergekommenen Spanier, denen die brutalen Stiergefechte die höchsten irdischen Entzückungen bereiten. Was unser Durchschnittspublikum auf den Rennplätzen betrifft, so kann man wohl kaum bezweifeln, daß ein ähnlicher Hang zur Grausamkeit nicht ganz ohne Anteil an seiner Schaulust ist. Man wird freilich nicht leugnen dürfen, daß die Bewunderung körperlicher Kraft und Tüchtigkeit auch ihre guten Seiten hat, weil sie suggestiv wirkt; aber hoch veranschlagen darf man den veredelnden Einfluß nicht, den die Radrennen auf die Zuschauermassen ausüben. Die Industrie aber: sollte sie wirklich den Rennsport nicht endlich entbehren können? Ein Beförderungsmittel, das sich bereits die Welt erobert hat und nur noch von den ganz Einsichtlosen angefeindet wird, bedarf doch der Reklame durch Menschenopfer nicht mehr; es läge viel mehr Grund vor, sie zu fürchten.

Unter dem Vorwande, die Heranbildung guter Rennfahrer zu erleichtern, hat man auch Radrennen für Knaben, sogenannte Jugendrennen, veranstaltet, ein wahrhaft frevelhaftes Beginnen, da der jugendliche Körper noch viel weniger Widerstandskraft besitzt als der der Erwachsenen. Wir haben schon gesehen, daß jedes Übermaß im Sportbetrieb, ganz besonders aber das übermäßige Radfahren, dem Knabenalter verwehrt werden muß, und auch von der deutschen Sportbehörde ist erfreulicherweise die Unzulässigkeit solcher Jugendrennen erklärt worden.

Ohnehin hat man, bestochen durch das englische Beispiel und in patriotischem Eifer, die Gefahren allzuleicht genommen, die im Schülersport enthalten sind, die gesundheitlichen sowohl wie die sittlichen. Überhaupt, so vernünftig es ist, von anderen Nationen zu lernen, ebenso unvernünftig ist es, deren Gebräuche einfach zu kopieren. Was ein Volk treibt, wie es sich die Zeit vertreibt, das hängt von seinem Charakter, seiner geschichtlichen Entwicklung und seinen sozialen Verhältnissen ab, und wenn ein ganz verschieden geartetes Volk sich nach dem Vorbild des fremden umformt, so schädigt es seine Eigenart und wird eher kleiner werden als wachsen. Führt man also heilsame Gebräuche aus fremden Landen bei sich ein, so darf es nicht in sklavischer Nachahmung geschehen. Man muß sie dem eigenen Wesen anpassen, oder noch besser: man soll sich von ihnen nur anregen lassen, Gleichwertiges, aber der heimischen Natur Entsprechendes aus sich heraus zu schaffen.

Wollten wir eine ideale Gymnastik als Bildungsmittel für unsere Jugend einführen, so brauchten wir ja nur die der Athener bei uns zu erneuern. Wir würden dann ganz gewiß die Kraft und Schönheit des

Leibes zu herrlicher Entwicklung bringen. Aber in geistiger Hinsicht würden wir nicht das gebildetste Volk Europas werden, wie es die Hellenen waren, sondern das ungebildetste. Denn in Griechenland hatte man zur Leibespflege nur darum so viel Zeit, weil die Bildung des Geistes damals eine sehr einfache Sache war und weil zudem die griechische Herrenkultur auf dem Unterbau der Sklaverei ruhte. Unsere komplizierte Zivilisation, die so gewaltige Ansprüche an die Gehirntätigkeit stellt, der rastlose Wettstreit des Industrialismus gestattet ein ähnliches Übergewicht der Leibespflege nur noch in sozialen Verhältnissen, in denen man über ein modernes Äquivalent für die antike Sklaverei verfügt, nämlich in einer ausgebildeten Plutokratie. Eine solche besteht in England, dem reichsten Lande der Welt, dessen obere Klassen durch ihren Kapitalbesitz über den Kampf ums Dasein erhaben sind. Bei diesen entscheidet lediglich die individuelle Neigung, ob sie ihren Geist mit erarbeiteten Kenntnissen belasten oder aber in Sport und Spiel den eigentlichen Zweck ihres Lebens erblikken wollen, und da die letztere Art die zahlreichste ist, so nimmt das Spiel in ihrer Erziehung einen wichtigeren Rang ein als die Wissenschaft. Dem entspricht denn auch bei dem Durchschnittsengländer der höheren Schichten häufig ein gewisser Urwaldzustand des Geistes; es ist jungfräulicher Boden, völlig unentweiht durch Interessen, die über Sportangelegenheiten hinausgehen. Aber das sind doch Ausnahmezustände, an denen nur eine privilegierte Kaste beteiligt ist, Überbleibsel aus der Zeit des Feudalismus, der heutzutage als Kapitalismus die Lebensanschauung des mittelalterlichen Rittertums noch pflegen kann. Bei uns in Deutschland, vielleicht weil wir ärmer sind, wird im allgemeinen von jedermann erwartet, daß er sich hinreichende Bildung aneignet, um als dienendes Glied des Ganzen seinen Platz auszufüllen, und deswegen liegt im deutschen Erziehungswesen der größte Nachdruck auf dem Wissen. Davon können wir nicht abgehen, und wir wollen es auch nicht. Die Heranbildung einseitiger Sportsmen widerspricht den Forderungen unseres öffentlichen Lebens und dem germanischen Ethos. Zwar wollen wir andrerseits auch nicht mehr zu *wenig* für den Leib tun, wie es früher geschah, und die Frage, welches das richtige Maß ist, mag nicht ganz leicht zu entscheiden sein; aber jedenfalls darf es kein Übermaß sein. Daß die Griechen gerade dies für besonders gefährlich hielten, beweist die Inschrift „Nichts zu viel" am Tempel zu Delphi.

Als vor einigen Jahren von einflußreichster Seite Preise ausgesetzt wurden, um das Schülerrudern zu fördern, und der Zentralausschuß für Volks- und Jugendspiele einen Ehrenschild für die Sieger in den Barlauf-Wettspielen der Berliner Gymnasien stiftete, erhoben sich in den Kreisen der Schulmänner tadelnde Stimmen, und der Berliner Turnlehrerverein veröffentlichte eine Protesterklärung. Es hieß darin, sportliche Wettkämpfe erregten das Interesse der Schüler in übermäßiger Weise, zerstörten ihre Freude am harmlosen Jugendspiel, entfesselten ihre Leidenschaften und ebneten dem Züchten eines einseitigen Spezialistentums die Wege. Sie seien daher „geeignet, den bisher wohlgeordneten Gang des Turn- und Spielunterrichts an den höheren Lehranstalten zu stören." Diese Auslassungen von Männern, die doch durch ihre Berufsstellung lebendige Zeugen für den Wert der Leibesübungen sind, zeigen recht klar, wie schwierig es ist, hier die richtige Mitte zu finden. Wahres und Falsches vereint sich in ihren Worten. Falsch jedenfalls ist ihre Voraussetzung, daß der Gang des Turn- und Spielunterrichts bisher wirklich wohlgeordnet war. Eben weil er es *nicht* ist, brauchen wir eine Ergänzung. Und falsch ist auch die unterscheidungslose Verwerfung des Wettspiels, weil dies, wie wir schon gesehen haben, der Methode der Natur abgelauscht ist. Und wenn es andere Interessen verdrängt, so hat auch dies seine guten Seiten; denn die Frühreife und Blasiertheit der großstädtischen Schuljugend bedarf der Ableitung auf gesunde, wahrhaft jugendliche Ziele. Aber der Ausartung in Einseitigkeit und Spezialistentum muß allerdings vorgebeugt werden, und dies zu tun ist sicher eine wichtige Aufgabe der Turnlehrer. Besonders aber mögen sie Sorge tragen, daß dem jugendlichen Radsport jegliches Wettfahren ferngehalten werde.

Die Befürchtung der Lehrer, daß die Rechte der Schule überhaupt durch den allgemeinen Sportenthusiasmus unserer Zeit bedroht sind, hat freilich ihren guten Grund: Wo die Schule mehr Rechte usurpiert hat, als ihr zukommen, und der Leibespflege die ihrigen entzieht, da wird sie sich früher oder später zur Nachgiebigkeit gezwungen sehen. Es läßt sich aus den Lehrplänen unserer Gymnasien so manches streichen, ohne daß den Schülern dadurch etwas Wesentliches entgeht;

denn die Überbürdung verursacht der unnütze Ballast. Die alten Sprachen könnte man in kürzerer Zeit und doch mit größerem Nutzen lehren, wenn man nicht von dem Aberglauben an den unersetzlichen Wert der sogenannten formalen Bildung befangen wäre. Aber den Philologen fehlt es vielfach noch an vollem Verständnis für die Bedürfnisse des jugendlichen Körpers. Hier müssen eben Ärzte, wie schon Galenos es forderte, den Schulmeistern auf die Finger sehen.

Indessen wird niemand zu leugnen vermögen, daß ernstes Bildungsstreben schwer aufkommen kann, wo der Sport die alles beherrschende Mode ist. Unter dem Titel „Berliner Straßenbeobachtungen" brachte *Der Bär* im Mai 1899 einen Aufsatz, dessen Verfasser an den Anspruch Robert Schumanns aus dem Jahre 1839 anknüpft: „Man sieht wenig Menschen in Berlin in den Straßen, die nicht ein Buch in der Hand hätten." Heutzutage sei dies völlig anders geworden; die Bücher würden nur noch von einem sehr kleinen Bruchteil der Bevölkerung gelesen. In derselben Zeit von acht Wochen, in der er nur 92 büchertragenden Menschen begegnete, habe er 2417 Personen mit Lawn-Tennis-Schlägern gesehen, während zugleich mehr als 50'000 Radfahrer an ihm vorüberfuhren. Lawn Tennis und Bicycle, in der Gemeinschaft mit der alles überwuchernden Zeitung, und dazu der Kampf ums Brot hätten bei uns das Buch zurückgedrängt, und das sei keineswegs ein erfreuliches Zeichen der Zeit.

Betrachten wir aus diesem Gesichtspunkt speziell den Radsport, so können wir die Bemerkung kaum von der Hand weisen, daß er ganz besonders geeignet ist, die Freistunden, die Kraft und das Interesse eines Menschen vollkommen zu absorbieren und eine Alleinherrschaft aufzurichten, von der Apollo und die Musen ausgeschlossen sind. Nicht nur kostet das Radeln selbst, das ja gern möglichst weit ausgedehnt wird, beträchtliche Zeit, sondern es hat zur unmittelbaren Folge auch eine große Ermüdung, die geistiger Anstrengung nicht günstig ist. Sodann erfordert die Reinigung und Instandhaltung des Rades, die ja von der überwiegenden Mehrzahl der Radfahrer selbst besorgt wird, sowie das Umkleiden vor und nach der Fahrt weiteren Zeitaufwand, ganz abgesehen von dem radlerischen Vereinsleben und den vielstündigen Rennveranstaltungen, denen die jungen Burschen, wenn nicht als Mitkämpfer, so doch wenigstens als Zuschauer gern beiwohnen. Und wo sonst vielleicht doch eine bildende Lektüre gewählt würde, laufen ihr die Sportzeitungen den Rang ab. Ortloff sagt, es werde vielfach beobachtet und geklagt, daß in den Berufsklassen, in denen Sportfahrer zahlreich beteiligt sind, weit weniger gearbeitet wird, wenn er auch das Gegenteil da, wo das Rad nur zur Beförderung dient, zugeben muß. Diese Behauptung hat leider eine große Wahrscheinlichkeit für sich, und zwar vor allem hinsichtlich der geistigen Arbeit.

Dazu kommt noch etwas anderes. „Auf dem Rad kann man nicht denken, das ist einer der Hauptvorzüge dieses idealen Beförderungsmittels“, sagt Ernst von Wolzogen. Und für diejenigen, bei denen Leben und Denken fast identisch sind, für Schriftsteller, Künstler und Gelehrte, ist es tatsächlich ein unschätzbarer Vorzug, daß das überarbeitete Gehirn während des Radelns die ihm so notwendige Ruhe findet. Aber die angestrengt denkenden Menschen bilden in der Welt doch die Minderzahl, während die weitaus überwiegende Masse viel zu wenig oder gar nicht denkt, also viel mehr einer Anstrengung zum Denken als einer Ableitung davon bedürfte. So heilsam für den Denkgewohnten die erzwungene Einstellung zur Gehirnarbeit während der Fahrt ist, wird er es doch oft als einen Nachteil empfinden, daß er sich nicht gestatten darf, Gedanken nachzuhängen, die mit dem Wege nicht in engem Zusammenhange stehen, und daß auch das Beobachtungsfeld des Radlers sehr beschränkt ist, weil er von der Welt im Dahinrollen nur undeutliche, vorüberfliegende Umrisse sieht. Der Durchschnittsradler dagegen findet das alles ganz in der Ordnung, und insofern scheint das Rad recht eigentlich für Leute ohne geistige Bedürfnisse erfunden; je leerer der Kopf, desto sicherer die Fahrt, während nachdenkliche Gewohnheiten Gefahr bringen. Das Radeln ist also geeignet, die Gedankenlosigkeit in der Welt zu vermehren, indem es nicht nur die Masse der Gedankenlosen in ihrer geistigen Trägheit bestärkt, sondern auch diejenigen noch zur Gedankenlosigkeit zwingt, die sonst als Fußgänger geistig lebhaft angeregt waren.

Wenn Delbrück sagt: „Gebt der Jugend ein Rad, und sie wird bald aufhören, an sozialdemokratischen Versammlungen Interessen zu nehmen“, so hat er in anderem Sinne recht, als er meint. Ein zeitraubender und anstrengender Sport wie das Radfahren läßt wenig Kraft und Lust übrig zum Nachdenken und zur Beschäftigung mit allgemeinen Fragen und unpersönlichen Dingen, also auch für die Probleme der Sozialdemokratie. Insofern ist es aber nicht nur dieser, sondern allen sozialen und ethischen und philosophischen Interessen im Wege. Alles höhere Leben, alle geistige Verfeinerung und Vertiefung geht aus der Muße hervor, und die wird vom übermäßigen Radsport wie von jeder sportlichen Übertreibung verschlungen.

Doch die größte Gefahr der übermäßigen Sportpflege liegt auf dem sittlichen Gebiet. Wo geistige Interessen fehlen oder durch zügellose Sportfexerei und leidenschaftliche Rennwut in ihrer Entwicklung unterdrückt werden, wird der Mensch roh und stumpf. Das banausische Kraftprotzentum zeugt immer von Beschränktheit und völliger Unfähigkeit, die höheren Werte des Menschheitlichen zu begreifen. Es entsteht der Renommist, der eben durch seine Überhebung dartut, wie niedrig sein Horizont ist. Die Züchtung einer solchen Art durch die Ausbreitung der Sportmanie muß die Entfaltung der edleren Eigenschaften des Gemüts in weiten Kreisen niederhalten und dadurch die ethische Kultur der Gesamtheit schädigen. Die Engländer können uns als warnendes Beispiel dienen. Daß eine brutale Gewaltpolitik in breiten Schichten des britischen Volkes auf die lebhaftesten Sympathien stößt, ist nicht zum wenigsten eine Folge der durch maßlosen Sport genährten Instinkte, die an einem prahlerischen Kraftkultus und naiv zutage tretender Geringschätzung alles Geistigen täglich studiert werden können.

In der Natur des Radsports, der in seiner reinen Form besser als alle übrigen Sportzweige geeignet ist, unserer entartenden Generation wieder Kraft und Frische zu geben, ist die Gefahr solcher Entartung ebenso begründet wie in jedem anderen Sport; auch er kann Leib und Seele verwüsten, wenn er gemißbraucht wird. Der Mißbrauch aber kann sowohl qualitativ sein, indem man zu ungestüm, wie quantitativ, indem man zu oft und zu lange radelt. Also Maß zu halten und zu sorgen, daß besonders die Jugend Maß halte, das ist das A und O des berechtigten Radsports. Durch das Übermaß wird unser Diener und Freund ein Tyrann und Zerstörer; durch das Übermaß beschleunigt der Radsport, der doch berufen ist, die Volkskraft zu mehren, unseren Niedergang und bringt Verderben über uns und unsere Nachkommen.

HE RIDES A HAMPDEN
AND HAS NO FEAR
BURCH 95.
GLASGOW
BARBER & Co
HAMPDEN CYCLE WORKS
MITCHELL STREET
BARBER
TYRES

6

Psychologie des Radsports

Zuchtlosigkeit, wie immer sie sich äußere, also auch zuchtloser Sportbetrieb, verrät ein gestörtes Gleichgewicht der Seele. Und speziell im Radsport ist sie ein Beweis mangelhafter Schulung. Der gewandteste Radler, der die Hygiene seines Sports mißachtet, zeigt gerade dann, wenn er mit seiner vermeintlichen Überkraft prahlt, daß er ein Stürmer ist; er treibt sein Handwerk mechanisch und weiß nichts von dessen Gesetzen. Richtet ein solcher sich durch seine Maßlosigkeit zugrunde, so trifft die Anklage nur ihn, aber nicht seinen Sport. Dagegen ist der maßvolle Radsport für alle Gesunden und für viele Kranke ein Erhalter und Mehrer ihres leiblichen Wohlbefindens.

Doch er wirkt auch auf das Gemüt als heilkräftiges Zaubermittel. Insofern er physische Gesundheit schafft und erhält, ist das allerdings selbstverständlich; auf ihr beruht ja die Gesundheit der Seele. Gesund sein heißt: sich stark und mit dem Leben im Einklang fühlen. Gesundheit ist Freiheit; denn was den Willen hemmt, ist das Krankhafte, das Leiden. Selbst den Schmerzen gegenüber, die von außen kommen, durch die Grausamkeit des Schicksals, durch die Lieblosigkeit der Menschen, und die bisweilen den Stärksten zerbrechen, ist körperliche Gesundheit zumeist ein Schild, der die härtesten Schläge abwehrt. In diesem Sinne also muß der Radsport ganz natürlich, wenn er den Leib kräftigt, zugleich auch die Seele stark machen. Aber wir reden hier von einer wohltätigen Wirkung, die das Radfahren unmittelbar und rein durch sich selbst ausübt.

Diese wird freilich gesteigert durch das Milieu, in welchem man es treibt. Sie ist nicht ganz abwesend beim Saalfahren, wenn man z.B. im Winter aus Gesundheitsrücksichten sich in einer geschlossenen Halle auf seinem Rade tummelt; aber vollkommen kann sie nur auf offenen Wegen sein. So erkennt auch Nußbaum „einen großen Vorzug des Radfahrens vor andern mechanischen Heilmitteln darin, daß es nicht in engen Zimmern oder staubigen Turnsälen genossen wird, sondern draußen im Freien, auf luftigen Anhöhen, in balsamisch riechenden Wäldern, unter Gottes herrlichem Firmament." Es ist also die Natur, in die uns das Rad hinausführt und die wir durch das Rad wiederfinden, welche dem Radsport einen seiner hauptsächlichen Reize verleiht. „Eine der ersten Bedingungen zum Glück", sagt Tolstoi, „ist ein Leben unter freiem Himmel, bei Sonnenlicht und freier Luft, Gemeinschaft mit der Erde, mit Pflanzen und Tieren. Alle Menschen haben stets die Entbehrung alles dessen für ein großes Unglück angesehen." Die modernen Großstädter hatten es nur allzusehr entbehrt, ja sie waren der Natur so entfremdet, daß sie kaum mehr wußten, was ihrem Leben ohne sie abging. Nun erwachen sie draußen wie aus einem dumpfen Schlaf und sind wie neugeboren, und ihr ganzes Wesen ist erfüllt von dem, was Zola la santé du grand air nennt. Die Wanderlieder aller Zeiten sind voll von dieser Naturseligkeit, und herrlich kommt sie zum Ausdruck in Walt Whitmans Song of the Open Road:

> Mich dünkt, heroische Taten wurden alle ersonnen in freier
> Luft, und auch alle freien Gedichte,
> Mich dünkt, hier könnt' ich bleiben und Wunder tun,
> Mich dünkt, was immer mir auf dem Wege begegnet, muß ich
> lieben, und wer immer mich erblickt, muß mich lieben,
> Mich dünkt, wen immer ich sehe, der muß glücklich sein.

Eine der tiefsinnigsten Mythen des naturfrohen Griechenvolks ist die Sage von Antäus, dessen Kräfte wuchsen, so oft er die Erde, seine Mutter, berührte. Auch wir fühlen einen Kraftzuwachs, wenn wir in die Natur hinauskommen, die unser aller Mutter ist, wir fühlen die Freude des Kindes, das sich heimgefunden und auf heimischem Boden sich geborgen weiß. Kraft und Gesundheit geben den Einklang mit der Natur und damit jenen instinktiven Optimismus, der nichts anderes ist als der Wille zum Leben und sein seelischer Ausdruck, der Glaube an das Leben. In diesem Gefühl seiner Harmonie mit der Natur ruft Whitman an einer anderen Stelle: „Hier ist Glück; mich dünkt, es erfüllt die freie Luft." Und das ist auch gerade die Empfindung des Radfahrers auf seiner Tour.

Indessen, das alles haben wanderfrohe Herzen schon vor dem Zeitalter des Fahrrads empfunden; es ist also ein Lustgefühl, das nicht dem Radsport allein angehört und das jeder auf einer Fußwanderung erproben kann. Das Eigene aber ist, daß diese Wonne sich fast immer einstellt, wenn man auf dem Rade dahinrollt, während sie auf Spaziergängen und weiteren Märschen keineswegs allemal eintritt, sondern nur ein Geschenk besonders begnadeter Stunden und vielleicht auch nur besonders empfänglicher Herzen zu sein scheint; ja daß sie auf dem Rade einen sonst unbekannten Höhepunkt erreicht. Es muß also im Wesen des Radfahrens selbst etwas liegen, was gesteigerte Empfänglichkeit für den Einfluß der Natur schafft und diese erst zu ihrer vollen Wirkung gelangen läßt.

Ernesto Mancini hat 1896 in der *Nuova Antologia* einen Aufsatz über die Geschichte und die Psychologie des Radfahrens veröffentlicht, in welchem er auch, einem Auszug der *Frankfurter Zeitung* zufolge, erörtert, weshalb es ein so großes Lustgefühl erregt, und die verschiedenen Urteile der Physiologen anführt. „Die einen behaupten, die fortwährende Luftdouche und das Gefühl, sich so leicht im Gleichgewicht zu halten, sei die Ursache der Freude am Sport; andere weisen auf die Erregung hin, welche durch die gesteigerte Lebensenergie erzielt werde. Pasquier erklärt aber bestimmt, die Bewegung allein verursache das Lustgefühl."

Alle diese Urteile sind wertvolle Beiträge zur Erklärung des Problems; aber sie lösen es noch nicht. Alles, was sie erwähnen, wirkt mit und wirkt zusammen, um diese wunderbare Art der Freudigkeit zu erzeugen, die so vollkommen nur von dem Radfahrer empfunden wird; doch eins fehlt noch, die Hauptsache: das ist der Flug.

Zola schildert in seinem Roman *Paris* das Modell eines Engels: „Die Gestalt hatte einen prachtvollen Schwung, mit ihren beiden großen Flügeln, die sich ausbreiteten, geschwellt von leidenschaftlicher Sehnsucht nach dem Unendlichen. Der Körper, nackt, kaum verhüllt, war der eines Epheben, schlank und kräftig, das Haupt in jauchzende Lust getaucht, wie hingerissen von dem Entzücken des weiten Himmels." Und der Bildhauer sagt: „Indem ich diesen machte, versuchte ich, mir einen schönen Jungen vorzustellen, welchem Flügel wüchsen und den die Trunkenheit des Fluges in die Freude der Sonne hinaufzöge."

Es scheint kaum zweifelhaft, daß Zola, der Radfahrer, hier aus eigener Erfahrung geschöpft hat; denn die Wonne seines Engels, der sich glückverloren in die Luft aufschwingt, ist genau das, was wir auf dem Rade wieder und wieder in köstlichen Stunden empfinden. Darum gebraucht er auch ganz ähnliche Worte, wenn er in demselben Buche den Genuß des Radfahrens beschreibt: „Und welche Lust, so dahinzueilen, der Schwalbe gleich, die im Fluge über den Boden streicht, durch diese königliche Allee, in der Frische der Luft, in dem Atem der Kräuter und der Blätter, deren starker Wohlgeruch das Gesicht streift! Kaum berührten sie den Boden, es waren ihnen Flügel gewachsen, die sie im gemeinsamen Aufschwung von dannen trugen, durch die Sonnenstrahlen und den Schatten, durch das rings verbreitete Leben des großen erschauernden Waldes, mit seinen Moosen, seinen Quellen, seinen Tieren und seinen Düften." „Hernach, bergab, ließen sie beide ihre Maschinen mit ihnen davonlaufen. Und da überkam sie dieser fröhliche Rausch der Schnelligkeit, die schwindelnde Empfindung des Gleichgewichts in dem blitzähnlichen, atemversetzenden Hinabrollen, während der graue Weg unter den Füßen entflieht und die Bäume zu beiden Seiten sich bewegen wie ein Fächer, den man entfaltet. Der Wind wird zum Sturm, man verfolgt den Horizont, das Unbegrenzte, in der Ferne dort, das immer vor uns zurückweicht. Das ist die unendliche Hoffnung, die Befreiung von den allzu drückenden Fesseln, über den Raum hinaus. Und keine Erhebung ist besser; die Herzen quellen über unter dem freien Himmel."

Die Bewegung allein kann es nicht sein, die das Lustgefühl verursacht, wie Pasquier behauptet. Sie ist außerordentlich wichtig, sie ist nach einem Wort des Aristoteles das eigentliche Wesen des Lebens. Schopenhauer, der auf seinen täglichen Spaziergängen so schnell zu laufen pflegte, daß man nur mühsam gleichen Schritt mit ihm halten konnte, stellte den Satz auf: omnis motus, quo celerior, eo magis motus, und danach würde das Radfahren das Ideal der Bewegung sein. Indessen erregt die Bewegung des rennenden Menschen bestenfalls nur ein kurzes Lustgefühl, bald jedoch endet sie in Erschöpfung, weil sie zu anstrengend ist. Stead aber sagt sehr richtig, daß es gerade die schnelle Bewegung ohne Anstrengung sei, die den besonderen Reiz des Radfahrens bilde. Und das ist eben das flugartige Dahingleiten, erhoben über den festen Boden; der Raum hat gleichsam seine Hindernisse verloren, man durchschneidet die Luft, nur wie die Schwalbe streicht man nach Zolas Wort noch über die Erde: Der Dichter hat das Problem besser ergründet als die Gelehrten.

Doch es sind sehr komplizierte Vorgänge, die in der Seele des Radfahrers zusammenwirken, und sie bis in ihre feinsten Teile zu analysieren wird kaum dem einzelnen gelingen, der seine Selbstbeobachtung geschult hat; noch viel weniger läßt sich aber für das ganze Radlervolk, das aus den verschiedensten Individuen besteht, eine allgemeingültige Regel aufstellen; dieselbe Ursache hat gewiß bei vielen ganz andersgeartete Wirkungen. Man darf deswegen das Persönliche als ein Zeugnis schätzen, das wenigstens als Bruchteil des Allgemeinen seinen Wert hat, und in diesem Sinne mögen hier ein paar Auszüge aus dem Tagebuch meiner Radfahrten und Abenteuer folgen. Immer kurz nach der Heimkehr niedergeschrieben, spiegeln sie den unmittelbaren Eindruck wider.

„Es ist sicher, daß dies schnelle, leichte Hinfliegen das Lustgefühl am Leben, die reine Daseinsfreude steigert. Man fühlt sich so dankbar für die Flügel, die einem gewachsen sind, und daß einem der Weg durch die Welt, den man sonst bedächtig Schritt für Schritt nachmessen mußte, so zum heitren Spiel gemacht ist. Und in dieser Glücksempfindung fühle ich auch so viel Sympathie mit den Menschen, die mir begegnen, seien es Fußgänger oder Radfahrer; ich möchte sie alle einschließen in das Frohgefühl, das mich selbst erfüllt; ja wirklich, meine Menschenliebe ist gesteigert, wenn ich auf dem Rade sitze."

Also das Fliegenkönnen schafft die Freude, und die Freude weitet das Herz, so daß man auf dem Rade Schillers Jubelhymnus in sich selbst erlebt. „Alle Menschen werden Brüder, wo dein sanfter Flügel weilt."

„Man kann auf dem Rade nicht viel um sich schauen und nicht viel nachdenken; man ist wie die Indianer, die ihre ganze Aufmerksamkeit auf die Fährte im Grase richten, oder wie das Tier, das auch nicht weiter grübelt und seinen natürlichen Instinkten folgt. Dadurch wird allerdings wenigstens ein Sinn geschärft. Aber vielleicht fühlt man sich gerade darum immer so frei und glücklich auf dem Rade, weil man alle seine Gedankenlast daheim gelassen hat und während der Fahrt wirklich nur die rein physischen Instinkte, freilich die unschuldigsten, walten läßt, so daß man gewissermaßen von seiner Person losgelöst ist und die reine Heiterkeit des Sinnenlebens genießt. Man ist zeitweise von seinem Ich befreit, geht gleichsam in der Natur auf, schmeckt das Nirwana. Man kommt auf dem Rade durch die zeitweilige Befreiung der Seele der Natur ein Stück näher; man hat all den Ballast vergessen, der einen sonst beschwert; man ist wirklich wie ein Vogel, nicht nur an Schnelligkeit, sondern an reiner, naiver, harmloser Sinnen- und Daseinsfreude. Etwas von der irdischen Schwere ist von einem abgefallen."

„Bei mäßiger Fahrt auf guter Straße empfinde ich auf dem Rade ein Wohlgefühl, eine positive Lust, die ich wirklich als eine Steigerung des an sich ja rein negativen Lebensgefühls betrachten muß."

„Manchmal tritt man seine Fahrt an, ohne recht aufgelegt zu sein. Aber wenn man einmal auf dem Rade sitzt, fühlt man sich auch weitergetrieben; denn die Lust kommt immer erst recht, oder steigert sich, mit dem Fahren."

„Und wenn auch beim Radfahren die Gedanken ruhen, so zerstreut es doch nicht, sondern es gibt vielmehr Sammlung und Stille. Denn wie ich ohne Gefährten, ohne die Abwechselung großstädtischer Szenen, nur den ländlichen Straßen folgend, durch die einsame Landschaft streife, gehöre ich auf diesen Fahrten ganz mir selbst, sie ziehen mich ab von äußerlichen Interessen und wenden meinen Blick ganz in meine innere Welt. Nicht die Ideen herrschen, aber die Stimmung ist verinnerlicht; sie schwebt hoch über dem Leben. Das ist sicher ein Gewinn. Und das Feiern der Seele auf dem Rade, das ist gleichsam die unterirdische Keimzeit, ehe die Knospen sich der Sonne öffnen. Ja, als zweifellos kann ich dies hinstellen: meine geistige Regsamkeit hat nicht unter dem Radsport gelitten, sondern im Gegenteil fühle ich mich frischer, angeregter, produktionslustiger, energischer, mehr zur Tätigkeit getrieben denn je."

Ein Beweis, wie wohl das Radfahren tut, ist die Tatsache, daß den Radlern das Zurücklegen weiter Wege zu Fuß nicht mehr schmecken will. Es langweilt sie nicht nur, es ermüdet sie auch mehr als früher.

Das deutet aber auch auf eine gewisse Verwöhnung und Verweichlichung, die ein weiterer Grund ist, der Jugend das Radfahren nur in mäßigen Dosen zu gestatten und sie zu häufigen Fußwanderungen anzuhalten.

Es kommt auch im Radsport das von Richard Avenarius gefundene Prinzip des kleinsten Kraftmaßes zur Geltung. Mit dem möglichst geringen Kraftaufwand wird die größtmögliche Wirkung erreicht. Die Kraftersparnis, die auf dem Rade stattfindet, erregt ein Lustgefühl, weil sie einem Urtrieb unseres Wesens entspricht, ebenso wie Kraftvergeudung Unlust erregt, weil sie der universellen Tendenz alles Lebendigen widerstrebt. Die mit dem Radfahren verbundene Bewegung ist wohl die Ursache seines günstigen Einflusses auf die Gesundheit; aber das durch die letztere erzeugte Wohlgefühl ist nur eine mittelbare Folge der Bewegung. Die unmittelbare Ursache des Wohlgefühls ist nicht sowohl die Bewegung als vielmehr die Ruhe in der Bewegung, die ganz eigenartige Kombination von Ruhe und Bewegung. „Still und bewegt“, das Wort Hölderlins, das Varnhagen als Motto vor Rahels Briefe setzte, könnte auch der Wahlspruch der Radfahrer sein. Daß gerade die Ruhe zu dem besonderen Reiz des Radfahrens unerläßlich ist, geht aus jener Lust am Fluge, geht aus der erwähnten Abneigung des Radlers gegen das Laufen hervor. Und in geistiger Hinsicht auch aus der schon gestreiften wohltätigen Unterbrechung der Denktätigkeit für das überarbeitete Gehirn. Von Tolstoi erzählt ein Besucher, er spiele Patience, um seinen Geist auszuruhen. Das Radfahren tut anderen den nämlichen Dienst.

Trotzdem wäre es ein großer Irrtum, zu meinen, man dürfe gedankenlos radeln. Der Radfahrer ist genötigt, seine ganze Sammlung auf die Lenkung des Rades, den Weg vor sich und seine eigenen Bewegungen zu konzentrieren. Er muß sehr aufmerksam sein und durchaus die Fähigkeit zur angespannten Wachsamkeit besitzen oder in sich ausbilden. Aber es ist dies eine ganz andere Art von Geistestätigkeit als die des Denkers. Dieser schaut nach innen, der Radfahrer dagegen muß alle seine Sinne nach außen kehren. Es ist also die der geistigen Gewohnheit des Denkers gerade entgegengesetzte Betätigung. Eben deswegen spannt sie freilich auch bei dem, der bisher vorwiegend innerlich zu leben pflegte, im Beginn die Nerven stark an und kann wohl gar Nervosität erzeugen oder eine vorhandene steigern. Doch die kräftige Bewegung wirkt diesem Ergebnis wieder entgegen, und um so mehr, je größer die Sicherheit wird, mit der sich dann, wie wir sahen, auf einsamen Wegen eine verinnerlichte Stimmung recht wohl verträgt. Ein Ausruhen der durch Arbeit erschöpften Gehirnkräfte bietet das Radfahren also nur insofern, als es die produktiven außer Wirksamkeit setzt, dafür aber die bei schaffender Denk- und Phantasietätigkeit ruhenden rezeptiven in Anspruch nimmt. Aber eben daß es dadurch einen Wechsel der Kraftbetätigung erfordert, indem es die Assoziationszentren des Gehirns durch die Sinneszentren ablöst, ist das Rationelle. Durch diese Abwechselung der verschiedenen Gehirnzentren in ihrer Arbeit leistet das Radfahren bei Geistesarbeitern etwas Beträchtliches für die von Flechsig geforderte Hygiene des Gehirnlebens. Es hilft zu einer harmonischen Ausbildung der Gehirnkräfte, indem es die überangestrengten entlastet und die vernachlässigten zu ihrem Rechte bringt. Der radfahrende Geistesarbeiter darf sicher sein, daß er nicht zum einseitigen Stubengelehrten entarten wird.

Aber auch die rezeptive Geistestätigkeit unterliegt auf dem Rade starken Beschränkungen. Man hört so viel schwärmen von dem Naturgenuß des Radfahrers; doch hat es damit seine eigene Bewandtnis. Die beständige Aufmerksamkeit, die man auf die Bahn vor sich zu richten gezwungen ist, wenn man nicht verunglücken will – besonders bei schlechtem Zustande der Chausseen, welcher leider häufiger ist als der gute –, verhindert, zusammen mit der schnellen, flugartigen Bewegung, daß man irgend etwas wirklich ins Auge fassen kann und einen tieferen Natureindruck empfängt oder Beobachtungen ästhetischer oder anderer Art anstellt. Wer das Gegenteil behauptet und über den Naturgenuß des Radlers in Entzückung gerät, in dessen Aufrichtigkeit darf man starken Zweifel setzen, wofern er nicht unter Naturgenuß etwas ganz anderes als liebevolle, vertiefende Betrachtung versteht. Von denen, die immer nur rennen, von den Kilometerfressern, die weit vorgebeugt mit stieren Blicken auf dem Rade liegen und gespenstisch im Staub der Landstraße dahinsausen, ist hier natürlich nicht die Rede; sie besitzen weder ein Bedürfnis noch Verständnis für den ästhetischen Genuß der Natur. Aber selbst wer meist nur im Spaziertempo radelt, empfindet, daß das Radfahren dem Naturgenuß Eintrag tut. Die Eindrücke sind zu flüchtig. Kaum hat man den Blick auf ein Landschaftsbild gerichtet, so liegt es schon hinter einem; und zudem darf man es nur halb betrachten; die andere Hälfte der Aufmerksamkeit, ja die größere, gehört dem Wege. Der Naturfreund, der sonst die Landschaft künstlerisch zu genießen und ihre Schönheit recht in seine Seele aufzunehmen pflegte, ist auf dem Rade dem Tantalus vergleichbar. Am meisten sieht er noch, wenn er vor sich ein freies, weites Landschaftsbild hat; wo aber Bäume und Büsche an gewundenen Wegen nur zeitweilig einen Durchblick gestatten, gleiten die Bilder an dem Radler schnell wie die Telegraphenstangen an dem Reisenden im Eisenbahnzuge vorüber. Wer wirklich von den oberflächlichen Natureindrücken befriedigt ist, die das Rad zuläßt, kann gar nicht beurteilen, was andere entbehren, und beweist nur seine eigene Oberflächlichkeit.

Tolstoi sagt, das Vergnügen des Reisens stehe in umgekehrtem Verhältnis zu dessen Schnelligkeit, weswegen er die Fußwanderung allen anderen Beförderungsarten vorzieht. Dasselbe tut schon Rousseau. Durch die Erfahrung, daß das Radfahren seinen Anhängern noch größeres Vergnügen bereitet als das Wandern, wird Tolstois Satz allerdings umgestoßen, aber doch nur in einer von seinen Anwendungen. Wer dagegen Interesse für die intimeren Reize der Natur besitzt, wird ihm vermutlich zustimmen. Und jedenfalls kann man behaupten, daß die Fußwanderung bildender ist, sowohl für die Beobachtungsgabe wie für das Gemüt. Was das letztere betrifft, so wird es während der Radfahrt wohl zu einem friedvollen Ruhen in sich selbst, aber doch niemals zu jener andachtsvollen und zugleich hellsehenden Stimmung, zu jener feierlichen Stille, die zugleich eine innere Erwekkung ist, gelangen, wie sie den ruhig dahinschreitenden Fußgänger in Wald und Flur so oft ergreift. Vielen Denkern, vielen Dichtern waren ihre einsamen Spaziergänge von jeher die fruchtbarste Schaffensperiode. Unter freiem Himmel strömten, wenn sie allein waren und nichts ihre Seele zerstreute, Gedanken und Lieder ihnen ungesucht zu. Viele der edelsten Schätze unserer Literatur würden wir vielleicht nicht besitzen, wenn man schon früher geradelt hätte. Daß aber auch die Fähigkeit zu scharfer Beobachtung durch vieles Radfahren in der Entwicklung gehemmt werden kann, unterliegt keinem Zweifel, und das ist für den Erzieher wiederum eine ernste Warnung. Es kommt dazu ferner, daß der Radfahrer die Welt im günstigsten Falle immer nur von der großen Landstraße sieht und die heimlichen, versteckten, eigentlich interessanten Seitenwege meiden muß. Rousseau rühmt gerade an der Fußwanderung, daß sie uns gestattet, nach rechts oder links abzubiegen und überall herumzuklettern, wo etwas die Wißbegierde reizt. Pflanzen, Steine, Fossilien, alles kann der Spaziergänger genau betrachten, und dadurch wächst sowohl die Naturkenntnis wie der Tatsachensinn und der wissenschaftliche Geist. Alles dies findet in unserem Unterrichtssystem wenig Nahrung und ist meist dem individuellen Genius überlassen. Aber gerade diesen kann das Radfahren leicht im Wachstum ersticken; es kann hindern, daß der geborene Naturforscher sich selbst entdeckt, weil es ihm die Gelegenheit entzieht, bei der sein Interesse erwacht. Und so darf man die Gefahr um keinen Preis unterschätzen, daß allzu vieles Radfahren sowohl in ästhetischer wie in intellektueller Beziehung die Eigenart verkümmern läßt.

Um den Nachteilen des schattengleichen Vorüberfliegens der landschaftlichen Szenerie zu begegnen, gibt es nur ein Mittel: häufig abzusteigen und zu verweilen. Die Möglichkeit, dies nach Belieben zu tun, ist ja auch der Vorzug des Rades vor Wagen und Eisenbahn. Aber der Radfahrer entschließt sich nicht gern dazu, wenigstens nicht oft genug, da es immer mit einem Zeitverlust verbunden ist. Es wäre sehr zu wünschen, daß es öfter geschähe und daß das Rad mehr zu dem Zwecke benutzt würde, schöne und in botanischer oder geologischer Hinsicht merkwürdige Punkte zu erreichen, als zu dem anderen, der das Radeln zum Narrensport macht: möglichst viele Kilometer abzurennen.

Doch ist ein Naturgenuß auf dem Rade trotz aller Einschränkungen tatsächlich vorhanden. Als ein ästhetischer kann er aber nicht bezeichnet werden. Er äußert sich weniger durch den Gesichtssinn als durch das Gefühl. Die frische, reine Luft – die fortwährende Luftdouche – ist dabei die Hauptsache; und dann überhaupt die sinnliche Lustempfindung der freien Naturumgebung. Es sind vorzüglich die automatischen Funktionen des Körpers, die Tätigkeit der Lungen, des

Herzens, der Haut, die durch das Radfahren wohltätig angeregt werden. Es wirkt erfrischend[,] ähnlich wie das Schwimmen, das ja auch eine Art Naturgenuß ist, ohne daß das ästhetische Empfinden dabei eine bedeutende Rolle spielte. Der Naturgenuß des Radfahrens ist hauptsächlich der eines Luftbades.

Zola spricht von der griserie allègre de la vitesse als von einer rein beglückenden Wirkung des Radfahrens; Mancini aber, der den „Rausch des Fluges" schon vor Zola erwähnt, erblickt eine große Gefahr in diesem Ergebnis der Schnelligkeit. Der Ausdruck, der bei Zola nur bildlich zu verstehen ist, erscheint im wörtlichen Sinne nicht einwandsfrei. Die von Tissié konstatierte automatische Unbewußtheit wird nicht durch die Schnelligkeit, sondern durch die Überanstrengung verursacht, und sie ist auch weniger ein Rausch als eine Art hypnotischen Zustands. Man könnte gelegentlich, wenn auch nur in Ausnahmefällen, eher von einem Rausch des Rades als von einem solchen des Radfahrers reden, insofern nämlich, als der letztere bei übergroßer Schnelligkeit unter gewissen Umständen, besonders wo es steil bergab geht und die Bremsvorrichtung versagt, wohl einmal die Herrschaft über seine Maschine verliert und wider Willen von ihr fortgerissen wird. Die Geschwindigkeit des leichtlaufenden Rades hat allerdings für leichtsinnige Naturen etwas Verführerisches, und sie wird von den sogenannten „wilden" Radfahrern oder Radflegeln, die der Franzose als Pédards, der Engländer als Scorchers bezeichnet, leider noch immer hier und da gemißbraucht; doch ist es nicht der Rausch, sondern die Rücksichtslosigkeit, was solche Unholde wie Rasende mitten durch das Straßengewühl treibt. Wenn Ortloff aus dem Gebaren dieser unangenehmen Herren auf eine neue Geisteskrankheit, die Radfahrer-Psychose, schließt, so tut er dem Rade unrecht und macht aus den wilden Radlern ganz unverdienterweise unschuldige Opfer des Sports. Man muß zwei Gruppen von ihnen unterscheiden. Die einen sind übermütige dumme Jungen, denen es lediglich an Überlegung und Disziplin fehlt: Die Verantwortlichkeit für ihre Ausschreitungen fällt teilweise ihren Erziehern zur Last. Die anderen dagegen sind eben gewalttätige Naturen, und wer etwas von der Bestimmtheit und wesentlichen Unveränderlichkeit des menschlichen Charakters weiß, wird nicht glauben, sie seien es erst durch das

Radfahren geworden: Sie waren von jeher rücksichtslos und würden es auch sein, nur in anderer Form, wenn es gar keine Fahrräder gäbe. Die Äußerungen ihrer Gemütsroheit können und sollen aber durch die Verteidigungsmaßregeln der auf Rücksicht angewiesenen Gesellschaft und den allgemeinen Unwillen niedergehalten werden. Es ist nicht zu billigen, wenn eine englische Fabrik, um für ihre Maschinen Reklame zu machen, an die gesetzlosen Instinkte der *Scorchers* geradezu appelliert, wie es durch ein Straßenplakat von Burch geschieht. Dieses stellt einen Radfahrer dar, der vor einer wütenden, also augenscheinlich durch seine Rücksichtslosigkeit gereizten Menge flüchtet, und trägt die Aufschrift: He rides a Hampden and has no fear. Das heißt mit anderen Worten: „Unsere Räder sind zum Auskneifen wie gemacht. Kauft sie, und ihr dürft so rücksichtslos sein, wie ihr wollt." Das Vorurteil der Radfeinde kann nur genährt werden durch solch eine zudringliche Herausforderung, die den Eindruck erweckt, als ob zwischen Radfahrern und Fußgängern ein notwendiger und unausrottbarer Krieg wütete. Auf den anständigen Radfahrer hat sie jedenfalls gar keine Beziehung. Dieser braucht keine Furcht zu haben; denn er wird sich gegen Recht und schuldige Rücksicht nicht böswillig vergehen; und wenn er trotzdem einen Zusammenstoß nicht vermeiden kann, so wird er die Folgen auf sich nehmen und sich nicht feige aus dem Staube machen. Indessen herrscht über diesen Punkt ja auch volle Einmütigkeit in der Sportpresse, in den Vereinen und in allen maßgebenden Kreisen der radfahrenden Welt. Es ist daher zu hoffen, daß der Typus des wilden Radlers nach und nach ganz aus der Öffentlichkeit verschwinden wird. Schon jetzt bildet er nur noch eine Ausnahme, und die gegenteilige Behauptung der Widersacher des Radsports entspricht nicht der Wahrheit.

Natürlich ist es nicht eitel Wonne, die das Radfahren begleitet; auch Unlustempfindungen kann es erregen. Denn das Rad hat seine Mängel und ist beschränkt in seinem Gebrauch. Von den Unzuträglichkeiten, die mit Reisedefekten oder schwereren Schäden der Maschine zusammenhängen und die mitunter sehr störend in das Vergnügen einer Fahrt eingreifen können, soll aber hier nicht die Rede sein; es geschieht ja selten, daß ihnen mit einigem Zeitverlust nicht abgeholfen werden kann. Hier handelt es sich nur um das Rad in seinem normalen Zustand.

Wer ehedem nach der täglichen Arbeit im Bureau oder im Studierzimmer seinen Erholungsspaziergang zu machen pflegte und nun das Laufen durch das Radeln ersetzt, findet bald, daß das Rad ihn zwar weiter hinausträgt als die Füße, dagegen ihm die Mehrzahl seiner früheren Wege verschließt. Die weitere Entfernung will bei der kurz bemessenen Muße des durch seinen Beruf gebundenen Menschen nicht viel bedeuten; dadurch aber, daß dem Radfahrer so viele Ziele versagt sind, welche die Füße zu jeder Zeit erstreben können, erfährt er eine Einschränkung seiner Freiheit. Öffentliche Park- und Gartenanlagen sind ihm in den meisten Städten verschlossen, die schönsten Waldwege lassen sich nicht befahren; er muß sich dem Rade anbequemen, das nur seine eigenen Bahnen, die Landstraßen, gehen will oder darf; er ist ein Gefangener des Rades. Und es ist nicht nur eine gewisse Eintönigkeit, es ist auch eine Vereinsamung damit verbunden; denn einsam ist es doch draußen zwischen den stillen Feldern, wohin das Rad sich naturgemäß wendet. Wer nur geringe gesellige Bedürfnisse hat und ein intensiv geistiges Leben führt, entbehrt nichts dabei; er ist beglückt, nach der heißen Arbeit des Tages da draußen Ruhe und frische Luft zu finden. Aber man muß schon sehr resigniert sein und an die Welt nur noch geringe Ansprüche stellen, um solch eine Lebensweise führen zu können, und sicher vermag die größere Mehrzahl der Radfahrer dies einsame Schweifen Tag für Tag nicht zu ertragen. Deswegen benutzen die einen ihre Maschine mit Vorliebe zum städtischen Straßenbummel, über den die Feinde des Radsports so entrüstet sind; die anderen schließen sich zu Vereinen zusammen und radeln nur in Herden.

Über die ausgezeichneten Dienste, welche die großen Verbände der radfahrenden Bevölkerung geleistet haben und noch beständig leisten, kann kein Zweifel bestehen. Sie haben für die Anerkennung des Fahrrads in der Öffentlichkeit, für den Rechtsschutz der Radfahrer, für die Erleichterung ihres Verkehrs von Land zu Land und überhaupt für das Wanderfahren unermüdlich gewirkt. Angesichts der Berge von Vorurteilen, die dem Radsport anfänglich im Publikum und bei den Behörden entgegenstanden, war der Zusammenschluß der

Radfahrer in solchen Organisationen eine Notwendigkeit. Alle Radfahrer, auch diejenigen, die nicht zu ihren Mitgliedern gehören, haben Teil an ihren Errungenschaften. Ob aber auch die zahllosen kleinen Vereine besonders segensreich sind, ist eine andere Frage. Notwendige Ergebnisse der menschlichen Natur scheinen ja auch sie zu sein; denn der Mensch ist ein geselliges Tier. Er paßt sich, wenn es sein muß, den Verhältnissen an; aber wenn es geht, ändert er noch lieber die Verhältnisse nach seinen Bedürfnissen. Das Rad ist für den einzelnen gemacht und eignet sich dadurch vorzüglich, den Individualismus zu kräftigen; doch der Herdeninstinkt weiß die einzelnen unter einer Flagge zu sammeln. Das individualistische Rad könnte seine Anhänger zu selbständigen Menschen erziehen und dadurch die Entwicklung des Ganzen um ein Beträchtliches fördern; aber die Vereine sorgen dafür, daß die Bäume nicht in den Himmel wachsen; sie halten ihre Zugehörigen zurück auf dem alten mittelmäßigen Niveau; sie sorgen, daß mutatis mutandis die alte Spießbürgerlichkeit auch im Radsport fortbestehe. Radfahrende Ehepaare sind eine schöne Sache; sie zeugen von einem glücklichen Familienleben und verhindern dessen Störung, die leicht eintritt, wenn der Mann allein in der Welt herumgondelt und die Frau trübselig daheim sitzen muß. Aber Vereine radfahrender Ehepaare scheinen des Guten zu viel zu sein. Damen-Radfahrvereine können ihre Mitglieder, wie sie es hinsichtlich der körperlichen Gesundheit tun, so auch geistig heben, wenn das Bewußtsein gepflegt wird, daß der weibliche Radsport seine Funktion im Kulturkampf der Menschheit erfüllt; sind sie aber nur radelnde Damenkaffees, so werden sie den weiblichen Horizont nicht erweitern, sondern dessen Erweiterung vielmehr hintertreiben. Und was die vielen anderen Vereine betrifft, die ihre Mitteilungen allwöchentlich in den Sportzeitungen veröffentlichen, so kann man sich dem Eindruck nicht entziehen, daß eine große Zahl von ihnen in gemeinsamen Kneipereien, sogenannten Sitzungen, einen sehr wichtigen Bestandteil ihres Vereinslebens erblickt. Das ist nicht nur in Deutschland so, es wurde auch in England bereits 1894 von Creston gerügt. Man muß diese Seite des radlerischen Vereinswesens um so mehr bedauern, als der Radsport dem Alkoholgenuß widerstrebt und diejenigen seiner Freunde, die nicht durch Vereinssitzungen dabei festgehalten werden, von Spirituosen allmählich fast ganz entwöhnt. Wer sich darüber klar ist, wie verderblich der Alkohol für die Gesundheit und Kraft der Rasse ist, muß es den radlerischen Kneipvereinen zum Vorwurf machen, daß sie eine der wichtigsten Missionen des Fahrrads geradezu vereiteln. Während das Radfahren des einzelnen ein sparsames Vergnügen ist, sind diese Vereine zudem auch kostspielig; sie haben schon viele schwache junge Leute dazu verführt, über ihre Mittel zu leben und sich zu ruinieren. Doch wenn man von alledem absieht, haben sie wenigstens das Gute, dem Rade nicht wenige Anhänger zu erhalten, deren Geselligkeitsbedürfnis sie sonst schon vom Sport hätte abfallen lassen, und so nützen sie doch auch; denn das Radfahren in mäßigen Grenzen ist einem gesunden jungen Mann immer nützlich.

Eine Beschränkung im Gebrauche des Rades liegt ferner in seiner Abhängigkeit von der Jahreszeit. Zu einer Benutzung, die keinerlei Unlust erregt, eignet es sich im Grunde weder bei Kälte noch bei Hitze, weder bei nassem noch bei absolut trockenem, also staubigem Wetter; es ist auf ein Mittelmaß angewiesen. Und besonders während der langen Wintermonate will es seine Ruhe haben. Es gibt zwar Fanatiker, die das ganze Jahr hindurch radeln und denen keine Bahn zu schlüpfrig, kein Schnee zu tief ist. Aber das sind Virtuosen, die man neidlos bewundern kann, während man sich freut, daß man es ihnen nicht gleichzutun braucht; denn im allgemeinen sind doch gute Wege so sehr das Lebenselement des Rades, wie das Wasser das der Fische ist.

Mancher freilich betrachtet es nicht als einen Mangel, sondern geradezu als einen Vorzug des Rades, daß es nur während eines Bruchteils des Jahres Dienst tun will. Dies wird sich besonders von geistig stark beschäftigten Leuten, von Gelehrten und Schriftstellern, behaupten lassen. Denn intensiv betriebener Radsport verträgt sich nicht mit intensiver geistiger Arbeit, die auf ihrem Siedepunkte den ganzen Menschen absorbiert. Höchstens wer nur in den Frühstunden schafft, mag den Tag mit einer mäßigen Radfahrt beschließen; er büßt aber dadurch die fruchtbarste Empfängniszeit der Gedanken ein. Diese strömen ja dem Geiste in den Perioden höchstgesteigerter Produktion ganz spontan zu, und zwar gerade am reichsten während der stillen Erholungsspaziergänge; durch das Radfahren jedoch wird der freie

Gedankenstrom unterbrochen, und das Denken vollzieht sich infolgedessen erst am Schreibtisch, mit der Feder in der Hand, wodurch es an Reichtum und Frische verliert. Die große Zahl der Nachtarbeiter unter den geistig Schaffenden muß aber in ihrer produktiven Periode auf das Radfahren gänzlich verzichten, weil die Ermüdung, die es mit sich bringt, nach der Heimkehr gedeihliche Arbeit nicht zuläßt. Zumal da noch so viel anderer Zeitverlust mit dem Radsport verbunden ist. Für die Reinigung und Instandhaltung des Rades soll man doch selbst sorgen, da zuverlässiger Ersatz der eigenen Besorgung selten zu finden ist, ganz abgesehen davon, daß seine Kosten zumeist die Mittel desjenigen Berufs übersteigen, der bei der Teilung der Welt von Zeus vergessen wurde. Diese Geistesarbeiter also betrachten das Radfahren als eine Kur, der wie den sommerlichen Luft- und Badekuren nur die „Saison“ gewidmet werden darf. Sie radeln sich in der Periode, in der sie weniger angestrengt schaffen, einen Kraftvorrat zusammen, von dem ihr Geist im Winter zehren kann, wo er dann infolge der erradelten Verjüngung des ganzen Organismus um so intensiver tätig ist.

Zu den schwersten Hindernissen des Radfahrens gehört mitunter der Wind. Nur wer auf langer Fahrt „seinen Weg in ihn hineinbohren muß, versteht, welcher ungeheuren Überanstrengung der Muskeln es bedarf, um diese unsichtbare Hand zu besiegen, die sich aus dem Unendlichen streckt und ihn beständig schweigend zurückstößt“, sagt Stead. Lästiger noch als der Gegenwind ist aber der Seitenwind, weil ihm der Radfahrer nicht entgegenarbeiten kann; besonders Damen mit langen Kleidern werden, wenn der Stoß heftig genug ist, gepackt und mit ihrer Maschine kampflos zu Boden geworfen. Andrerseits gehört es zu den größten Wonnen des Radsports, mit Rückenwind segeln zu können.

Eine Erschwerung, die wir schon bei der Gesundheitsfrage berührt haben, sind die ansteigenden Wege. So herrlich das Radfahren bergab oder auf ebener Straße ist, so mühselig ist das Berganfahren. Mendelsohn vergleicht es einem Treppensteigen im Sitzen. Hier hebt jeder Fußtritt die ganze Körperlast. Die Mahnung kann nicht oft genug wiederholt werden, bei allen größeren Steigungen abzusitzen, um die Herztätigkeit zu schonen. Es ist eigentümlich, wie wenig ausgebildet, im Verhältnis zu der Empfindung des Radfahrers für Unebenheiten des Geländes, diejenige des Fußgängers erscheint. Zu Fuß schreitet man jahrelang Steigungen hinauf, ohne sich bewußt zu werden, daß es solche sind; sobald man aber auf dem Rade sitzt, gehen einem für Höhen und Tiefen die Augen auf. Dies ist der beste Beweis, wieviel schwieriger das Berganradeln als das Bergangehen ist. Wenn sich aber der Radfahrer dem Fußgänger in dem Gefühl für Wegsteigungen, man könnte sagen: in dem Terrainsinn, überlegen zeigt, wenn er z.B. jederzeit besser als der Fußgänger imstande sein wird, die Hebungen und Senkungen der befahrenen Straßen aus der Erinnerung zu beschreiben, so steht seine Beobachtung der Natur also nicht in allen Stücken hinter der des Wandersmannes zurück. Für militärische Zwekke dürfte die radlerische Überlegenheit in diesem Punkte sehr wichtig sein: Der Radfahrer ist durch seinen Höheninstinkt besser geeignet, unbekanntes Gelände zu rekognoszieren, als der Fußsoldat.

Wo es sich um die Schwierigkeiten der Wege und des Wetters handelt, muß man aber unterscheiden zwischen den jugendlich robusten Radfahrern und den kränklichen oder im Alter vorgerückteren, die das Rad als Heil- und Verjüngungsmittel benutzen. Diesen letzteren verbietet es ihre Natur ganz von selbst, aus dem Sport eine Strapaze zu machen; sie würden ihre Kur vereiteln, wenn sie nicht mit dem Barometer rechneten. Aber die kräftige Jugend, die zäh genug ist, allen Extremen der Witterung zu trotzen, findet nicht selten einen besonderen Reiz in Sturm und Regen und tummelt ihre Räder in strömenden Gewitterschauern, auf schlammbedeckten Straßen, durch tiefe Pfützen, in wogenden Staubwolken bei sengender Mittagsglut. Das sind die Glücklichen, die über dem Wetter stehen und die alles überwindende Macht des Fahrrads erweisen. Sie schwelgen in ihrem Kraftgefühl, und der Kampf mit den Hindernissen, die Anstrengung erhöht ihre Lebensempfindung und ist in sich selbst eine Lust für sie. „Es macht Vergnügen, die Schwierigkeiten zu überwinden", sagt die Radlerin in Zolas Roman. „Ich verabscheue die Wege, die zu lange gut und eben sind. Es tut so wohl, stark zu sein und den Regen, den Wind, die steilen Höhen zu überkommen." Und so ist das Rad eben auch nur für die Jugend ganz, was es sein kann, und ihr gehört es in erster Linie.

Es gibt aber auch ernstliche Gefahren, denen der Radfahrer ausgesetzt ist, mag er nun jung oder alt sein, und es sind ihrer nicht wenige. Am meisten verfolgen sie natürlich den Anfänger, teils, weil er sie noch nicht kennt und ihnen deswegen nicht vorbeugt, teils, weil seine Unsicherheit selbst ihn beständig gefährdet. Freilich vermindern sie sich, je mehr die Sicherheit wächst, und werden schließlich für den gewandten und vorsichtigen Radler auf ein Minimum reduziert; aber ganz verschwinden sie nie; denn das Fahrrad ist das am leichtesten verletzliche von allen Beförderungsmitteln, und wenn es sich mitten durch das Gewoge des öffentlichen Verkehrs hindurchschlängelt, so kann jedes schwere Gefährt für Rad und Reiter verhängnisvoll werden. Hat man aus den Zeitungen während einiger Jahre die Berichte über Radfahrerunfälle gesammelt, so erstaunt man bei einem Überblick, wie mannigfaltig und oftmals seltsam ihre Ursachen sind. Und gerade darin, daß sich so oft das Unvorhergesehene, jeder Berechnung Unzugängliche ereignet, liegt die große Gefahr. Selbst der beste Radfahrer kann beständig in Lagen geraten, die er nicht zu kontrollieren vermag, und ist eigentlich jeden Tag einem für Gesundheit und Leben bedrohlichen bösen Zufall ausgesetzt, gleichviel, ob er bedachtsam fährt oder das Bedenklichste wagt und im Übermut das Schicksal herausfordert, wie es im Rennsport so häufig geschieht. Das Radfahren ist ein gefährliches Spiel, und auch der Geübteste wird zum Spielball widriger Umstände.

Alles dies ist ja nicht neu, sondern durch die Presse jedermann bekannt, und es hat gewiß schon viele abgeschreckt. Es scheint auch angemessen, daß es nicht verschwiegen wird, damit niemand sich ungewarnt in Gefahr begebe und der Furchtsame dem Sport fernbleibe. Aber andrerseits ist es gerade dadurch, daß man es weiß und dennoch geringachtet, eine der allererfreulichsten Seiten des Radsports. Bisher haben wir nur von der Wirkung des Radfahrens auf die leibliche Gesundheit gesprochen; hier handelt es sich nun um seinen Einfluß auf das Gemüt. Sich bewußt zu sein, daß er beständig zwischen Gefahren hindurchsteuern muß, das ist für den Radfahrer ein unschätzbares Charakterbildungsmittel, eine seelische Zucht, die der inneren Erschlaffung entgegenwirkt. „Gefährlich leben“, das ist eins von Nietzsches Idealen, und er hat damit unbewußt für das Radfahren ein gutes Wort eingelegt. Charaktere, Menschen von ausgebildeter Willenskraft, Entschlossenheit, Festigkeit, die tun uns im Befreiungskampfe der Menschheit nicht weniger not als athletische Körper; denn Feigheit, Unentschlossenheit, philisterhafter Kleinmut, selbstsüchtige Bequemlichkeit, das ist's, was den Fortschritt hindert und unser öffentliches Leben in kleinlicher Nörgelei verkümmern läßt, wo wir doch Männer gebrauchen, die furchtlos für Recht und Wahrheit einstehen und auch vor dem Mächtigsten nicht den Nacken beugen. „Der Wert des Sportbetriebes“, sagt Eulenburg, „liegt keineswegs bloß in der damit verbundenen körperlichen Betätigung, sondern weit mehr in der davon unzertrennlichen Willensanspannung; in der Anregung und Schärfung der Willensenergie, ihrer steten Richtung auf bestimmt zu erreichende Ziele, in der Gelegenheit zur Entwicklung von Geduld, Mut, Ausdauer, Selbstüberwindung, kurz aller der geistig-sittlichen Fähigkeiten.“

Leo erzählt beifällig, ein Gymnasiast, Tertianer, habe, als ihm das Radfahren nahegelegt worden, geantwortet: „Ich will lieber meine gesunden Knochen für eine edlere Bestimmung aufheben!“ Mir gefällt dieser altkluge junge Herr nicht, der um seine gesunden Knochen so besorgt ist, und ich denke, es ist gut für unser deutsches Vaterland, daß die überwiegende Mehrzahl unserer Jugend von kräftigeren Instinkten beherrscht wird. Für jeden normalen Jungen ist ein Fahrrad das Ziel seiner Sehnsucht und, wenn er es erlangt hat, sein teuerster Besitz.

Freilich dürfen Gefahren, wenn sie auch zum Wesen des Radsports gehören und in einem verweichlichten Geschlecht die Mannheit wieder stärken können, darum nicht leichtsinnig heraufbeschworen werden; ja es ist Pflicht des Gemeinwesens, öffentliche Übelstände zu beseitigen, aus denen dem radfahrenden Teil der Bürgerschaft Gefahren erwachsen; der unvermeidlichen bleiben darum doch noch genug. Das Rad ist durch seine Natur auf gute, ebene Wege angewiesen, und eine der häufigsten Ursachen der Radfahrerunfälle ist der schlechte Zustand des Straßenpflasters und der Chausseen, deren bessere Pflege daher im Zeitalter des Fahrrads ein Rechtsanspruch werden mußte. Im höchsten Grade inhuman und moralisch zu mißbilligen ist es aber, wenn die Behörden den Radfahrern die Bankette verbieten, die ihre natürliche und prädestinierte Bahn sind, und sie zwingen, sich auf den holprigen und schlüpfrigen Fahrdämmen der beständigen Gefahr schweren Sturzes und lebensgefährlicher Verletzungen durch die begegnenden Fuhrwerke auszusetzen. Auf die rigorosen und, wie wir noch zeigen werden, durch keine stichhaltigen Gründe gestützten Vorschriften der Behörden fällt die Verantwortung für mehr als eine tief beklagenswerte Schädigung der radfahrenden Bevölkerung an Leib und Leben.

Daß älter e und kränkliche Radler sich das Maß ihrer Leistungen nicht von der robusten Jugend borgen dürfen, sahen wir bereits. Auch die Anstrengungen und Gefahren des Sports sind für sie am empfindlichsten, und sie müssen sich manche Beschränkungen auferlegen. Solange sie sich auf guten Wegen halten, empfinden sie höchst wohltätig die physische und psychische Verjüngung, die in dem gesteigerten Kraftgefühl besteht; aber auf holprigem Pflaster und in bergigem Gelände werden sie sich manchmal vor die Frage gestellt sehen, ob sie mit dem Rade statt eines vergnüglichen Gefährten nicht einen strengen und anspruchsvollen Tyrannen gewonnen haben, der Unmögliches von ihnen fordert. Auch sie werden allerdings die Erfahrung machen, daß ihre Leistungsfähigkeit mit der Zeit wächst; darum dürfen sie sich nicht entmutigen lassen. Aber die Verjüngung hat doch ihre Grenzen.

Überhaupt wird sich bei Radfahrern, die schon in vorgerückteren Jahren stehen, bei angegriffenen Konstitutionen, bei Nervösen, bei solchen, die an starke Bewegungen nicht mehr gewöhnt sind, auch bei Damen, in den ersten Monaten ihres Sportbetriebs häufig eine Krisis einstellen, und viele kommen nicht darüber hinweg. Anfängerunfälle, die aus mangelhafter Erfahrung entspringen, unvermeidliches Ausgleiten auf schlüpfrigen Wegen, allzu große Überanstrengung des ungeschulten Körpers bewirken, daß sie das freudige Zutrauen in ihre Leistungsfähigkeit verlieren; sie treten jede Fahrt in einer beklommenen Stimmung an und denken wohl gar, es sei nur eine Frage der Zeit, wann sie einmal ernstlich verunglücken werden. So wagen sie sich nur noch bei gänzlich einwandsfreiem Wetter hinaus, und anstatt sicherer zu werden, machen sie infolge unzureichender Übung Rückschritte, müssen jedesmal gleichsam von vorn anfangen, und schließlich hat sich die Lust in unüberwindliche Abneigung verkehrt. Andere scheitern schon früher an ihrer Energielosigkeit, weil es ihnen an Beharrlichkeit und festem Willen fehlt, um die Anfangsschwierigkeiten zu besiegen. Noch andere, denen das Reinigen des Rades, das häufige Umkleiden und überhaupt die starke Körperbewegung nicht behagt, hören aus reiner Trägheit wieder auf. Doch mag sehr oft auch Zeitmangel daran schuld sein, daß die Fertigkeit niemals erreicht wird, ohne die natürlich keiner dem Sport treu bleiben kann. So kommt es denn, daß fortgesetzt fast neue Räder zum Verkauf angezeigt werden, und deren Eigentümer, die in Überdruß oder Entmutigung abfielen, sind lauter Personen, welche die erste Jugend hinter sich haben.

Von den Abgefallenen lassen die einen das Radeln, weil es ihnen nur als Mühe und Plage erscheint, ohne Bedauern wieder fahren und freuen sich, ihre alte, gemütliche, bequeme Bummelfreiheit zurückzugewinnen. Anderen aber ist das Gefühl, dem, was sie begonnen hatten, nicht mehr gewachsen zu sein, sehr schmerzlich. Sie hatten wieder jung sein wollen und werden nun ergriffen von der bitteren Erkenntnis verlorener Jugend. Wenn sie als Lehre ihrer Bemühungen dieses wehmütige Gefühl des Alters, das Bewußtsein, verbraucht zu sein, davontragen, wäre es besser gewesen, sie hätten nie ein Rad bestiegen. Und um sich vor diesem Unglück zu bewahren, möge doch niemand sich allzuschnell gegen das Radfahren entscheiden, nachdem er es einmal begonnen hat, sondern er suche zuerst eine gewisse Herrschaft über das Rad auch in schwierigen Lagen zu erwerben. Hat man dies, so mag man aus vernünftigen Gründen die Sache immerhin aufgeben; aber vorher ist das Aufgeben verfrüht. Zumeist versagt man ja doch nur, weil man nicht genug Ausdauer hat, um den Zeitpunkt zu erwarten, da die Mühe ihren Lohn trägt.

Doch zum Glück ist auch bei älteren Anfängern der Trieb, immer wieder zu versuchen, gewöhnlich sehr lebhaft, weil bei dem einen der Reiz des Radfahrens, sobald er einmal davon gekostet hat, unwiderstehlich nachwirkt, den anderen, der schon längst den Glauben an sich verloren hatte, ein gewisser Ehrgeiz treibt, sich die jugendliche Leistungsfähigkeit zurückzugewinnen, von der er wieder einen Nachgeschmack gehabt. Aber gleichviel, welches das Motiv – den Trieb wird man segnen; denn er führt zum Können, und mit dem Können ist auch die Krisis überwunden.

Bei alledem ist es gewiß, daß selbst ältere Radfahrer durch den Sport nicht nur in ihrer körperlichen Gewandtheit, sondern auch in ihrer moralischen Kraft gefördert [werden], daß im vollsten Sinne ihre Erziehung durch ihn fortgesetzt wird, und dies gerade deswegen, weil sie wenigstens im Anfang mehr als die Jugend der Selbstüberwindung bedürfen. Denn das Unlustgefühl beim Lernen und besonders vor jedem neuen Versuch ist naturgemäß bei Leuten, die sich dem Alter schon willenlos überlassen hatten, sehr groß, und in ihrem Zweifel an sich selbst sind psychische Hemmungen gegeben, die bei jüngeren Leuten gar nicht mitwirken. Diese zu überkommen bedarf es eines gewissen Pflichtgefühls, und man wäre sehr im Irrtum, wenn man bezweifelte, daß solche pflichtgemäßige Selbstzucht auch noch einen reiferen Charakter heben und festigen könnte. Der unmittelbare Gewinn besteht hier aber in dem gesteigerten Selbstvertrauen, das aus der durch die Pflichterfüllung gesteigerten Energie erwächst, und es ist ein unvergleichlich schönes Ergebnis. Denn dieses Selbstvertrauen bleibt nicht auf den Sport beschränkt, sondern es überträgt sich auch auf alle übrigen Lebensgebiete. Nur wer schon einmal sich halb selbst verloren und durch solche sittliche Wiedergeburt sich neu gefunden, kann dies ganz verstehen.

Hat man aber endlich durch beständige und energische Übung, durch fleißiges Trainieren, wie der sportliche Ausdruck lautet, sich zum Meister seiner Maschine gemacht, so ist auch die Pflicht schon zur Neigung geworden, und man tut nun freudig, was man eine Weile nur aus vernünftiger Überlegung tat, ja man fühlt sich glücklich, sobald man auf dem Rade sitzt, und weiß nicht genug zu rühmen, wie sehr das Radfahren den intensiven Lebensgenuß, das bewußt frohe Daseinsgefühl steigert. Und daraus entwickelt sich eine ganz persönliche Empfindung der Dankbarkeit und der Freundschaft des Radlers für seine Maschine, wie zwischen zwei Leuten, die sich kennengelernt haben und die sich nun immer besser verstehen, je mehr sie miteinander umgehen. Das ist das Charakteristische: Der Radsport macht fast alle seine Jünger zu Enthusiasten, und man darf geradezu sagen: Ein rechter Radfahrer ist in sein Rad verliebt.

7

Das Fahrrad und die Frauenfrage. Etwas vom Sportkostüm

Für das weibliche Geschlecht ist der Radsport noch ungleich bedeutungsvoller als für das männliche; denn während er dem letzteren im Kampf ums Dasein nur eine neue Waffe zu seinen alten schmiedete, begann er im Dasein des ersteren eine völlige Umwälzung. Er hat die Frauenfrage ihrer Lösung näher gerückt, als es lange Jahrzehnte unermüdlicher Agitation vermocht hätten, indem er einerseits mit der Erziehung des Weibes zur Selbständigkeit im praktischen Leben Ernst machte, andrerseits durch die Macht der Tatsachen einen siegreichen Kampf gegen tief eingewurzelte, kulturfeindliche Vorurteile eröffnete. Die Tragweite des weiblichen Radsports erstreckt sich in gleichem Maße über die Hygiene, die sozialen Verhältnisse und die Ethik. Und da das weibliche Geschlecht die größere Hälfte der Menschheit bildet, da es ferner die Mütter der kommenden Generation stellt, so sind seine Interessen auch auf diesem Gebiete die Interessen des Menschengeschlechts überhaupt.

Über den günstigen Einfluß des Radfahrens auf die weibliche Gesundheit haben wir schon im vierten Kapitel gesprochen; doch bedürfen einige Punkte noch hellerer Beleuchtung. Zunächst muß hervorgehoben werden, daß die Vernachlässigung der Körperbewegungen, die für die kräftige Entwicklung des heranwachsenden Geschlechts unerläßlich sind, im christlichen Zeitalter bis auf unsere Tage bei der weiblichen Erziehung noch viel auffallender hervortritt als bei der männlichen. Im alten Griechenland war die gymnastische Ausbildung auch für die Mädchen etwas Selbstverständliches, ja Plato ging in seiner Forderung einer gleichen Leibespflege für beide Geschlechter so weit, daß ihn der Vorwurf trifft, die Einschränkungen, die durch die physische Eigenart der Frau bedingt werden, übersehen zu haben. Auch von den römischen Frauen wurden Fechtübungen gepflegt; doch keimte schon damals das Vorurteil gegen den weiblichen Sport; denn Juvenal entrüstete sich darüber, obwohl doch gerade er den Zusammenhang körperlicher und seelischer Gesundheit betont hat. Später aber bildete sich unter dem Einfluß des Christentums ein krankhaftes Ideal des Weibes heraus, das seine orientalische Abstammung nicht verleugnet. Das Heinesche „Du bist wie eine Blume" ist dafür sehr charakteristisch. Es war in der Tat das pflanzenhaft Passive, was an der Frau immer mehr geschätzt und durch diese Schätzung auch gezüchtet wurde; daß sie ein von der Natur zu selbständiger Bewegung bestimmtes Wesen ist, geriet ganz in Vergessenheit. Natürlich wird die gegenseitige Anziehungskraft der Geschlechter auch ferner darauf beruhen, daß sie ihren spezifischen Geschlechtscharakter bewahren; der gesunde Mann wird nur die weibliche Frau lieben, und vice versa. Aber die geschlechtlichen Instinkte können entarten, und es muß als eine Entartung betrachtet werden, wenn der Mann an der Frau gerade das liebt und als weiblich betrachtet, was der Natur widerspricht und also recht eigentlich unmenschlich ist. Wenn die Frau sich zu einem gesünderen und somit höheren Typus entwickelt, so ist nicht zu fürchten, daß sie das Mißfallen der Männer erregen wird, vielmehr wird unter ihrem Einfluß auch der männliche Geschmack gesunden. Sie möge darum nur den Mut haben, natürlich und sie selbst zu sein.

Solange die Arbeitsteilung in unserem Wirtschaftssystem noch so wenig ausgebildet war, daß jede Familie einen großen Teil ihres Bedarfs selbst produzierte, solange in jedem bürgerlichen Haushalt nicht nur gekocht und gestrickt, sondern auch gesponnen, die Kleidung verfertigt, gebacken, geschlachtet, Bier gebraut, Licht gegossen, vielfach auch das Gemüse im eigenen Garten gezogen wurde, solange freilich mußte eine Hausfrau in ihren vier Wänden fleißig Hand und Fuß rühren, die Tätigkeit erhielt sie frisch und füllte ihre Zeit, und sie empfand es gewiß nicht als einen Mangel, daß ihr Herrschaftsgebiet enge Grenzen hatte. Allein das änderte sich alles, sobald die moderne Industrie einen Arbeitszweig nach dem anderen an sich riß: Es mußte sich ein unverbrauchter Kraftüberschuß geltend machen, der die Frau nach außen drängte. Doch wurde er nun durch die Erziehung der höheren Tochter, deren Endzweck nicht mehr die Hausfrau, sondern die

Dame ist, völlig in Anspruch genommen, ohne Rücksicht auf die Bedürfnisse ihres Körpers wurden die jungen Mädchen gerade in ihren Entwicklungsjahren mit lauter Kopf- und Sitzarbeit überbürdet, aus unvernünftigem, nur durch den Tiefstand unserer Kultur erklärlichem Vorurteil wurde ihnen die notwendige Bewegung als unschicklich verboten, und frühe schon zwängte man sie in das verderbliche Korsett, das unsere Damen noch hinter die Chinesinnen rangiert; denn es sind edlere Teile als die Füße, die dadurch verkrüppelt werden. Sie also, die in unserer eisernen Zeit, in dem allgemeinen Wettbewerb, der so hohe Anforderungen an die Kraft des Individuums stellt, zum großen Teil selbständig um ihr Brot kämpfen, zum größeren Teil aber die Mütter eines neuen Geschlechts werden sollen, sie werden im Kern ihrer Natur systematisch entwertet, und so treten sie dann als blutarme, bleichsüchtige, nervöse, hysterische, verkümmerte Wesen in das Leben. Unschuldige Opfer sie selbst, müssen sie auch ihre Kinder noch dem Aberglauben einer von der Natur abgefallenen Zeit zum Opfer bringen, sie, die Gebärerinnen einer degenerierten Rasse.

Eine der bedenklichsten Kulturerscheinungen ist die erschreckend große Zahl von Müttern, die heutzutage nicht mehr imstande sind, die Ernährung der Kinder in der naturgemäßen Weise zu vollziehen, besonders da die Leistungsunfähigkeit der weiblichen Brustdrüse sich vererbt. Professor Bollinger führte auf dem Anthropologenkongreß in Lindau aus, daß die künstliche Ernährung eine unverhältnismäßig hohe Kindersterblichkeit oder, wenn das Kind leben bleibt, selbst im günstigsten Falle ein Zurückbleiben in der Entwicklung, eine Minderwertigkeit zur Folge hat. Als die Hauptursache der ererbten Unfähigkeit zu stillen betrachtete er die ursprünglich freiwillige Verabsäumung der mütterlichen Pflicht, die schon eine konstitutionelle Schwächung nach sich zieht. Daneben wurde aber auch auf den schädlichen Einfluß des Korsetts hingewiesen, das in vielen Fällen durch Druck eine rein mechanische Verkümmerung der Brustdrüse hervorbringt. Und es darf als zweifellos gelten, daß vielfach auch die gesundheitswidrige Mädchenerziehung überhaupt die Schuld daran trägt.

Während seines selbstgewählten Exils machte Zola die Beobachtung, daß die Unfähigkeit der Mütter, ihre Kinder zu stillen, in England nicht weniger verbreitet ist als in Frankreich und den Vereinigten Staaten. Auch er legte Nachdruck auf die Erblichkeit dieser krankhaften Anlage und auf die allmähliche Verschlechterung der Rasse, die dem Gebrauch der Flasche mit ihren tausend Übeln folgt. Vizetelly, der dies erzählt, hält es denn auch für unbestreitbar, daß die englische Rasse physisch im Niedergang begriffen ist, und bemerkt: „Athletischer Sport kann wohl das allgemeine Niveau erhöhen, aber nur, wenn im Material die geeigneten Vorbedingungen dazu vorhanden sind.“ Das heißt mit anderen Worten: Wo die funktionelle Verkümmerung der Brustdrüse in einer Familie einmal erblich geworden ist, geht die Linie hoffnungslos dem Verfall entgegen, und kein Heilmittel kann ihn mehr aufhalten. Wenn dies den Tatsachen entspricht, so ist die Pflicht um so dringender, dafür Sorge zu tragen, daß wenigstens der noch gesunde Teil des weiblichen Geschlechts den kostbaren Schatz seiner Gesundheit erhalte und mehre.

An Versuchen, die weibliche Erziehung vernunftgemäßer zu gestalten, hat es ja nun in neuerer Zeit nicht gefehlt. Als das Turnen 1842 durch Erlaß der preußischen Regierung wieder zu Ehren gebracht wurde, handelte es sich zunächst nur um das männliche Geschlecht. Aber Diesterweg sagte in seinem *Alaaf Preussen*: „Wenn unseren Knaben Leibesübungen not tun, so sind sie für unsere Mädchen noch viel notwendiger. Wer das nicht einsieht, sieht gar nichts ein, kennt nichts und begreift nichts. Man muß ihn stehenlassen und weitergehn. Wer dagegen Einspruch tut von seiten der Weiblichkeit, der zarten Sitte, der Vornehmheit und anderer Erfindungen verrückter Köpfe und blasierter Verbildung, den widerlegt man auch nicht, sondern geht weiter.“ So wurde das Turnen denn wirklich nach und nach auch in den Lehrplan der Mädchenschulen aufgenommen. Dazu gesellte sich etwas später das weibliche Schlittschuhlaufen und Schwimmen. Das bedeutete für diejenigen, die davon den richtigen Gebrauch machten, einen großen Fortschritt. Doch waren ihrer leider zu wenige. Und da der Kampf ums Dasein in den verschiedenen Klassen der Gesellschaft an Heftigkeit zunahm und an beide Geschlechter erhöhte Anforderungen stellte, nachdem Deutschland den Rang einer Großmacht erlangt und den industriellen Wettbewerb mit den anderen Großmächten aufgenommen hatte, so wuchs die Summe der Frauenkrankheiten, anstatt sich zu vermindern. Aus der Erkenntnis eines bitterernsten Notstandes ging der Aufruf der Berliner Turnerschaft von 1896 hervor, in dem es heißt: „Die weibliche Jugend unserer Tage bedarf wohlgeordneter Leibesübungen in noch höherem Maße als die Knabenwelt, der das Recht, sich mannigfach zu rühren und zu regen, nicht so verkümmert ist. Unsere Mädchen haben unter der Zwangsherrschaft naturwidriger Sitten und falscher Anschauungen sowie unter den großstädtischen Verhältnissen so zu leiden, daß die zwei wöchentlichen Turnstunden der Schule, die bei der großen Zahl der gleichzeitig Turnenden nur wenig Gewinn für die einzelne mit sich bringen, nicht mehr ausreichen, um gesundheitsfördernd auf die körperliche Entwicklung der Mädchen wirken." Es muß aber bezweifelt werden, ob dieser wahrhaft volksfreundliche und zeitgemäße Aufruf nennenswerten Erfolg gehabt hat, da er zwar eine richtige Diagnose stellt, aber ein unbeliebtes Heilmittel verordnet. Denn wenn das Turnen schon die männliche Jugend heutzutage nur noch wenig reizt, so behagt es der weiblichen noch viel weniger. Und das ist auch ganz erklärlich; denn in der herkömmlichen weiblichen Kleidung muß es ja doch etwas Halbes bleiben. Es ist bekannt, welche Tracht Plato für die Frauen seiner Republik bei ihren gymnastischen Übungen vorschrieb: gar keine. Das würde sich mit unserem Klima nicht vertragen; aber billig wäre, daß man die Mädchen, wenn sie wie die Knaben turnen sollen, auch eine Art von Knabenkleidern tragen ließe, was ja in englischen Damen-Turnclubs bis zu einem gewissen Grade schon geschieht. Denn das Kleid hat mit dem Geschlecht absolut nichts zu tun. Da jedoch keine Aussicht besteht, daß die gegenwärtige Generation im prüden Deutschland diese einfache Wahrheit begreifen wird, so dürfen wir auch auf das weibliche Turnen nicht viel Hoffnung setzen.

Allein schon hatte ein anderer gymnastischer Sport, das Radfahren, die Sympathien des weiblichen Geschlechts für sich gewonnen, als die Berliner Turnerschaft ihren Aufruf erließ. Allerdings meinen die Ärzte, daß Mädchen das Radeln nicht vor dem siebzehnten Jahre beginnen sollen; es kann also kein Ersatz für das Schulturnen sein. Aber berufen ist es, dieses zu einer Zeit abzulösen, wo sonst die Leibesübungen aufhörten, und damit, wie Eulenburg sich ausdrückt, „eine noch immer im Wachsen begriffene unabsehbare, vom *ärztlichen* Standpunkte aus jedenfalls nicht genug zu preisende Umwälzung zu schaffen. Das Fahrrad hat die Frauenwelt ‚auf die Beine' gebracht, sie im wörtlichsten Sinne ‚emanzipiert', indem es sie an Stelle der bisher allein fleißigen, allzu fleißigen Hände auch die Beine als gleichberechtigte Gliedmaßen zu gebrauchen lehrte – und was das in gesundheitlicher Beziehung gerade für das weibliche Geschlecht bedeutet, darüber vermag sich eben nur der Arzt in vollem Maße Rechenschaft abzulegen."

Wer noch weitere ärztliche Urteile speziell über den weiblichen Radsport zu hören wünscht, findet eine Anzahl in Fressels Buch *Das Radfahren der Damen* gesammelt. Hier mag nur nochmals daran erinnert werden, daß er ebenso wie der männliche, ja in erhöhtem Grade Vorsicht und Maßhalten erfordert. Roosevelt, ein amerikanischer Arzt, äußert darüber: „Radfahren ist schädlich für manche Frauen allemal, für alle Frauen manches Mal, aber nicht für alle Frauen allemal. Gewisse anatomische und physiologische Besonderheiten machen es für eine Frau viel gefährlicher als für einen Mann, sich zu überanstrengen; wenn sie sich jedoch vor Überanstrengung hütet, so ist das Radfahren wohltätig und gesund für jede Frau, die nicht an organischen Krankheiten leidet." Fassen wir die Erfahrungen der Ärzte kurz zusammen, so übertreiben wir nicht, wenn wir sagen: Das Fahrrad ist in physischer Beziehung als ein Bote des Heils zu dem weiblichen Geschlecht gekommen; denn es hat ihm gerade das gebracht, was ihm fehlte, die kräftige, mit Luft ausgeführte Bewegung in freier Luft. Bisher war der Tanz die einzige energische Bewegung, die unsere Mädchen und Frauen liebten; Albu rechnet ihn in seinen *Socialhygienischen Betrachtungen über den modernen Sport* sogar zu den gymnastischen Übungen. Aber es darf wohl als ausgemacht gelten, daß dies vielstündige nächtliche Herumwirbeln in heißen, stauberfüllten Sälen, das die Sinnlichkeit aufregt, der Gesundheit viel mehr Schaden als Nutzen bringt. Das Radfahren, das so viel unschuldige Freude gewährt, ist nicht nur eine gesündere, sondern auch eine unendlich edlere Körperübung als der Tanz; es ist gut für den Leib und gut für die Seele unserer Frauen. Alles in allem genommen, dürfen wir nicht zweifeln, daß es ihnen, indem es ihnen Gesundheit und

Kraft gibt, sowohl für ihr eigenes Wohl den Lebenskampf erleichtert, wie auch sie tauglicher macht, Mütter vollkommener Menschen zu werden, Menschen einer neuen Zeit, die frei und aufrecht dahergehen und auf Wahrheit und Gerechtigkeit eine höhere Kultur gründen.

Neben der unmittelbaren Einwirkung des Radfahrens auf die Gesundheit des Weibes steht eine mittelbare: Es verlangt gebieterisch die Abstellung gewisser gesundheitsschädlicher Mißbräuche im weiblichen Bekleidungswesen und verhütet dadurch Erkrankungen, die bisher durch Eitelkeit und Modenarrheit hervorgerufen wurden. Zunächst erstreckt die Reform sich allerdings nur auf die Stunden, die dem Radsport selbst gewidmet sind. Aber es scheint eine zulässige Folgerung zu sein, daß, was sich auf dem Rade als schön und praktisch bewährt hat, von den Vernünftigen auch in das tägliche Leben hinübergetragen werden wird. Eine andere Frage ist es freilich, ob diese Vernünftigen nicht eine winzige Minorität bilden. Vernunft und Mode waren von jeher feindliche Schwestern, und es wäre das Wunder der Wunder, wenn sie sich plötzlich versöhnten. Doch die Hauptbedingung zu einer Befreiung von der Tyrannei der Mode ist gegeben, sobald die Frauen geistig selbständiger werden, und zu dieser Verselbständigung trägt ja auch der Radsport bei.

Am wenigsten verträgt sich mit dem Radfahren das schon erwähnte Korsett, die schädlichste und trotzdem die langlebigste aller Moden des Abendlandes. Über 200 Jahre sind verflossen, seit John Locke in seinem Erziehungswerk die Verderblichkeit dieser unsinnigen Erfindung nachwies, immer wieder haben die Ärzte ihre Stimme dagegen erhoben, und es ist so mächtig wie ehedem. Dabei ist die merkwürdigste Tatsache, daß man es für schön hält. Die Wespe das Muster weiblicher Anmut – welche Verirrung! Kann ein unverbildeter Geschmack etwas Lächerlicheres finden als die Karikaturen in den Modezeitungen, die in der Wirklichkeit zum Glück unerreichbar sind, aber doch das ideale Ziel darstellen, nach dem man strebt? Daß wir den Anblick überhaupt ertragen, ist ein Beweis von der Unnatur und Verschrobenheit unserer Denkweise. Nur in einem bis ins Innerste kranken Sozialzustande ist eine solche barbarische Verunstaltung möglich. Wenn je eine vernünftige Gesellschaftsordnung eintritt, so wird man nur noch in Mitleid und Verachtung auf unsere geschnürten und gepanzerten Damen zurückschauen.

Aber wenn es sich nur um die ästhetische Seite handelte, so möchte das Unwesen noch hingehen, obwohl die Abwendung von dem natürlichen Schönheitsideal immer ein bedrohliches Zeichen der Entartung bleiben wird. Weit verhängnisvoller ist indessen die Schädigung der Gesundheit. Im „Verein zur Verbesserung der Frauenkleidung“, dessen Tätigkeit jede Förderung verdient, wies Prof. Eulenburg 1897 nach, daß das Korsett eine ganze Reihe organischer Veränderungen bewirkt wie z.B. Verschiebungen des Magens, dann die sogenannte Schnürleber, die Wanderniere, Krankheiten, die zumeist lebensgefährlich sind; und daß ferner die naturgemäße Atmung dadurch erschwert wird, wodurch falsche Blutströmungen eintreten, die das Herz schwächen. Hierzu gesellen sich die vielen Unterleibserkrankungen, die ein Korsett wenn nicht hervorruft, so doch mehr und mehr verschlimmert. Blutarmut und mancherlei Ernährungsstörungen, die wiederum eine Hauptursache allgemeiner Nervosität und noch schwererer Formen von Nervenerkrankung bilden, werden auch von zahlreichen anderen Ärzten auf das Korsett zurückgeführt. Und besonders leiden darunter die eigentlich weiblichen Organe. Das durch Einschnürung verkrüppelte Weib wird unfähig, eine gesunde Nachkommenschaft in die Welt zu setzen, ihre Eitelkeit wird der Fluch ihrer Kinder und Enkel, jeden Morgen, wenn sie den zur Mutterschaft bestimmten Leib in einen Käfig von Stahl und Fischbein zwängt, begeht sie von neuem einen Frevel an der werdenden Menschheit. Warum greift der Staat, der sich mit unberechtigter Zudringlichkeit in so viele Privatangelegenheiten mischt und so viele harmlose Leute durch seine Polizeivorschriften in ihren unschädlichen Freuden stört, hier nicht ein, wo es sich um ein eminent öffentliches Interesse, um Gesundheit und Glück seiner künftigen Bürger handelt? Indirekt wird doch auch in diesem Falle ein Verbrechen gegen die Leibesfrucht begangen. Ich würde eine jährliche Steuer von 100 Mark auf jedes Korsett vorschlagen. Aber besser wäre es freilich, die Frauen warteten nicht auf den Staat, sondern hörten auf die Stimme des eigenen Gewissens. Soviel ist sicher: Solange sie das Korsett tragen, sind sie zur Befreiung weder reif noch würdig.

Eine andere Folge des weiblichen Radsports ist der Ersatz der langen Röcke durch leichtere und praktischere Formen der Unterkleider. Während die Frau sich von der Seite auf den Sattel schiebt, muß sie auch schon das Rad in Bewegung setzen; es bleibt ihr also keine Zeit, die Last der Gewandung gleichmäßig zu verteilen. So hängt deren größere Hälfte fast immer unbequem nach der einen Seite hinüber, das Treten wird erschwert, und leicht kann sich dabei ein Sturz ereignen. Man hat daher die bekannten Arten des Radlerinnenkostüms erfunden, das zwischen dem kaum sichtbar geteilten Rock, der Pumphose und der eng anliegenden Reithose in verschiedenen Abstufungen variiert. Seine schnelle und allgemeine Aufnahme wurde dadurch erleichtert, daß der Boden in England und Amerika wenigstens theoretisch schon vor der Einführung des Niederrads dafür bereitlag, von Frankreich ganz zu geschweigen, wo die männliche Tracht in gewissen weiblichen Kreisen schon längst ihre Freunde gehabt hatte. Sobald aber die Reform sich im Radsport bewährte, war der Anstoß gegeben, auch im praktischen Leben ihre Durchführung zu versuchen, natürlich zuerst in den Vereinigten Staaten, wo die weiblichen Emanzipationsbestrebungen auf sozialem Gebiet, mit denen man die Sache verquickte, schon die größten Erfolge aufweisen konnten. Es traten vornehmlich zwei Arten des Reformkleides auf, einerseits kurze Backfischröckchen, andererseits das modifizierte syrische Unterkleid, jetzt allgemein als Rational Boston Dress bekannt, ein unten halb sack-, halb hosenartig geschlossener Rock nach dem Vorbilde der orientalischen Frauentracht. Man begründete diesen Stil durch seine Schönheit, seine Gesundheit und vor allem durch die größere Bewegungsfreiheit, die er gestattet. Einige Damen trugen die neue Gewandung auf der Weltausstellung in Chicago zur Schau und brachten sie so zur Anerkennung.

Charakteristisch ist die Äußerung eines dieser weiblichen Pioniere über das Motiv dieser „Vernunftkleidung“: „Die Frau hat beinahe in jedes Gebiet der Industrie Eingang gefunden, in dem der Mann beschäftigt ist, aber sie kann erst erfolgreich mit ihm konkurrieren, wenn sie die konventionellen Röcke abtut.“ Dementsprechend bezeichnet sie des weiteren „vollkommene Gleichheit mit dem Manne“ als ihr Ziel. Das ist allerdings eine krankhafte Übertreibung. Die Geschlechter mögen unter dem Gesichtspunkt ihrer natürlichen Bestimmung gleichwertig sein, aber sie sind nicht gleichartig, und es gibt viele Gebiete, auf denen strenge Arbeitsteilung zwischen Mann und Weib als ein unverbrüchliches Naturgesetz waltet. Die gleiche Kleidung kann die physiologische Verschiedenheit der Geschlechter nicht aufheben, und das Wesen, das „alle 28 Tage durch mehrere Tage, wenn auch nicht krank, doch in seiner Leistungsfähigkeit geschwächt" ist, wie Runge sich ausdrückt, ganz abgesehen von den größeren Störungen durch die Mutterschaft, muß im erbitterten Konkurrenzkampfe mit dem Manne notwendig den kürzeren ziehen. Die Verblendeten, die das Gleichheitsdogma in die Frauenfrage hineintragen, schaden einer guten Sache durch ihren Fanatismus. Bewegungsfreiheit aber ist das Recht der Frauen, und daß sie nicht gesonnen sind, es sich länger verkümmern zu lassen, verdient freudige Anerkennung. Die Welt kann nur dadurch gewinnen, wenn die Frau alle ihre Anlagen zu voller Entfaltung bringt. Man braucht auch nicht zu fürchten, daß sie darum aufhören wird, Weib zu sein; denn die Natur wird ihre Grenzen zu verteidigen wissen. Auf keinen Fall kann der Zustand, den die Frauenbewegung erstrebt, schlechter sein als derjenige, über den hinaus wir nur eben die ersten Schritte getan haben.

Nur ganz zurückgebliebene Geister dürften wohl heutzutage noch so einsichtslos sein, zu verkennen, daß die wirtschaftliche Not eine Erweiterung des weiblichen Arbeitsgebiets fordert. Wer diese Wahrheit durch den Einwurf zu widerlegen meint, der Beruf des Weibes sei die Ehe, vergißt, wie viele Ausnahmen die Regel hat. Selbst im Arbeiterstande, wo ein Mädchen nur selten ledig bleibt, war es von jeher Brauch, daß das weibliche Geschlecht bis zur Verheiratung Dienste übernahm, die seinen Fähigkeiten entsprachen. Wieviel notwendiger erscheint dies also im Mittelstande, aus dem die Mehrzahl der überzähligen Mädchen hervorgeht! Hier erlauben die sozialen Verhältnisse den Männern nur spät, einen Hausstand zu gründen; aber wenn auch alle früh heirateten und keiner den Junggesellenstand vorzöge, würden in einer monogamischen Gesellschaft immer noch viele Mädchen übrigbleiben; denn sie sind die zahlreicheren. Diese müssen notwendig ihr Brot verdienen, wenn sie nicht wohlhabenden Familien angehören, und sie können es schon längst nicht mehr alle in den wenigen Berufen, die dem Weibe früher allein offenstanden, weil die Menge der Wettbewerberinnen zu groß ist. Und so sind sie gezwungen, sich eine bessere Bildung anzueignen als ehedem und mit den Männern auf ihrem Arbeitsgebiete zu konkurrieren. Die Männer blikken freilich scheel auf diese Konkurrentinnen, die ihnen den eigenen Kampf ums Brot, der ohnedies sauer genug war, erschweren, und sehen eine Ungerechtigkeit in dem weiblichen Wettbewerb. Denn es ist zumeist nicht die bessere Leistung, sondern die billigere Lohnforderung, durch die das Weib sie verdrängt. Zudem wird die Zahl der heiratsfähigen Männer durch diesen wirtschaftlichen Sieg der Frauen noch vermindert, und die üblen Konsequenzen treffen beide Geschlechter. Dadurch wird aber die Berechtigung der weiblichen Emanzipationsbestrebungen nicht widerlegt; es folgt nur daraus, daß ihr Triumph nicht das Endziel sein kann. Aus diesem Wettkampf muß ein höheres Wirtschaftssystem hervorgehen, das die widerstreitenden Kräfte in Einigkeit zusammenschließt.

Neben den ökonomischen Motiven, die das Weib antreiben, nach Unabhängigkeit zu ringen, gibt es aber auch psychologische und ethische. Zu den ersteren gehört der Ehrgeiz, es den Männern in allen Stücken gleichzutun oder sie womöglich zu übertreffen. Wo dieser Ehrgeiz in seiner extremen Form auftritt, wird man nicht selten annehmen dürfen, daß er eine Äußerung sexueller Perversion ist; denn der normalen Frau geht die schrankenlose Herrschsucht des Mannweibes wider die Natur. Vor den ganz Wilden also möge die kämpfende Frau sich hüten: Es sind Kranke, die selbst der Führung bedürfen. Aber ein maßvoller Ehrgeiz, derjenige wenigstens, sein Bestes zu leisten, gehört nun einmal zum Kampfe, und ohne ihn kein Sieg. Und dann gibt es etliche Mädchen, die hauptsächlich der innere Trieb, ihre Kraft zu entwickeln und ihre Seele zu bilden, sei es auf künstlerischem oder wissenschaftlichem Gebiet, in die Öffentlichkeit hinausführt. Sie sind zu stolz, das leere, tändelnde Scheindasein einer „Dame" zu ihrem Lebensberuf zu machen; das Leben scheint ihnen nicht würdig, nicht lebenswert, wenn es nicht von ernster Arbeit erfüllt wird. Wer möchte ihnen die Hochachtung versagen?

Die größte Tragweite hat aber das dritte Motiv, das ethische. In der heutigen bürgerlichen Gesellschaft ist die Ehe zu einem Geschäft entartet, sie ist in vielen, vielleicht in den meisten Fällen hauptsächlich eine Versorgungsanstalt. Weil man sie als eine Sinecure betrachtet, die den Siegespreis weiblicher Diplomatie bildet, ist nicht sowohl die menschliche Vollkommenheit das Ziel unserer Töchtererziehung als vielmehr die Ausstattung mit blendenden, gewöhnlich sehr oberflächlichen Eigenschaften, welche die Männer reizen. Nicht fürs Leben werden die Mädchen gebildet, sondern sie werden auf den Mann dressiert. Und da bei der Kostspieligkeit eines standesgemäßen Haushalts und den großen Ansprüchen der zur Dame erzogenen Mädchen die Männer der mittleren und oberen Gesellschaftsschicht mehr durch Geldrücksichten als durch Liebe bei der Wahl einer Frau geleitet werden, so hat ein ausschießlich für den Männerfang zugerichtetes Mädchen ihrerseits sehr selten Wahlfreiheit, sondern wird gezwungen, den ersten zu nehmen, der um sie wirbt, nicht nur ohne Neigung, sondern häufig sogar gegen ihre Neigung. Die so geschlossenen Geschäftsehen unterscheiden sich nur dem Grade nach von der niedrigen Prostitution, sie gestalten sich für edlere Naturen meist sehr unglücklich, stumpfen das feinere Empfinden der übrigen ab, demoralisieren sie also, und werden von den denkenden als etwas Unwürdiges, als ein Verrat an der Ehre ihres Geschlechts betrachtet. Die ökonomische Selbständigkeit aber bedeutet für die Mädchen die Freiheit, nach ihrem Herzen zu wählen oder, wo sie das nicht können, ledig zu bleiben; sie erlöst sie von der traurigsten Sklaverei, die es in unserer Zeit gibt und die am Ausgang des Jahrhunderts noch grausamer geworden ist, da die Urheber des neuen bürgerlichen Gesetzbuches die einzige Rettung, die Ehescheidung, in unheilvoller Verblendung gegen früher noch erschwert haben. Von diesem Gesichtspunkt ist also die Frauenfrage im höchsten Sinne eine sittliche Frage.

Aber auch die Wissenschaft und das durch sie beleuchtete Interesse der Rasse erheben Einspruch gegen die Geschäftsehe und fordern die Ehe aus Neigung. Denn was wir im Menschenleben Liebe nennen, das ist der Instinkt, der in der ganzen animalischen Welt der natürlichen Zuchtwahl dient. Wir haben schon andere Tendenzen in der modernen Gesellschaft betrachtet, die unser Geschlecht der Entartung zutreiben; die Geschäftsehen hatten wir aber noch übergangen, und diese sind eine der gefährlichsten. Nur ein Liebesbund kann leiblich und geistig vollkommene Kinder hervorbringen, die imstande sind, durch ihre Tüchtigkeit der Gesamtheit zu dienen; aus den Geschäftsehen können nur Halbmenschen hervorgehen, die sich in kümmerlichem Egoismus durchs Leben schleppen und in der zweiten oder dritten Generation zum Aussterben bestimmt sind. Und darum ist die ökonomische Befreiung der Frau, die mit den liebelosen Versorgungsehen aufräumt, ein gewaltiger Schritt zur Gesundung des ganzen Menschengeschlechts.

Zu ihrem Befreiungskampfe aber bedarf die Frau nicht nur gesteigerter körperlicher Leistungsfähigkeit, sondern in ganz hervorragendem Maße auch geistiger und sittlicher Eigenschaften, und zwar derjenigen, die in der herkömmlichen Mädchenerziehung fast gar nicht entwickelt wurden. Gerade diese nun werden durch das Radfahren ausgebildet, weswegen man seine Bedeutung für das Wachsen und Werden der modernen Frau gar nicht hoch genug veranschlagen kann. Jedoch auch ganz abgesehen von allen Emanzipationsbestrebungen werden sie zur Höherentwicklung des weiblichen Charakters beitragen und ein unschätzbares Rüstzeug sein für die Gattin als Gehilfin des Mannes, für die Mutter als Erzieherin ihrer Söhne und Töchter, für die Hausfrau an der Spitze ihres Heimwesens. Diese Eigenschaften sind in erster Linie Aufmerksamkeit, Umsicht, Kaltblütigkeit, Entschlossenheit, Mut und Willenskraft. Ohne sie ist das Radfahren auf die Dauer unmöglich, und sie werden in der täglichen Schule der Gefahr erworben. Zola spricht in seinem schon erwähnten Roman von alledem ausführlich, und er kommt zu dem Schlusse, „daß diejenigen Mädchen, welche die Steine vermeiden und auf den Straßen im rechten Augenblick ausweichen gelernt haben, auch im sozialen und im Herzensleben wissen werden, wie sie den Schwierigkeiten begegnen und mit offenem, ehrlichem, festem Sinn die richtige Entscheidung treffen. Wissen und Wollen, darin liegt die ganze Erziehung."

Es ist aber noch etwas anderes, Unschätzbares und zur Befreiung Unerläßliches, was die Frau auf dem Rade gewinnt: Vorurteilslosigkeit. Nachdem der weibliche Radsport einmal Mode geworden ist, bedarf es zwar heutzutage zu seiner Ausübung jenes Heroismus nicht mehr, mit dem die ersten Radlerinnen sich das Recht dazu erkämpften. Doch bewußt müssen auch die heutigen sich noch immer sein, daß sie gegen weitverbreitete Vorurteile in beiden Geschlechtern verstoßen und die Grenzen dessen, was bis vor kurzem als das Herkömmliche galt, überschritten haben. Das muß sie von der Willkürlichkeit und Wertlosigkeit konventioneller Satzungen überzeugen, denen die Masse der Frauenwelt sich sonst in sklavischem Gehorsam unterwarf. Und wenn sie das einmal begreifen, so muß auch ihre Persönlichkeit, ihr Unabhängigkeitsgefühl erwachen, und ihr Weg führt hinaus in die Freiheit, dahin, wo nicht mehr das Dogma gilt, sondern nur noch das eigene Urteil, die Stimme des eigenen Gewissens. Zolas Wort von der „Emanzipation der Frau durch das Fahrrad" ist daher im edelsten Sinne wahr und berechtigt.

Ein Zugeständnis an den Sittenkodex der radlosen Zeit ist aber noch immer das Damenrad, welches das Radfahren mit langen Röken erlaubt. Diese machen das Radeln, selbst wenn sie geteilt sind, auf jeden Fall unbequemer und gefährlicher, als es die einfachen Pumphosen tun, und wenn letztere allgemein benutzt würden, wäre eine besondere Konstruktion der Damenräder ganz entbehrlich. Man kann es daher keiner Radfahrerin verdenken, wenn sie nicht auf halbem Wege stehenbleibt, sondern folgerichtig genug ist, im Interesse der Sicherheit und Leichtigkeit des Sportbetriebs die lästige Vermummung abzuwerfen und sich eines Herrenrads nebst der dazu gehörigen Tracht zu bedienen. Da hier praktische Gründe entscheidend sind, würde man unrecht tun, ihr nachzusagen, sie wolle den Mann spielen. Trotzdem darf man das weibliche Zartgefühl nicht geringschätzen, das die Mehrzahl der Radlerinnen verhindert, sich in Pumphosen vor der Öffentlichkeit zu zeigen. Ohne die Einführung besonderer Damenräder würde der weibliche Radsport gewiß viel weniger ausgebreitet sein, als er es ist, und so kommt ihnen ein großes Verdienst zu. Und dann haben die faltigen Kleider ja auch den Vorteil, plumpe, unschöne Formen gnädig zu verhüllen. Selbst Zola, der ursprünglich für die Alleinherrschaft der Hose im weiblichen Radsport war, fand in England, daß sie für die hageren Engländerinnen nicht paßt, und sprach diesen den Rock zu, während er die Hose auf die kleineren, zierlicheren Französinnen beschränkte. Nebenbei wird man sich kaum verhehlen können, daß gewisse allzu herausfordernde Elemente des schönen Geschlechts die Hose, die sie mit Vorliebe zur Schau tragen, in Mißkredit bringen.

Eine Ausartung und Versündigung gegen die weibliche Natur sind die Damenrennen, die man in Paris erfunden hat. Sie sind nur auf die männliche Lüsternheit berechnet. Es dem Manne gleichtun zu wollen wäre auf diesem Gebiete noch unsinniger als auf manchem anderen. Une femme ne vaut jamais un homme, à ce jeu-là, läßt Zola seine Radlerin sagen. Zudem ist der Rennsport von unserem Standpunkt ja schon für das männliche Geschlecht eine Verirrung. Wenn die Frau mit dem Manne wetteifern will, so ahme sie seine guten Seiten nach, aber nicht seine Torheiten. Das tut sie z.B. auch, indem sie sich das Rauchen angewöhnt, um damit ihre Gleichberechtigung mit dem Manne zu beweisen. Gewiß hat sie ebenso viel Recht dazu wie der Mann; aber es war ihr Vorzug, daß sie bisher nicht davon Gebrauch machte; denn das Nikotin ist ein Gift, dessen Schädlichkeit nicht bestritten werden kann. Eine der guten, hygienischen Wirkungen des Radsports besteht gerade darin, daß er das Tabakrauchen des männlichen Geschlechts verhindert, und es ist beklagenswert, wenn diese schädliche Unsitte bei den Frauen gleichzeitig in Aufnahme kommt. Chamissos Schlemihl nennt allerdings die Nicotiana ein Surrogat für mangelndes Glück, und so mag sie wohl einsamen, vom Leben enttäuschten Menschen unentbehrlich sein. Aber wer sich ein neues Bedürfnis schafft, gibt damit auch einen Teil seiner Freiheit hin, und das ist doch gerade das Gegenteil der Emanzipation.

Untersuchen wir nun die landläufigen Vorurteile gegen das weibliche Radeln, so finden wir, daß sie hauptsächlich ethischer Natur sind, auch wenn sie ästhetisch begründet werden. Das letztere ist z.B. in Albus *Social-hygienischen Betrachtungen* der Fall. Bei der abfälligen Kritik, welche sich auf die ästhetische Seite beschränkt, braucht man sich nicht lange aufzuhalten, da das Schönheitsideal so außerordentlich subjektiv ist. Im allgemeinen steht für unsere Frauenwelt der eigene Geschmack weit zurück hinter der tyrannischen Mode, die nur zu oft den absoluten Ungeschmack zur Herrschaft bringt, und die tägliche Erfahrung lehrt, daß in der Mode auch das Häßlichste aufhört, verletzend zu wirken, sobald man sich daran gewöhnt hat. An diesem Gesetz wird wohl auch das weibliche Radeln teilhaben, wenn es wirklich unschön sein sollte. Aber seine ästhetische oder unästhetische Wirkung hängt zum großen Teil von den Umständen ab. Da die Damen auf dem hohen Rade mehr auffallen als die Fußgängerinnen, so treten natürlich auch ihre Besonderheiten mehr vor Augen, und so wird eine korpulente Radlerin vor den Geschmacksrichtern nicht leicht Gnade finden. Doch darf sich eine solche, wenn sie den Radsport aus Gesundheitsrücksichten betreibt, am allerwenigsten durch die Meinung der Krittler beirren lassen; nur muß sie sich hüten, ihre Erscheinung durch grelle Farben noch auffälliger zu machen. Eine jugendlich anmutige Gestalt dagegen wird auf dem Rade sicher von ihren Reizen nichts einbüßen, außer wenn sie durch schlechte Haltung und wild zappelnde Bewegungen ihren harmonischen Eindruck stört; und manches von der Mode schon verunstaltete junge Wesen wird erst schön, wenn es auf dem Rade zur Natur zurückkehrt, sowohl unmittelbar durch die freudige Belebung wie mittelbar durch die Steigerung ihrer Gesundheit. Es ist wahrhaftig nicht gleichgültig, ob die Schönheit in der Welt vernachlässigt wird, wie es in unserem Kulturleben leider allzuhäufig geschieht; aber das ästhetische Empfinden, das sich in den Dienst einer beschränkten Moral stellt, ist noch jederzeit mehr ein Feind als ein Förderer der reinen Schönheit gewesen. Es ist sehr bezeichnend, wenn Albu die ganz unrichtige Bemerkung macht, daß für die Männerwelt beim Radfahren die ästhetische Seite überhaupt nicht existiere. Geht man diesem Glauben auf den Grund, so ergibt sich, daß für gewisse Kritiker das Weibliche und das Ästhetische identisch sind, daß also ihre ästhetische Billigung davon abhängt, ob eine Frau der Schablone entspricht, in der für sie die Weiblichkeit begriffen ist. Solche Kritiker sagen: Das weibliche Radeln ist unschön, weil es unweiblich ist, und weil es unweiblich, ist es unpassend und schickt sich nicht. Und so entpuppt sich aus dem Schönheitsrichter der Moralist.

Was heißt denn nun eigentlich weiblich? Wurde zu allen Zeiten dasselbe darunter verstanden? Die Geschichte lehrt uns, daß dies keineswegs der Fall ist. Vielmehr hat sich, was wir heute Weiblichkeit nennen, erst allmählich entwickelt, es ist in seiner letzten Form ein Kulturprodukt und als solches wie alles Gewordene auch wandelbar und vergänglich. Um das „Ewig-Weibliche“ zu finden, müssen wir durch die Formen in das Wesen dringen.

Betrachten wir den Unterschied der Geschlechtscharaktere in der höheren Tierwelt, so sehen wir das Weibchen hinter dem Männchen sowohl an Kraft wie an Schönheit zurückstehen. Nach Darwins Ansicht hat sich die höhere Schönheit der Männchen bekanntlich durch geschlechtliche Zuchtwahl entwickelt; sie sind in der Liebe allein der werbende Teil, und das Weibchen ergibt sich dem schönsten. Auch in der Menschheit gilt theoretisch noch dasselbe Naturgesetz, daß allein der männliche Teil wirbt, und in der Enthaltung von jeder Art Buhlens um die männliche Liebe erblicken wir das Hauptmerkmal der weiblichen Züchtigkeit. Aber praktisch hat sich das ursprüngliche Verhältnis doch bis zu einem gewissen Grade umgekehrt. Es ist das Weib, das durch künstliche Steigerung seiner Reize, durch den Putz, um den Mann wirbt. Wir dürfen unter Weiblichkeit nicht nur die weiblichen Tugenden, wir müssen auch die weiblichen Fehler darunter verstehen, und zu diesen gehört ganz besonders die Eitelkeit, die aber im Tierreich und auf niedrigen Kulturstufen wie auch bei niedrigstehenden Individuen im Stadium der Hochkultur vielmehr eine männliche als eine weibliche Eigenschaft ist. Bei den Wilden prunkt noch der Mann mit den äußeren Zeichen seines Ranges und Reichtums, während das Weib sich einfacher trägt und des Schmuckes meist gänzlich entbehrt; gerade wie der Pfauhahn es ist, der sein Rad schlägt, nicht die Pfauhenne.

Vom Standpunkt älterer Völker, z.B. der Griechen, bei denen die Frau ganz zurückgezogen im Hause lebte und hauptsächlich wegen ihrer Häuslichkeit geschätzt wurde, hätte die moderne Frau, und zwar auch die nicht emanzipierte, tatsächlich schon den Hauptteil ihrer Weiblichkeit eingebüßt. Sich öffentlich in ihrem Putz zu zeigen war in Hellas nur den Hetären gestattet. Im Orient dürfen die Frauen sich nur mit verhüllten Gesichtern in der Öffentlichkeit blicken lassen, und in gewissen chinesischen Kasten bekommt der Mann die Frau überhaupt erst nach der Vermählung zu sehen. Da sind also die weiblichen Künste, durch die in Europa Männer erobert werden, ganz ausgeschlossen.

Doch auch nach der entgegengesetzten Seite hat sich eine Wandlung vollzogen. Die nordischen und germanischen Frauen der alten Geschichte genossen zwar wegen ihrer Keuschheit die höchste Verehrung der Männer; aber eben diese Frauen waren ausgezeichnet durch ihren Heldenmut, sie begleiten die Gatten in den Krieg, stellten die wankenden Schlachtreihen wieder her, ja nahmen in der Not wohl auch selbst an dem Kampfe teil. Mit dem heutigen Ideal der Weiblichkeit ist das ganz unverträglich; würden wir aber berechtigt sein, sie darum unweiblich zu nennen?

Beobachten wir ferner in unserer Gegenwart das wohlerzogene Mädchen aus guter Gesellschaft und die Tochter des Volkes, wie sie sich bei fröhlichen Veranlassungen in der Öffentlichkeit geben. Die erstere wird eine würdige, bescheidene Zurückhaltung wahren, die andere aber wird sich leicht gehenlassen und ihre Freude in geräuschvoller Lustigkeit und überlautem Gekreisch äußern. Man ist hier jedenfalls zu dem Schlusse berechtigt, daß das Gebaren der letzteren unverstellte Natur, das der ersteren dagegen nur Kunst und äußerer Firnis sei. Also nicht in den anerzogenen Formen dürfen wir das eigentlich Weibliche suchen.

Es wird uns hierauf eingeworfen werden, diejenige Weiblichkeit, die heute Ideal ist, sei eben nicht die rohe, sondern die veredelte Natur; es sei eine Tugend, die in ihrer höchsten Form erst durch die Erziehung erreicht werde; ihr Maßstab sei uns durch unsere Sittlichkeitsbegriffe gegeben.

Hier sind wir bei der populären Begriffsverwechselung zwischen Sitte und Sittlichkeit angelangt. Von dem, was allgemeiner Brauch ist, sagen wir: Es ist Sitte, wenn es auch mit der Sittlichkeit gar nichts zu tun hat, ja oft nichts weniger als sittlich ist. Die gedankenlose Menge ist aber immer geneigt, denjenigen als einen Sittenlosen, als einen Unsittlichen zu betrachten, der sich über ihre Sitten hinwegsetzt. Nichtsdestoweniger geht die Auflehnung gegen tyrannische Sitten oft genug gerade aus einem echten Sittlichkeitsgefühl hervor. So könnte auch im Frauenleben dasjenige, was ursprünglich nur Gewohnheit war, den Charakter des Sittlichen erst allmählich durch Begriffsvermischung angenommen haben, und das scheinbar moralische Vorurteil, das sich der Entwicklung zu freieren Formen widersetzt, könnte vielleicht nur philiströses Kleben am Hergebrachten sein. Es wäre nicht sittlich, sondern recht eigentlich unsittlich, wenn es die lebendige Menschheit an die abgestorbene Form retten wollte. Und so verhält es sich tatsächlich.

Nein, nicht sittliches Empfinden, sondern die Mißachtung der Frau seitens des stärkeren Mannes ist die Wurzel der Engherzigkeit, die unseren Maßstab abgegeben hat für das, was weiblich und dem Weibe erlaubt ist. Nicht von unseren germanischen Vorfahren, die der Frau Ehrfurcht zollten, nicht von den Römern, deren Gesetzgebung im Kaiserreich auf Beseitigung der Rechtsbeschränkungen der Frauen gerichtet war, sondern von den Orientalen hat die weibliche Sitte in der christlichen Zeitrechnung ihre Richtschnur empfangen. Und nicht die Frau hat sich diese Sitte gewählt, sondern durch die Männer wurde sie ihr aufgezwungen. Das Neue Testament fußt auf dem Alten, und das Volk des Alten Testaments lebte ursprünglich in Vielweiberei und brachte in seinen Schriften die orientalische Geringschätzung der Frau zum Ausdruck. Aus ihnen ging sie über in die Denkweise der Kirchenväter, ja unter dem Geiste der Askese steigerte sie sich dort bis zum Abscheu. Und so wurde sie maßgebend für die tiefe Stellung der Frau im kanonischen Recht, in der feudalen Gesetzgebung. Erst das Gesetz formte im Laufe der Jahrhunderte die öffentliche Meinung, die noch heute dem Durchbruch freierer und gerechterer Ideen im Wege steht. Das alles hat Lecky in seiner *Europäischen Sittengeschichte* eingehend behandelt.

Nun meint zwar Runge, einzig und allein im Interesse und zum Schutze des Weibes gegen die männliche Brutalität habe die Gesellschaft einen geschlechtlichen Sittenkodex geschaffen und einen Wall der guten Sitte um das Weib gezogen. Hieran ist jedenfalls das Zugeständnis richtig, daß die Verkehrsbeschränkungen nicht an und für sich zum Wesen der Weiblichkeit gehören, sondern erst absichtlich hergestellt wurden. Und es ist auch richtig, daß sie zu Sicherungsmitteln der weiblichen Tugend bestimmt sind. Unrichtig aber ist es, daß dies einzig und allein im Interesse des Weibes geschehen sei; es ist vielmehr hauptsächlich im Interesse der Männer geschehen, aus Eifersucht und weil sie die Herren waren. Die Frauen nahmen ehedem eine Stellung ein, die derjenigen der Sklavinnen ähnlich war und in der alten Sitte des Frauenkaufs noch lange fortlebte. Heutzutage zeigt sich bereits, daß es in einer Gesellschaft, in welcher die Würde der Frau im Volksbewußtsein zur Tatsache geworden ist, wie in der amerikanischen, jenes orientalisch-kanonischen Sittenkodex gar nicht mehr bedarf. Und dann haben wir doch auch den Schutz des Strafgesetzes. Die Frauen einsperren wegen der Brutalität der Männer ist jedenfalls eine Ungerechtigkeit; denn es heißt die Unschuldigen leiden lassen für die Schuldigen.

Aber wären es auch rein humane Beweggründe gewesen, die ehedem einen Schutzwall für die Frau erforderlich machten: Heutzutage ist es gerade die Humanität, welche die Niederreißung dieses Walles erheischt. Eine Umwandlung der sozialen Verhältnisse bringt auch eine Umwandlung der Sitten mit sich, und es wäre inhuman, es wäre geradezu barbarisch, die Frauen auf einer überlebten Entwicklungsstufe zurückzuhalten, während alles um sie vorwärtsschreitet. Ja, es wäre nicht einmal ausführbar, und jeder derartige Versuch hat deswegen auch etwas Lächerliches. Es hilft einmal nichts, früher oder später müssen auch die zähesten Philisterseelen ihren Vorurteilen entsagen. Und ganz und gar grundlos ist das Gerede, die Sittlichkeit müsse verfallen, wenn die natürlichen Schranken der Geschlechter niedergerissen werden; denn es ist ganz unmöglich, diese natürlichen Schranken zu beseitigen, und die weiblichen Emanzipationsbestrebungen richten sich nur gegen die unnatürlichen.

Die natürlichen Schranken des Weibes bestehen nun aber in seiner Geschlechtsindividualität, und wenn wir diese betrachten, werden wir endlich auch verstehen, was weiblich ist. Als geschlechtliches Individuum ist jedes weibliche Wesen von der Natur für die Mutterschaft bestimmt; diese ist der eigentliche Beruf des Weibes, und so zahlreich diejenigen sein mögen, die ihn nicht erfüllen dürfen, sie sind doch nur Ausnahmen. Wir können daher den Satz aufstellen: Weiblich ist in erster Linie nur das, was die Frau am besten geeignet macht, den Beruf ihres Geschlechts, also den Mutterberuf, zu erfüllen; unweiblich, was sie daran hindert.

Von diesem Standpunkt ist also unweiblich die Mode des Korsetts wie die Gewohnheit, den Kindern ohne Not die Mutterbrust zu versagen. Ferner alles übrige, was geeignet ist, die Gesundheit des Weibes, vor allem die der mütterlichen Organe, zu schädigen. Als unweiblich haben wir die bisherige höhere Töchtererziehung zu betrachten, welche die Mädchen in ihren Entwicklungsjahren mit Sitz- und Gehirnarbeit überbürdet und ihnen die notwendige Bewegung in frischer Luft verbietet. Unweiblich wäre auch jeder Beruf, bei dem sich herausstellte, daß er eine Überanstrengung gewisser Organe erforderte, unter der auch alle übrigen und besonders die eigentlich weiblichen leiden müßten. Sollte z.B. die Erfahrung das Urteil einzelner Ärzte bestätigen, daß durch angestrengte Gehirnarbeit der weibliche Organismus geschädigt und die Aussicht, gesunde Kinder zu gebären, zerstört wird, so würden die gelehrten Studien für die Frau unweiblich sein. Unweiblich ist unter diesem Gesichtspunkte auch die rastlose Arbeit an der Nähmaschine, unweiblich überhaupt die vielstündige gebückte Arbeit junger Mädchen, die um Hungerlöhne in Dachkammern und Werkstätten Putz und Tand fertigen müssen, und es ist ein entarteter Gesellschaftszustand, der sie dazu zwingt und das Weib in ihnen tötet.

Weiblich dagegen ist nach unserem Satze alles, was die Frau rüstig und gesund macht und die Erkrankungsgefahr von ihr fernhält, so daß sie gesunde, kräftige, an Leib und Seele vollkommene Kinder in die Welt zu setzen vermag. Weiblich ist daher auch jedes maßvolle Bewegungsspiel, weiblich vor allem der maßvoll betriebene Radsport, der uns gesündere Frauen, gesündere Mütter und eine veredelte Nachkommenschaft verheißt.

Doch gibt es auch sekundäre Geschlechtseigenschaften, die sich aus der eigenartigen weiblichen Organisation ergeben und uns zum Charakter harmonischer Weiblichkeit unentbehrlich scheinen. Das Weib ist schwächer und darum schutzbedürftiger als der Mann; und aus der Schwäche folgt ein sanfteres Wesen, aus den mütterlichen Instinkten größere Hingebungsfähigkeit, mit dieser vereint aber auch größere Opferfreudigkeit, die sich häufig bis zum Heroismus steigert. Alle diese Eigenschaften finden wir auch bei den Weibchen in der höheren Tierwelt ausgeprägt; sie gehören zur Natur des Weibes. Es wäre gewiß unweiblich und widerwärtig, wenn das Weib den sekundären Geschlechtscharakter des Mannes nachäffte oder sich seines eigenen entäußerte. Ein männisches Weib ist so unerfreulich wie ein weibischer Mann. Und es soll gewiß nicht geleugnet werden, daß es in der echten Weiblichkeit etwas Undefinierbares, weil ganz Ursprüngliches und nur mit sich selbst Vergleichbares gibt, jenen zarten, seelischen Duft, ohne den kein Weib tief auf den Mann zu wirken vermag.

Aber ist die Gefahr vorhanden, daß alle diese Eigenschaften durch einen harmlosen Sport wie das Radeln oder durch tätige Berufsausübung verkümmern können? Bei manchen vielleicht; doch diese waren schon vorher angekränkelt und nicht mehr normal. Die echte, gesunde Weiblichkeit jedoch, davon dürfen wir überzeugt sein, ist stärker als alle äußeren Einflüsse, die ihr entgegenwirken mögen. Naturam expelles furca, tamen usque recurret.

Es wird noch der Einwurf erhoben, wenn die Frauen einmal mit dem Radeln begönnen, so verlören sie ganz die Lust zu wirtschaftlicher Tätigkeit und würden schlechte Hausfrauen. Auch das mag ja bisweilen zutreffen; aber diese Folge ist nicht notwendig; denn das Radeln nimmt doch immer nur Stunden in Anspruch, und die Hauswirtschaft darf nicht die ganze Zeit verlangen; sonst wird die Frau zur Sklavin. Und alle haben ja auch keine Wirtschaft zu versorgen. Die Hauptsache bleibt auch diesem Einwand gegenüber, daß wir wissen, welche segensreichen Folgen körperliche Übung für die Gesundheit der Frau und somit auch für ihre Kinder und Enkel haben muß, und daß die Gesundheit den Menschen nicht nur befähigt, leichter im Kampfe des Lebens zu siegen, sondern daß sie ihn auch glücklicher macht.

Eduard von Hartmann ist bekanntlich der Ansicht, die Frauenfrage sei eine Jungfernfrage. Daran ist zweifellos viel Wahres: Ohne die wirtschaftliche Not der überzähligen Mädchen wäre das Problem niemals so sehr in den Vordergrund des öffentlichen Interesses getreten. Aber die ganze Wahrheit ist es nicht. Die Jungfernfrage stellt nur das eigentlich soziale Problem dar; aber die pädagogische und die ethische Seite der Frauenfrage würde auch vorhanden sein, wenn es keine überzähligen Mädchen gäbe, und mit der Zeit wäre auch sie an die Oberfläche gedrungen. Es ist das Individuum, das in unserer Zeit nach Anerkennung ringt, und so muß auch das weibliche Individuum das Bedürfnis empfinden, die Hindernisse seiner Entwicklung zu beseitigen, die in der alten orientalischen Schablone noch immer bestehen. Es ist der Mensch im Weibe, der seine Selbständigkeit begehrt.

Gerade darum aber steht ein großer Teil der Männerwelt den weiblichen Emanzipationsbestrebungen und selbst dem harmlosen Radsport der Damen noch mit Mißtrauen und als Gegner gegenüber. Das Weib bedürfe dieser Umsicht und Entschiedenheit gar nicht, die es durch das Radeln gewinnt, sagen sie. Es sei schon entschieden genug, wie die unbezähmbare weibliche Herrschsucht beweise, die in den meisten Ehen siegreich hervortrete. Diese Herren fürchten sich vor der befreiten Frau. Und wirklich wird ja der Wahrheitsliebende zugeben müssen, daß auch diese Sache ihre zwei Seiten hat. Die weibliche Schwachheit des Leibes findet ihren Ausgleich nicht selten in einer um so größeren Kraft des Charakters, und man wird tatsächlich manchmal zweifelhaft, ob das sogenannte schwache Geschlecht nicht eigentlich das stärkere ist. Und doch scheint es nicht glaublich, daß ein ganzer Mann jemals unter dem Pantoffel gestanden hat. Er kann wohl in geringfügigen Dingen um des Friedens willen nachgeben; aber dadurch beweist er gerade seine Überlegenheit. Ist aber wirklich die bekannte weibliche Unlogik und Unzugänglichkeit für Gründe, die sich so oft als Eigensinn und Tyrannei äußert, eine unzerstörbare Eigenschaft der weiblichen Geschlechtsindividualität? Ist sie nicht vielleicht nur eine Folge vernachlässigter geistiger Entwicklung? Die jetzige Generation wird diese Frage wohl noch nicht endgültig entscheiden können. Aber wenn es der Fall wäre, dürfte man gerade hoffen, daß die höhere Geistes- und Charakterbildung der Frau auch zum gegenseitigen Verständnis in der Ehe, zum ehelichen Frieden, zum ehelichen Glück beitragen wird.

Bei alledem ist jedoch festzuhalten, daß der Hauptwert der heutigen Frauenbewegung in ihrer pädagogischen Wirksamkeit liegt. Es handelt sich zunächst nur darum, die vernachlässigte Erziehung der Frau zu ergänzen. Solange diese sich noch in ihren Anfangsstadien befindet, können die letzten Ziele der Emanzipationsvorkämpferinnen, wie z.B. das weibliche Stimmrecht, praktisch nicht in Frage kommen. Es gibt gewiß schon eine auserwählte Frauenschar, die zu dessen Ausübung die volle Reife besitzt. Die Majorität aber ist noch sehr fern davon, und es wäre ein großes Unglück, wenn es ihr vorzeitig verliehen würde. Freilich, auch die Majorität der Männer ist noch nicht stimmreif, leider, leider. An diesem schrecklichen Widerspruch krankt das parlamentarische Regierungssystem.

Schließlich bleibt noch die Berechtigung der Vorurteile gegen die Sportkleidung zu prüfen, und da sie sich sowohl gegen die weibliche wie gegen die männliche richten, so mögen auch beide hier zusammen besprochen werden. Beim weiblichen Geschlecht handelt es sich in diesem Punkte nur darum, ob es stichhaltige Gründe gegen die Pumphosen gibt.

Eingeräumt muß zunächst werden, daß eine absolute Ausgleichung der weiblichen und der männlichen Kleidung unzweckmäßig sein würde. Wenn das Mosaische Recht verbot, daß die Geschlechter ihre Tracht untereinander vertauschten, und wenn bei gewissen Indianervölkern ein Mann, der Frauenkleider, und eine Frau, die Mannskleider anlegte, aufgehängt wurden, so verfolgten diese Vorschriften ohne Zweifel berechtigte praktische Zwecke. Das weibliche Kleid ist ein Schutzmittel der weiblichen Keuschheit und dadurch ein Schutzmittel für den Bestand der monogamischen Familie. „Die Verschiedenheit der männlichen und weiblichen Tracht gehört zu den fundamentalsten und unerläßlichsten Einrichtungen der sittlichen Ordnung der Gesellschaft", sagt Jhering.

Etwas, das den Zweck hat, die Unsittlichkeit zu verhüten, ist aber darum nicht selbst sittlich. Im Gegenteil, das Gebot der verschiedenen Tracht setzt die Unsittlichkeit voraus, es beruht auf dem Mißtrauen, daß das weibliche Geschlecht nicht sittlich genug ist, um seine Keuschheit ohne eine äußerliche Schranke zu bewahren. Der Kleiderunterschied ist also ein Bekenntnis der Schwachheit und würde in einer sittlich starken Gesellschaft entbehrlich sein. Er hat also für sich nur die Gründe einer bedingten Zweckmäßigkeit. Da diese Gründe aber schwer ins Gewicht fallen, so können wir für unsere Frauen auch nur eine beschränkte Kleiderreform befürworten, welche die äußerlichen Unterscheidungsmerkmale der Geschlechter nicht aufhebt. In diesen Grenzen aber gilt es, das Prinzip der Zweckmäßigkeit auch für eine Abweichung von dem ererbten Brauch zur Anerkennung zu bringen. Wenn die moderne Frau die bisherige weibliche Tracht als Hindernis ihrer Bewegungsfreiheit im gewerblichen Leben und auf dem

Zweirad erkennt, so soll ihr das Zugeständnis nicht vorenthalten werden, daß sittliche Bedenken einer angemessenen Reform nicht im Wege stehen.

In der „Kleiderphilosophie", die das Leitmotiv des *Sartor Resartus* bildet, sagt Carlyle: „Der Mensch ist von Natur ein nackendes Tier, und nur unter gewissen Umständen, mit Vorsatz und Absicht, maskiert er sich in Kleidern." Wir können also auch sagen: Die langen Röcke sind die Maske, die das Weib in der Kulturwelt angenommen hat; sie lassen aber die wahre Natur des Weibes unverändert und sind auch nicht durch sie bedingt; sie bilden nur ein äußerlich umgehängtes Unterscheidungsmerkmal. – Aber, wirft man uns ein, diese Tracht ist durch Gesetz und Sitte geheiligt. – Wirklich geheiligt? Hören wir wiederum Carlyle: „Der Mensch ist und war allezeit ein Dummkopf, weit besser geschickt, zu fühlen und zu verdauen, als zu denken und zu betrachten. Vorurteil, das er zu hassen vorgibt, ist sein absoluter Gesetzgeber; Brauch und Gewohnheit führt ihn überall an der Nase." Wer etwas für geheiligt hält nur darum, weil es zur herrschenden Mode geworden ist, läuft Gefahr, seine innere Wahrhaftigkeit an äußerlichen Formenkram zu verlieren; er büßt das sittliche Unterscheidungsvermögen ein. Nochmals möge Carlyle reden: „Unsere Kleiderhülle, die bis in unser innerstes Herz reicht, verschneidert und demoralisiert uns." Sich vom äußeren Schein bestechen zu lassen und ihn für das Wesen zu nehmen, das ist das Merkmal unserer ganzen Kultur. Namen, Kleider, Symbole – es bleiben alles leere Formen, wo die reife, freie Menschlichkeit fehlt, der sie nichts sind als Kindertand. Die Wahrheit, der Mut zur Wahrheit ist das eine, was uns fehlt.

An und für sich gibt es also absolut keine sittlichen Gründe, die den Frauen die Pumphosen verbieten; die langen Röcke sind nur eine Konvention. „Es ist nichts weder gut noch böse; das Denken macht es erst dazu", sagt Hamlet; das gilt selbst von den wirklich und eigentlich sittlichen Begriffen, die eben auch nur der Ausdruck für die menschlichen Wechselbeziehungen in einem bestimmten Kulturstadium sind. Von den äußerlichen Anhängseln aber, die wir Kleider nennen, gilt es erst recht; denn es wird kein fremdes Recht geschädigt durch das, was einer sich anzieht, vorausgesetzt, daß er das Schamgefühl nicht verletzt. Wenn etwas jenseits von Gut und Böse steht, so sind sie es. Ja, es kann sogar hoch sittliche Gründe *für* das Tragen einer unkonventionellen Tracht seitens des weiblichen Geschlechts geben, sei es nur persönlicher Unabhängigkeitssinn, sei es zielvoller Kampf gegen die unberechtigte Alleinherrschaft einer hohlen Formel, die sich fälschlich als Moral ausgibt.

Indessen, gerade weil die Kleider etwas so ganz Äußerliches, Unwesentliches, zum Menschen selbst nicht Gehöriges sind, verdienen sie auch nicht, daß man ihretwegen ein Martyrium auf sich nimmt. Gibt es also keine sittlichen, so gibt es doch Gründe der Klugheit gegen die der männlichen nachgeahmte Tracht in Gegenden, wo das weibliche Geschlecht nicht einmütig darin ist, sich das Recht dazu zu erobern. Wenn man die Welt bessern und bekehren will, so finden sich wohl wichtigere Dinge, um damit den Anfang zu machen. Und speziell dem schamhaften, leicht verletzlichen jungen Mädchen darf man es nicht zumuten, sich den unzarten Stichelreden der rohen Männerwelt, dem moralischen Ingrimm tugendstrenger Matronen oder gar dem lauten Hohn des Mob auszusetzen. Und dann, wie gesagt, hat die Männertracht den Nachteil, unschöne Formen, die sonst durch die weibliche Tracht verhüllt waren, hervorzuheben und, gerade weil ihre Enthüllung ungewohnt ist, um so auffälliger zu machen. So viel ästhetisches Empfinden, um dies zu vermeiden, sollte eine Frau allerdings besitzen; das gehört denn doch zu ihren weiblichen Pflichten. Eines schickt sich nicht für alle. Aber bei wohlgebauten Gestalten stehen die unverkünstelten ästhetischen Begriffe der männlichen oder halbmännlichen Tracht nicht im Wege; da ist ihre Annahme nur eine Sache des Mutes. Es wäre zu wünschen, daß recht viele ehrbare Frauen ihn besäßen; sie würden durch ihre Vorurteilslosigkeit und Charakterfestigkeit der Befreiung ihres Geschlechts von den Sklavenketten der Konvention einen unschätzbaren Dienst erweisen, und kein hochdenkender Mann würde ihnen seinen aufrichtigsten Respekt vorenthalten. Nur darf man die Radlerin, die solchen Mut nicht besitzt, darum nicht tadeln. Es wäre sehr falsch, in das weibliche Taktgefühl mit plumpen Händen einzugreifen.

Wie für das weibliche Geschlecht hat der Radsport auch für das männliche eine besondere, seinem Wesen angemessene Kleidung geschaffen. Wenn ein so erbitterter Feind des Fahrrads wie Ortloff behauptet, es sei eine „auffallende Erscheinung des Strebens nach Besonderheit bei vielen Radfahrern, durch eine besondere Tracht sich öffentlich bemerklich machen zu wollen“, so beweist er damit lediglich, daß er von der Natur des Fahrrads nicht das Geringste versteht. Ganz im Gegensatz zu den meisten anderen Trachten hat nicht die Laune der Mode, sondern das praktische Bedürfnis das Radlerkostüm ins Leben gerufen. Die Damen, die es nicht annehmen, müssen eben darum ihre Maschinen durch Kettenkasten unnötig beschweren. Das Radfahren erfordert eine leichte Kleidung, weil es eine lebhafte, schweißtreibende Muskelarbeit ist; und es erfordert besonders für die unteren Extremitäten, die dabei hauptsächlich in Wirksamkeit treten, möglichste Bewegungsfreiheit, also elastische, nur bis an die Knöchel reichende Schuhe und eine faltenlose, anliegende Bekleidung der Unterschenkel. Letzterem Erfordernis entspricht die Kniehose, welche die Wadenstrümpfe unbedeckt läßt. Harte, über die Knöchel hinaufgehende Stiefel sind zum Radfahren durchaus ungeeignet, weil sie das Fußgelenk einengen und dadurch das Pedaltreten erschweren. Ebenso ungeeignet sind lange Beinkleider, weil sie die Beweglichkeit zu sehr beeinträchtigen und zuviel Hitze fangen, besonders aber, weil sie sich leicht in das Kurbelrad oder die Kette verwickeln. Die Hosenspangen, die man im Notfall gebraucht, um letzterem Übelstand abzuhelfen, erfüllen ihren Zweck nur sehr unvollkommen und verhindern selbst auf kurzen Fahrten keineswegs die Beschmutzung der Beinkleider mit Ölflecken.

Ist nun das Sportkostüm unentbehrlich, wenn man sich das Radfahren nicht zur Last machen und den Gebrauch des Rades ungebührlich beschränken will, so folgt daraus, daß es auch an allen Orten seine Berechtigung hat, die das Ziel einer Radfahrt bilden. Ja, es folgt daraus sogar, daß jedermann, der im Laufe des Tages wiederholt zu Radfahrten genötigt ist, durchaus vernunftgemäß handelt, wenn er den Sportanzug von früh bis spät nicht ablegt, sondern alle seine bürgerlichen Geschäfte in ihm verrichtet. Mehrfaches Umkleiden, das immer zeitraubend ist, kann einem tätigen Manne in Billigkeit nicht zugemutet werden.

Wenn aber der Sportanzug, vom Radfahren abgesehen, auch sonst im täglichen Leben in Aufnahme käme, so wäre diese Reform der

Männertracht mit Freuden zu begrüßen. Er ist, ausgenommen im Winter, praktischer, er ist billiger, und er ist auch schöner als die bisherige Kleidung, also in jeder Hinsicht eine Verbesserung. Das ästhetische Moment ist dabei gar nicht gering anzuschlagen; denn zu lange haben wir Form und Farbe entbehrt und den Geschmack verkümmern lassen, dessen Vernachlässigung sich mit harmonischer Kultur nicht verträgt.

Seltsamerweise jedoch kämpfen die Hüter der guten Sitte auch gegen diese vernunftgemäße Reform, und die lange Hose wird von ihnen als ein geheiligtes Symbol der gesetzlichen Ordnung in die Höhe gehalten. Sehen wir daher zunächst, welcher Anspruch auf unsere Verehrung diesem unaussprechlichen Kleidungsstück gebührt. Wir verdanken es den Gigerln der Französischen Revolution, den incroyables, die danach auch Sansculotten genannt wurden. Die culotte, d.h. die Kniehose, galt um jene Zeit in vornehmen Kreisen noch allein für anständig, die lange Hose also bei ihrem Aufkommen als unanständig. Sie ist seitdem nicht wieder verschwunden; aber sie hat durchaus nicht immer die Alleinherrschaft behauptet, und in ihrer Form und Länge hat sie sich wie ein Blasebalg beständig ausdehnen und zusammenziehen müssen. Um 1820 schloß sie trikotartig an, reichte kaum bis an die Knöchel und ließ über dem ausgeschnittenen Schuh den hellfarbigen Strumpf sehen, in den sechziger Jahren bauschte sie sich sackartig zu scheußlicher Ungestalt auf, gegen Ende der Siebziger war die untere Hälfte trichterförmig erweitert, so daß nur die Fußspitze sichtbar blieb, dann wurde sie umgekehrt an den Knöcheln eng anliegend und erweiterte sich nach oben; kurz, in ewigem Wechsel gehorcht sie dem launischen Genius der Schneiderseele.

Diese von den lächerlichsten Modenarren einer verrückten Zeit erfundene, aus Frankreich importierte, sich immerfort aufblähende und wieder zusammenschrumpfende Hose, die morgen schon nicht mehr ist, was sie gestern war, wird von der Justiz als die allgemeine bürgerliche Kleidung angesehen und für Anwälte und Zeugen in Gerichtsverhandlungen als allein statthaft erklärt; das Erscheinen im Sportanzuge dagegen wird, als der Würde des Gerichts nicht entsprechend, bestraft, und zwar selbst dann, wenn die Betreffenden aus weiterer Entfernung auf dem Rade zu der Gerichtsverhandlung gekommen sind.

In der Begründung einer solchen Verurteilung wurde gesagt, eine derartige Kleidung sei, wie der tägliche Augenschein lehre, durch das Radfahren nicht bedingt. Dies Argument beruht auf einem falschen Schluß und zeugt von mangelndem Sachverständnis. In beschränktem Maße und mit höchst lästig fühlbarer Behinderung vermag man allerdings auch im täglichen Anzug zu radeln, so gut wie man in diesem das Schwimmen fertigbringt. Aber in beiden Fällen wird die Bewegung durch den Anzug erschwert, kann sich niemals zur vollen Freiheit entwickeln und deswegen auch nicht ihren vollen Zweck erreichen. Diejenigen, die man täglich in der sogenannten bürgerlichen Kleidung radfahren sieht, das sind eben lauter Abhängige, die durch das allgemeine Vorurteil verhindert werden, im Radfahreranzuge an ihrem Ziel zu erscheinen; wenn man ihnen aber die freie Wahl ließe, so würden neunundneunzig Prozent von ihnen den Sportanzug vorziehen. Das stumme Beispiel dieser Leute also, die nur der Not gehorchen, nicht dem eigenen Trieb, beweist für die Urteilsbegründung gar nichts; wenn man sie aber hätte reden lassen, so würden sie in der Mehrzahl dagegen gezeugt haben. Tatsächlich ist der Sportanzug für viele, z.B. für mich selbst, so unentbehrlich, daß wir lieber zu Fuß gehen als ohne ihn radeln werden, und so stellt das Verbot, in ihm vor Gericht zu erscheinen, für solche Personen ein Verbot des Radfahrens überhaupt dar, ist also eine harte Verkehrsbeschränkung.

Nun aber die andere Frage: Inwiefern wird die Würde des Gerichts durch das Erscheinen in Kniehose und Wadenstrümpfen verletzt, während das Auftreten mit der langen, in seltsamem Rhythmus sich ewig ausweitenden und verengenden Hose der französischen Revolutionsgigerl des Gerichtshofes würdig ist? Welche innere Berechtigung kommt dem richterlichen Standpunkt in dieser Angelegenheit zu?

Zweifellos haben die Richter in bester Meinung geurteilt, und sie vertreten das Schicklichkeitsgefühl ihrer Klasse, ja sie vertreten ein System. Es wäre ungerecht, sie für die Konsequenzen dieses Systems persönlich verantwortlich zu machen. Es handelt sich hier auch gar nicht um die einzelnen Fälle, die in ganz verschiedenen Teilen des Reiches gespielt haben, sondern um das Prinzip; es handelt sich um ein allgemeines Menschenrecht.

An und für sich kann unmöglich eine Ungebühr darin liegen, wenn ein Kleid, das Tausende und Abertausende makelloser Personen täglich in der großen Öffentlichkeit tragen, nun auch im Gerichtssaal beibehalten wird. In England und Amerika hat man Aufbewahrungsstätten für Fahrräder mit den Kirchen verbunden und nimmt keinen Anstoß daran, sondern freut sich, wenn die Radfahrer im Sportanzug zum Gottesdienst erscheinen. Ist eine Gerichtsverhandlung etwa heiliger als der religiöse Kultus? Die Ungebühr liegt offenbar nicht in der Sache, sondern in der Auffassung; sie liegt in dem Vorurteil des Betrachtenden; dieser macht etwas ganz Indifferentes durch seine Auslegung erst zur Ungebühr. Hätte ein Richter von freier, toleranter Denkart den Sportanzug einfach ignoriert, so wäre das erste Befremden der etwa anwesenden Unfreien schnell vorübergegangen, über dem Ernst der Verhandlung hätte man das Ungewöhnliche, das ja gar kein Ungewöhnliches mehr ist, vergessen, und der erste Schritt wäre getan vom Buchstaben zum Geist, vom Götzendienst der leeren Form zu dem höheren Standpunkt, für den das Äußerliche so unwesentlich ist, daß er es nicht der Rede wert hält.

Wie subjektiv die Juristen urteilen, bewies unlängst ein Richter, indem er etliche junge Leute in eine hohe Ordnungsstrafe nahm, weil sie mit Frack, weißer Binde und Lackstiefeln zu der Verhandlung erschienen waren. Ein anderer hätte vielleicht mit größerem Recht aus dem Verhalten dieser Harmlosen gefolgert, daß sie der „Würde des Gerichts" eine besondere Ehre zu erweisen meinten; er aber sagte zur Begründung seines Urteils, das Gericht sei kein Puppentheater.

Wo eine bestimmte Amtstracht gesetzlich vorgeschrieben ist, wird der Beamte sie natürlich tragen müssen, wenn er nicht abgesetzt werden will. Aber selbst sie hat den hohen Wert nicht, den ihre Verteidiger ihr beilegen. Jhering meint: „Sie soll ihren Träger und die Welt an das erinnern, was der Mann vorstellt, bedeutet. Mit der Privattracht soll er auch den Privatmenschen ablegen. Auf der Tracht des Richters und Geistlichen beruht ein gutes Teil ihrer Wirksamkeit." Das ist nur ein Vorurteil, welches die Erfahrung in Bezug auf die Geistlichen längst widerlegt hat. In der ungeheuren Menge der nonkonformistischen Sekten in England und Amerika gibt es keine geistliche Amtstracht, ja in den Vereinigten Staaten kommen die Prediger häufig in

Stulpstiefeln zur Kirche geritten und halten darin den Gottesdienst ab, und sie erbauen ihre Zuhörer darum nicht weniger als deutsche Pastoren im Talar. Viel schwerer wiegen sogar in der evangelischen Kirche die Bedenken gegen die geistliche Amtstracht; denn sie ist unprotestantisch, weil sie dem allgemeinen Priestertum wiederspricht; sie ist ein Überrest aus dem Katholizismus. Was aber die Amtstracht des Richters betrifft, so wird der arme Tropf, den ein Rechtsspruch zum Zuchthaus oder zum Tode verdonnert, die Übermacht der Gesellschaft nicht einen Deut härter empfinden, wenn das ganze Richterkollegium, wie in England, lächerliche Perücken trägt.

Aus Jherings Verteidigung der Amtstracht könnte man das verhüllte Geständnis herauslesen, es sei eben die Absicht, das Gewicht der menschlichen Persönlichkeit des Beamten durch einen künstlichen Zusatz zu vermehren, damit er der Menge um so stärker imponierte, die durch Äußerlichkeiten so leicht geblendet wird. Für die ethische Denkweise liegt aber gerade darin die Verurteilung. Wir wollen kein Blendwerk in unserem öffentlichen Leben, wir wollen Wahrheit. Wenn Richter oder Geistliche des Kleides bedürfen, um Eindruck auf das Volk zu machen, so gehören sie nicht an ihren Platz.

Jhering fügt noch hinzu, es stecke mehr in der Tracht, „als eine heutzutage viel verbreitete Ansicht, die in ihr nur etwas rein Äußerliches, innerlich völlig Gleichgültiges und Bedeutungsloses erblickt, annimmt.“ Es sei dies „die Ansicht der seichten flachen Aufklärung, welche sich den Schein gibt, als erfasse sie das Wesen der Sache, das einmal mit bloßen Äußerlichkeiten nichts gemein habe.“ Das wahre Wesen der Sache beruht nach ihm „auf der innigen Verbindung von Form und Inhalt.“ Er zeigt aber damit nur, daß er den Geist gar nicht begriffen hat, aus welchem die Opposition gegen die Schein- und Schattenverehrung der modernen Gesellschaft hervorgeht.

Tatsächlich ist unser Kleiderzeremoniell nicht das Erzeugnis einer reifen Kultur, sondern ein Überbleibsel aus der Kindheitsperiode des Menschengeschlechts, ein Atavismus. Lubbock gibt dafür zahlreiche Belege. Wundt sagt: „Der Wilde ist ein Sklave der Sitte. Die peinlichsten Regeln begleiten ihn bei allen Lebensverrichtungen. Die Art, sich zu schmücken, zu kleiden, zu essen und eine Menge abergläubischer Gebräuche regelt die Sitte ebenso streng und nicht selten strenger als die Verhältnisse des Besitzes und die Verfolgung, die der Familie eines Ermordeten gegen den Mörder zusteht." Jherings Verteidigung der Tracht und die damit verwandten Richtersprüche sind denn auch ein Versuch, etwas, das sich entwickelt hat und in beständiger Fortentwicklung begriffen ist, für alle Ewigkeit an der Weiterentwicklung zu hindern. In China, dem Lande der Stagnation, unterliegt die Überschreitung der bestehenden Kleidersatzungen von alters her dem Strafrecht, und da finden wir es natürlich; es sollte uns aber auch zur Warnung dienen. Für uns, die wir leben und wachsen, kann eine Sitte nur so lange als berechtigt gelten, als sie zweckmäßig ist; aber sie nimmt sofort den Charakter der Unvernunft an, sobald sie sich gegen Zweckmäßigkeitsrücksichten verschließt.

Doch wenn auch für den Beamten ein gewisses Zeremoniell verbindlich sein mag, so fehlt doch die innere Berechtigung für die Ausdehnung dieser Pflicht auf unabhängige Bürger. Dem Radfahrer, der auf seiner Maschine zur Verhandlung kommt, das seiner Bewegungsart angemessene, einzig zweckmäßige Radfahrkostüm vor Gericht verbieten heißt in einer Weise in das Recht der Persönlichkeit eingreifen, die höchst unliebsam an die Zeiten des patriarchalischen Regiments erinnert. Friedrich der Große proklamierte in den höchsten Dingen die Gewissensfreiheit, als er das unvergeßliche Wort aussprach, in seinem Lande dürfe ein jeder nach seiner Façon selig werden, und es ist nur allzubezeichnend für den Geist des herrschenden Systems, daß man 114 Jahre nach seinem Tode noch nicht einmal seine eigene Kleiderfaçon wählen darf. Die Individuen sind verpönt, die unabhängige Gesinnung ist verpönt, man will Leib und Seele in die Uniform schnüren. Es ist das System allgemeiner Bevormundung, des übermächtigen Bureaukratismus, was in solcher Maßregelung und Unterdrückung harmloser Äußerungen der Eigenart zum Ausdruck gelangt.

Aber auch die innere Unfreiheit der Gesellschaft macht sich schmerzlich fühlbar, wo man über die Form nicht hinwegkommt, weil man sie mit der Sache verwechselt, wo man an dem Gehäuse haftenbleibt, nachdem der Geist aus ihm schon längst entflohen ist, wo man abgestorbene Satzungen zur Kette werden läßt, die den Geist in der Entwicklung hemmt. Es ist zu allen Zeiten die große Gefahr der

Menschheit gewesen, daß sie sich von überlebten Formen nicht zu befreien vermochte; denn notwendig mußte sie entarten und sich verkleinern, sobald sie mit Symbolen, die keinen Inhalt mehr hatten, Götzendienst trieb. Sie betrog sich selbst damit, und die Wahrheit ging aus ihrem Leben verloren, und mit der Wahrheit auch die Wahrhaftigkeit, der Mut zur Wahrheit. Deswegen ist es eine sittliche Aufgabe, mit dem sklavischen Respekt vor der starren Satzung, der hohlen Konvention, mit allem Schein und Formelkram zu brechen, die nur der Befreiung des Geistes, dem Aufschwung der Seele, dem ernsten Wahrheitssinn und der echten Sittlichkeit im Wege stehen. Und deswegen hat auch die Kleiderfrage beider Geschlechter ihre ethische Bedeutung. Nicht, als ob wir nun unsrerseits im Kleide etwas Wesentliches und Wichtiges erblicken wollten; wir protestieren vielmehr gegen die Gesinnung, die es tut, indem sie ihm eine Bedeutung beimißt, welche es nicht besitzt, und dadurch die ethischen Wertbegriffe verwirrt. Wo höheres Menschenwesen zum Durchbruch ringt, gilt überall der Grund- und Fundamentalsatz des reinen Christentums, das nun auch längst aus den erstarrten Formeln der Staatsreligion entwichen ist: „Das Reich Gottes kommt nicht mit äußerlichen Gebärden."

SANS MOTEUR
SANS AILES
ET...
AUSSI VITE
AVEC LA BICYCLETTE
'PRESTO

8

Das Rad als Bildungsmittel und Kulturbringer

Das Fahrrad erzieht sowohl den einzelnen wie die Gesamtheit; es ist nicht nur in gesundheitlicher und wirtschaftlicher Hinsicht, es ist auch in seinem Einfluß auf Geist und Charakter und in seinen Wirkungen auf die allgemeine Kultur ein Mehrer des Volkswohlstandes. Von der Art, wie es in die sittliche Bildung eingreift, haben wir uns bereits an verschiedenen Stellen überzeugt; wir müssen nun das Zerstreute zusammenfassen.

Die unmittelbarste Folge des Radsports, die Kräftigung der körperlichen Gesundheit, bedeutet vermehrte Energie im Kampf ums Dasein und größere Widerstandskraft gegen die Prüfungen des Lebens und die Schläge des Schicksals; sie ist also ein Gewinn der ganzen sittlichen Persönlichkeit, wenn der Wille sich auf ethische Ziele richtet. Daß sie sich auch in brutaler Rücksichtslosigkeit äußern kann, wo es an den sittlichen Grundlagen des Charakters gebricht, fällt weder dem Fahrrad noch der gesunden Kraft zur Last; aber es warnt vor einseitigem Kultus des Leibes, der nur das Tier im Menschen stark macht. Erziehung heißt harmonische Entwicklung an Leib und Seele.

Doch die Ausübung des Radsports hat bereits ihre sittlichen Vorbedingungen. Wo gewisse Anlagen gar nicht vorhanden sind, wo der moralische Sinn krankhaft zerrüttet und die Fähigkeit der Konzentration des Willens unheilbar gebrochen ist, wird er sehr bald zu Katastrophen führen und endgültig aufgegeben werden müssen. Aber er hat die Eigenschaft, schlummernde Anlagen zu wecken und schwach entwickelte zu stärken, weil sie zu seinem Betrieb unentbehrlich sind. Er zwingt durch die Not zu dieser Ausbildung, er ist ein strenger, unerbittlicher und eben dadurch ein ungemein erfolgreicher Erzieher. Er leistet in kurzer Zeit für viele im Leben außerordentlich wichtige Tugenden, was oft den vortrefflichsten Pädagogen nicht gelingt.

Die erste und allernötigste dieser Tugenden ist die Aufmerksamkeit, die auf Zucht des Willens beruht. Der Wille wiederum wird durch ihre beständige Anwendung gekräftigt; durch den unausgesetzten Zwang, der alle Empfindungen niederhält, die seine Energie zersplittern könnten, gewinnt er fortgesetzt an Disziplin, an Selbstbeherrschung, die Fähigkeit zu festem, geradem, zielbewußtem Handeln wächst; und so erzieht der Sport nicht nur einen sicheren Radfahrer, sondern auch eine charaktervolle Persönlichkeit.

Mit der wachsenden Willenskraft steigert sich das Selbstvertrauen, das in vielen Lebensverhältnissen schon die Hälfte des Erfolges ist. Und aus dem Selbstvertrauen geht wieder der Mut hervor, physischer Mut, der auch den sittlichen stärkt und deswegen in einer Gesellschaftsordnung, welche die Gesinnung so oft auf die Probe stellt, von unschätzbarem Werte ist.

Beim Radfahren, das mit allerlei Gefahren verbunden ist, bedarf es des Mutes oft genug. Und die Gefahr übt auch noch andere dem Mut verwandte Eigenschaften, die Entschlossenheit und Geistesgegenwart, die Kaltblütigkeit, die stete, allem Zaudern abholde Tatbereitschaft, die Gabe schneller und sicherer Ausnutzung des Augenblicks. Wo etwa die gesunde Naturfarbe der Entschließung schon von des Gedankens Blässe angekränkelt war, da wird sie wieder aufgefrischt. Welche herrliche Schule der Mannhaftigkeit ist darin gegeben! Und es entwickelt sich dabei, besonders in der Jugend, auch die Freude an der Gefahr, die zwar mitunter zu tollkühner Wagehalsigkeit führt, im ganzen aber, wo sie in unserer verweichlichten Zeit gedeiht, als ein hoffnungsvolles Merkmal der inneren Rassenverjüngung froh begrüßt werden muß.

Auch zur Ordnungsliebe und Sauberkeit erzieht der Radsport; denn ohne sie würde das Rad bald verwahrlosen und seinen Dienst versagen. Und daß viele Radler und Radlerinnen selbst in den bevorzugten Klassen es sich nicht nehmen lassen, ihre Maschinen persönlich zu säubern, zu ölen und mit Luft zu versorgen, ist vielleicht ein gutes Mittel, sie mit Respekt vor der körperlichen Arbeit überhaupt zu erfüllen.

Eine andere günstige Wirkung ist die Gewöhnung an Mäßigkeit im Biergenuß und Tabakverbrauch und sonstigen der Gesundheit nachteiligen Gepflogenheiten. Besonders der übermäßige Alkoholkonsum ist für unser Volk eine schwere Schädigung in leiblicher und sittlicher Beziehung; der Körper wird dadurch geschwächt, der Geist wird dumpf und stumpf und unempfänglich für große Gedanken, das Gefühl der moralischen Verantwortlichkeit sinkt auf ein niedriges Niveau, auf das Niveau der breiten, zähen Philistermasse, die dem Fortschritt von Recht und Wahrheit als das schwerste aller Hindernisse im Wege liegt. Man muß nur beklagen, daß das Rad in den langen Wintermonaten ruht und die Radfahrervereine während dieser Zeit ihre Mitglieder am Stammtisch zusammenhalten.

Ein sicherer Gewinn besteht darin, daß der Radsport die Jugend verhindert, in ihren Mußestunden auf Abwegen zu gehen, da er ihre Kraft in dieser Zeit ganz absorbiert. Er hat den zweifellosen Nutzen aller gymnastischen Übungen, den Körper in gesunder, kräftiger Tätigkeit zu erhalten und ihn sowohl während seiner Dauer durch diese Zeitanwendung wie hernach durch Ermüdung vor Verführungen zu schützen. Er lenkt die überschüssigen Kräfte und Triebe, die gerade für junge Leute eine so große Gefahr sind, in gesunde Bahnen, und das allein schon sollte für den Staat genügen, ihn zu fördern und zu erleichtern, statt ihm allerlei Hindernisse in den Weg zu bauen.

Von größter Bedeutung ist ferner die Vorurteilslosigkeit, die man durch das Radfahren gewinnt, ganz abgesehen von der schon hinreichend beleuchteten Schicklichkeitsfrage in Kleidung und Sitte für beide Geschlechter. Es ist gar kein Zweifel, daß man auf dem Rade die Welt wenn nicht von einem höheren, so doch von einem neuen Standpunkte anschauen lernt. Allerlei Staub und Spinnweb fällt von uns ab, sobald wir uns dem Sport ergeben, wir sehen die Proportionen und Beziehungen vieler Dinge in klarerem Licht, brechen mit früheren Irrtümern und treten heraus aus der alten Enge unseres Horizonts. Das ist die notwendige Folge des Kampfes, den durch das Fahrrad eine neue, aufsteigende Zeit gegen die alte, sinkende führt, die nicht sterben will und sich verzweifelt gegen ihren Untergang wehrt. In diesen Kampf des Fahrrads um sein neues Recht, das die starrköpfigen Verteidiger überlebter Privilegien ihm streitig machen, wird jeder Radfahrer hineingezogen, und für den denkenden gewinnt er geradezu symbolische Bedeutung. Wer auch nur einen Hauch des neuen Geistes in sich verspürt, dessen Erziehung zum modernen Menschen muß das Fahrrad vollenden. Alle die in ihrer Härte oftmals schwer erträglichen, überflüssigen und darum unberechtigten Beschränkungen seiner Bewegungsfreiheit, welche die Polizei, großenteils infolge des Geschreis unduldsamer, egoistischer, einsichtsloser Spießbürger, vor ihm aufgetürmt hat, verletzen sein Rechtsgefühl. Dadurch aber schärft sein Blick sich notwendig auch für viele andere wunde Punkte in unserem öffentlichen Leben. Und so wird er, wenn er nicht eine ganz verschlafene Seele ist, von Tag zu Tage mehr in die entschlossene Kampfstimmung hineingedrängt, die in jedem für Gerechtigkeit schlagenden Herzen das Ergebnis ungerechter Bedrückung ist. Auf solche Weise wird der Radfahrer durch die Polizei und das reaktionäre Philistertum zur Freiheit erzogen. Er sammelt einen Fonds edler Indignation, den er, wenn die Zeit kommt, im Kampf für die höchsten ethischen Interessen bewähren wird.

Das Solidaritätsgefühl, das die ganze große Gemeinde der Radfahrer durchdringt, hat zum Teil in der Unterdrückung, von der sie alle zu leiden haben, seinen Ursprung; der gemeinsame Unwille macht sie zu natürlichen Verbündeten. Doch nicht minder stark ist das Band, mit dem die gemeinsame Freude sie umschlingt. Es mag ja kalte, vertrocknete Naturen geben, die nichts von alledem empfinden; allein sie sind Ausnahmen. Daß Radfahrer sich gegenseitig beispringen, wo einen ein Unfall an Rad oder Gliedern betrifft, soll nicht als etwas Besonderes hervorgehoben werden, denn es ist allgemeine Menschenpflicht, ob man nun radele oder ein anderes Beförderungsmittel benutze. Bedeutsamer erscheint es, daß der Radsport häufiger als das sonstige Leben die Ausübung solcher Liebeswerke erfordert und dadurch geeignet ist, die altruistische Gesinnung unter seinen Jüngern zu kräftigen. So trägt er dazu bei, die Menschen sittlich zu veredeln. Und da das Radfahren, als ein echt demokratischer Sport, von allen Gesellschaftklassen betrieben wird, so werden in seiner Ausübung auch Angehörige aller Stände durch ein stilles Gefühl der Kameradschaft und oft auch durch tatsächliches Zusammenwirken verbunden. Das ist von höchstem ethischen Wert. Bei der großen Verbreitung des Radsports hat allerdings die frühere Sitte weichen müssen, daß die Begegnenden sich ein „All Heil!“ zurufen; man wird diesen Gruß kaum je aus Radlermunde und fast nur noch von Kindern in den Dörfern, die man durchfährt, vernehmen. Das mag ja zum Teil durch die scharfe Aspirata in seiner Mitte verschuldet sein, die im Fluge etwas mühsam herauskommt. Doch gewiß müssen sich mit der wachsenden Zahl die Individuen fremder werden, und wenn einmal alle radeln, so werden vielleicht auch alle so kalt und gleichgültig aneinander vorüberhasten, wie sich jetzt die Fußgänger in den großen Städten begegnen. Das wäre bedauerlich; denn naturgemäß sollte überall, wo in der Menschheit das Solidaritätsgefühl erwacht, das Gegenteil stattfinden. In einer wirklich human gestimmten Gesellschaft müßte jeder einen freundlichen Gruß für den anderen haben, wenn auch nur von Auge zu Auge. Indessen, dieser Gruß der Augen wenigstens ist bis jetzt unter den Radfahrern noch nicht verlorengegangen, und auch die Anknüpfung persönlicher Beziehungen ist immer noch leichter unter ihnen als unter anderen Menschen. Möchte doch jeder Radler sich's angelegen sein lassen, den idealen Zusammenhang in der großen Sportgemeinde zu erhalten und zu pflegen! Wir könnten leichter zum sozialen Frieden gelangen, wenn wir wieder Menschen würden, und dazu sollte das Rad uns verhelfen.

Freilich verfallen manche Sportenthusiasten in wunderliche Übertreibungen. Von dieser Art ist Stead, der seinerzeit das Rad als einen christlichen Apostel pries, weil es, falls eine Maschine von mehreren zu gemeinsamen Eigentum erworben wird, die Idee der Brüderlichkeit verwirkliche. Ein solcher Fahrrad-Kommunismus würde doch immer nur etwas Zufälliges sein und gehört keineswegs zum Wesen des Rades; im Gegenteil, er widerspricht diesem Wesen; denn wenn bei gemeinsamem Besitze einer das Rad hat, so hat es der andere eben nicht. Es muß also vielmehr betont werden, daß das Fahrrad im allgemeinen etwas ganz Persönliches, Eigenes ist, wie es ja überhaupt zur Entwicklung des Individualismus beiträgt, indem es im Gegensatz zu jeder Art Omnibus der Beförderung des einzigen auf seinen selbstgewählten Wegen dient.

Daß diese Wahl immerhin beschränkt ist, haben wir schon festgestellt. Aber in einer Beziehung erfährt der Radfahrer doch eine Erweiterung des Gesichtskreises. Und hiermit sind wir bei seinem intellektuellen Gewinn angelangt. Das Rad erschließt ihm Gegenden, die er ohne unerschwingliche Zeitopfer zu Fuß nicht erreichen kann und in die keine Eisenbahn führt. Dadurch vergrößert es seine Welt, schafft ihm neue Eindrücke, führt nie gesehene Szenen und Gestalten an ihm vorüber, enthüllt ihm ungeahnte landschaftliche Schönheiten; und so mehrt es seine Kenntnis von Land und Leuten.

In einer anderen Beziehung muß freilich auch hierbei eine Beschränkung eingeräumt werden. Quantitativ wird der Gesichtskreis durch größere Ausdehnung des Bezirks, in den das Rad trägt, im Verhältnis zur Fußwanderung erweitert. Qualitativ jedoch sieht man als Fußwanderer mehr, selbst in einem kleinen Bezirk. Der Radfahrer sieht zwar vieles, aber nur oberflächlich, der Fußgänger nur weniges, dies aber gründlich. Und für die wahre Bildung ist die gründliche Erforschung eines kleinen Gebiets wichtiger als die öberflächliche eines großen. Die Ortskunde des Radfahrers bleibt also immer dilettantisch. Der Fußwanderer bleibt dagegen allerdings leichter in der Enge des Spezialisten stecken, aber doch nur, wenn er selbst eng ist. Wie groß war die Welt Immanuel Kants, obwohl er sein Leben lang kaum je über die nächste Umgebung von Königsberg hinauskam. Man könnte demnach die radlerische Erweiterung des Gesichtskreises, insofern sie zur Oberflächlichkeit verleitet und am genauen Sehen hindert, auch eine Verengerung des Gesichtskreises nennen. Dies muß man erkennen, um der darin liegenden Gefahr auf andere Weise vorzubeugen.

Es würde hiernach eine Unwahrheit sein, wenn wir behaupteten, daß der Radsport wirklich alle seine Anhänger an Kenntnissen, Anschauungen und allgemeiner Bildung bereicherte; vielmehr ist es leider unzweifelhaft, daß er diese Wirkung für die nicht unbeträchtliche Masse der Kilometerfresser nicht erreicht. Aber er kann sie erreichen, wenn er richtig betrieben wird, also weder zu schnell noch ohne häufiges Verweilen. Das mäßige Fahren und das Absteigen an allen betrachtenswerten Punkten wird demnach in diesem Kapitel vorausgesetzt; für Distancefahrer und Recordjäger ist es nicht geschrieben.

Wird jedoch Vernunft und Zweck nicht aus dem Auge gelassen, so trägt das Fahrrad sowohl zur Gemütsbildung des Städters bei, wenn es ihn in die freie Natur hinausführt und ihm ihre ästhetischen Seiten enthüllt, wie es für jeden seiner Jünger einen Schatz von neuem Wissen hebt. „Was ich nicht erlernt habe, habe ich erwandert“, sagt Goethe, und so kann auch der radlerische Wandersport die schulmäßigen Kenntnisse erweitern. Ganz besonders ist er zum Hilfsmittel der Heimatkunde geeignet; denn während des größten Teils des Jahres darf sich die Masse der Radfahrer natürlich selten weiter als eine Tagfahrt von ihrem Wohnsitz entfernen; dessen Umgebung aber wird sie nach allen Richtungen durchstreifen und dadurch eine genaue und ausgedehnte Anschauung der engeren Heimat gewinnen, wie sie ihr vor den Zeiten des Fahrrads ganz unerreichbar war. Der umfassendere Touren- und Wandersport, der neue Teile des Reichs und sogar fremde Länder für die jugendlich Rüstigen erschließt, ist aber auch ein Gewinn, den erst das Fahrrad für die größere Menge erobert hat, weil er sich so viel billiger stellt als die früheren Reisemethoden, sowohl durch den Fortfall der Eisenbahnfahrkosten wie durch die billigere Verpflegung in den Gasthäusern, welche die großen Vereine den Radfahrern gesichert haben. Diese Reform des Reisewesens durch das Rad gibt uns einen Teil der alten, herrlichen Wanderfreuden zurück, die uns durch die Eisenbahnen, zum Bedauern manches einsichtsvollen Volksfreundes, verlorengegangen waren, und, eine nicht minder wichtige Tatsache, sie gibt die Reisenden dem Lande zurück.

Hatten wir bisher nur den wohltätigen Einfluß des Radsports auf die Radfahrer selbst betrachtet, so sind wir hiermit bei den Vorteilen angelangt, die der Gesamtheit aus ihm erwachsen. W.H. Riehls *Land und Leute* enthält ein für uns höchst lehrreiches Kapitel über „Wege und Stege“. Er führt darin aus, daß man in alten Zeiten durch Straßenbauten das Land individualisierte, da die Straße eine Masse neuer Ansiedelungen, neue Städte, neue Dörfer schuf. Durch die echt modernen Straßen jedoch, die Chausseen, Eisenbahnen und Dampfschifflinien, werde das Land zentralisiert. „Diese Straßen verderben die kleinen Städte, schaffen dagegen den großen einen riesigen Zuwachs an Macht und Volkszahl.“ Eine so gründliche, so allgemeine und so reißend schnell durchgeführte Umlegung aller großen Verkehrsstraßen, wie sie mit dem Ausbau der europäischen Eisenbahnnetze vollendet sein wird, sei aber noch nicht erhört worden, solange die Welt steht. Zahllose kleine Städte, blühende Flecken und Dörfer seien dadurch dem Kränkeln, Abmagern und Absterben ebenso sicher geweiht, als sich den großen Städten eine immer unförmlichere Korpulenz ansetzen werde. „Darin liegt eine europäische Krisis. Die Herrschaft der großen Städte über das Land ist eine der sozialen Kernfragen unserer Zeit."

Es ist über vierzig Jahre her, seit Riehl dies schrieb, und inzwischen sind seine Worte durch die Begründung des Deutschen Reiches und den Aufschwung der Industrie bei uns erst recht zur Wahrheit geworden, wie sie es in England schon länger waren. Wir haben bereits im zweiten Kapitel von der Entvölkerung des platten Landes und dem Wohnungselend der Großstädte gesprochen und dabei der Hoffnung Ausdruck gegeben, daß das Fahrrad sich als einflußreich genug erweisen werde, um wenigstens in letzterer Hinsicht Wandel zu schaffen. Es scheint aber, daß es nicht nur in dieser einen, sondern in vielen Beziehungen den ungesunden Wirkungen des Eisenbahnwesens entgegenarbeiten und eine Dezentralisation herbeiführen will, indem es die Entfernungen verringert und dadurch eine gleichmäßigere Verteilung der Bevölkerung über das Land ermöglicht.

Dieser Erfolg wird jedoch nur zum Teil erreicht werden, solange das Rad ganz und gar auf die großen Chausseen angewiesen bleibt, von denen schon gesagt wurde, daß sie den Radfahrer in der Wahl seiner Ziele allzusehr beschränken. Auch sie rechnet Riehl ja, wie wir sahen, zu den Ursachen der schädlichen Zentralisation. Wirklich geöffnet für den Fahrradverkehr und die in seinem Gefolge einziehende Kultur könnte das Land erst werden durch die Erweiterung des Wegenetzes, durch die Anlegung guter, für das Rad geeigneter Bahnen von Dorf zu Dorf. Zur Schaffung neuer, besserer Wege drängt das Rad geradezu. Zunächst allerdings nur in seinem eigenen Interesse; aber wer möchte zweifeln, daß die gesamte Bevölkerung davon Nutzen ziehen würde? Riehl sagt in dem angeführten Kapitel: „Durch recht vollständig ausgezweigte Gemeindewege, die das Innere und einzelnste des Landes aufschließen, wird ein kleines Gebiet größer gemacht, während es zusammenschrumpft durch Eisenbahnen und Heerstraßen."

Mit den bekannten Gemeindewegen alten Stils können die Radfahrer sich freilich nicht zufriedengeben. Es sind ja zumeist sandige Land- und Feldwege, und im Sande versagt das Rad, wie selbst die

„Fahrrad-Vorschrift“ für Militär-Radfahrer einräumt, die so hohe Anforderungen an die Leistungsfähigkeit der radelnden Soldaten stellt. Im günstigsten Falle erfordert das Radfahren auf sandiger Strekke eine übergroße Kraftanstrengung, die bald zur Erschöpfung führt. Und wo die Wege von tief ausgefahrenen Wagengeleisen durchfurcht sind, läßt sich ebensowenig radeln; hier sind Stürze und Beschädigungen der Maschine unvermeidlich.

Allein auch die Chausseen, wie sie in deutschen Landen üblich sind, eignen sich nur in seltensten Fällen für die richtige Ausnutzung des Rades. Früher mögen ja unsere Landstraßen noch schlechter gewesen sein; die Chaussee samt ihrem ausländischen Namen wurde erst durch die französische Fremdherrschaft bei uns heimisch. Ob aber Deutschland jetzt unter allen Ländern die besten Straßen besitzt, wie ein französischer Radfahrer in der Revue du Touring-Club de France von uns rühmt, scheint doch sehr zweifelhaft. Sein Lob könnte höchstens relative Berechtigung haben. Im Gegensatz zu ihm schreibt der Engländer Stead aufgrund der Erfahrungen einer Radreise: „Wenn Wegebau ein Beweis der Zivilisation ist, so sind die Franzosen sicherlich die zivilisierteste und die Amerikaner die am wenigsten zivilisierte unter den modernen Nationen.“ Ich gestehe, daß mir einzelne unserer Chausseen eher von Barbarei zu zeugen schienen. Ganz gewiß sind die prächtigen, großartig angelegten Straßen, die einst das ganze Römerreich durchschnitten, bei uns noch nicht zur Wirklichkeit geworden, wenn wir auch in den modernen Städten zum Glück solche tief ausgefahrenen Wagengeleise nicht kennen, wie sie in Herculaneum und Pompeji bloßgelegt worden sind. Es scheint, daß die Vernachlässigung der Landstraßen gleichfalls zu den zentralistischen Folgen des Eisenbahnwesens gehört. Für die eisenbeschlagenen Wagenräder mögen sie ja im allgemeinen gerade ausreichen; aber für das Fahrrad, diese zart gebaute Maschine mit ihren leicht verletzlichen Luftreifen, sind sie zumeist nur unter tausend Gefahren passierbar und häufig absolut ungeeignet. Eins von zwei Extremen ist selbst auf vielen der besseren Chausseen der gewöhnliche Zustand: entweder tiefer, mehlgleicher Staub, der das Fortkommen erschwert und Lungen und Augen schädigt; oder schlüpfriger, klebriger, breiartiger Schlamm, in dem man keinen Augenblick vor dem Ausgleiten mit seinen oft so verhängnisvollen Folgen sicher ist und nur mit einer die Nerven abspannenden, ermüdenden Vorsicht fahren kann. Allzuhäufig jedoch sind die Verhältnisse noch viel trauriger, weil die nötigen Reparaturen über Gebühr hinausgeschoben werden. Entweder besteht eine Chaussee alsdann aus lauter Gruben und Löchern, die das Radeln zur Höllenpein machen, oder man hat stellenweise neue Steine aufgeschüttet und sich nicht die Mühe genommen, sie festzuwalzen. Wie viele Pneumatics durch diese scharfkantigen Steine schon zerschnitten, wie viele Radfahrten dadurch schon gestört, wie viele Unkosten den Radfahrern, die doch oftmals arme Arbeiter sind, schon bereitet wurden, läßt sich gar nicht ausdenken. Am schlimmsten ist es aber, wenn solche Aufschüttungen und Löcher unter einer Staubschicht verborgen sind. Dann fährt man oft wie über loses Geröll, die ganze Straße scheint sich unter dem Rade zu bewegen, und wenn man einen Sturz glücklich vermeidet, so erreicht man sein Ziel doch nur mit zerschundenen, blutenden Schenkeln.

Bei solchen Zuständen hat die Forderung besonderer Radfahrerwege ihre logische Berechtigung, die kein Sachverständiger leugnen wird. Wo und solange sie aber noch nicht existieren, sind die Radfahrer, wenn sie ihrem Sport nicht entsagen wollen, mit Notwendigkeit auf die Bankette verwiesen, die allein der Natur des Rades entsprechen und auf denen sie die Gefahren vermeiden, die auf den schlechten Chausseen ihre gesunden Glieder, ja ihr Leben bedrohen. Sehr richtig schreibt die *Rad-Welt*, daß eine Kreisverwaltung, die nicht für gute Straßen sorgt, als die intellektuelle Urheberin der Übertretungen anzusehen ist. Die Inhumanität, die in dem Verbot der Bankette liegt, ist nur durch gänzlichen Mangel an Sachverständnis entschuldbar.

Nicht besser, ja oft noch schlechter als die schlechten Chausseen stimmen zum Radfahren die mit Kopfsteinen gepflasterten Straßen. Schlechtes Pflaster ist eine Qual für den Radfahrer, weil es ihn zu sehr erschüttert, während das Rad unter normalen Bedingungen doch leicht dahingleiten soll. Die Erschütterung geht teils vom Sattel, teils von der Lenkstange aus, und von dieser überträgt sie sich auf die Arme. Sie ist um so stärker, je härter die Reifen aufgepumpt sind. Auch die Maschine leidet dabei, und wenn der Radfahrer auf dem Sattel beständig wie ein Ball in die Höhe geschnellt wird, so brechen schließlich die Federn. Man ist übel daran, wo solch kleinstädtischer Pflastergreuel besteht; an manchen Orten ist man oft schon wie zerschlagen, ehe man durch die langen Vorstädte ins Freie kommt.

Verschlimmert werden diese Mißstände im Sommer noch durch die Tätigkeit der Sprengwagen. Man hat ja bei uns den Wahnsinn noch nicht so weit getrieben, mit unraffiniertem Erdöl gegen die Staubwolken anzukämpfen, wie es in Boston, Massachusetts, auf den Parkwegen zum Schrecken nicht nur der Radfahrer geschehen ist. Aber die übermäßige Wasserverschwendung ist auch in deutschen Städten ein wahrer Unfug; denn viele Straßen werden an den schönsten Sommertagen in unwegsame Moräste verwandelt. Wie oft ist es wahrhaft lebensgefährlich, durch solch eine unter Wasser gesetzte Straße auf dem Rade hindurchzufahren! Das Lokalblatt einer Residenzstadt schrieb 1898: „In einer Stunde am Dienstag Abend hat ein Schutzmann zehn Unfälle von Radfahrern beobachtet, welche (infolge übermäßigen Sprengens) sämtlich in der Schloßstraße mit ihren Maschinen zu Fall kamen, während in der Luisenstraße, um nicht zu verunglücken, die Radler ihre Maschinen zu führen gezwungen waren." Dem Rade selbst werden durch die maßlose Morastproduktion der städtischen Schmutzerzeugungswagen fast unvertilgbare Spuren angespritzt, so daß die Reinigung den ermüdet heimgekehrten Radler auch noch um seine Ruhezeit bringt. Zudem ist von den Bakteriologen längst festgestellt, daß die Straßenbesprengung eine Verdoppelung der im Staube lebenden, oft gesundheitsschädlichen Bakterien zur Folge hat. Gerade darum mag freilich jener maßlose Wasserverbrauch stattfinden, dessen Zweck es wenigstens in Berlin ist, die Unreinlichkeiten gleich in die Kanäle zu schwemmen. Mit diesem Endzweck ist eine geregelte Straßensprengung ja höchst erwünscht und notwendig. Aber dann muß auch ein gutes Kanalisationssystem vorhanden sein; die Bildung stehender Moräste ist jedoch immer ein Beweis, daß es daran fehlt, und vermehrt die Bakteriengefahr, anstatt sie zu beseitigen. Indessen, wenn eine Stadtverwaltung es für sinngemäß hält, Reinlichkeit durch Unreinlichkeit hervorzubringen, so ist sie doch nicht berechtigt, das Leben des großen radfahrenden Publikums zu gefährden. Sowohl dieser Besprengungsunfug wie überhaupt das schlechte Straßenpflaster vertragen sich nicht mit den Bedürfnissen des Fahrrads, und so drängt dies auch in den Städten zur Anlegung besserer, der fortgeschrittenen Technik angemessener Straßen. Es erweist dem allgemeinen und öffentlichen Interesse einen Dienst, indem es die Abstellung vorsintflutlicher Mißstände, die der Verwaltungsschlendrian noch lange hätte fortbestehen lassen, zu dringenden Zeitfragen macht.

In England hat der Radsport ein neues Wort geschaffen, das die besondere Art der zivilisatorischen Wirkung des Fahrrads vortrefflich bezeichnet, aber leider unübersetzbar ist. Wie man unter Zivilisation die Umwandlung eines barbarischen Zustandes in einen Kulturzustand versteht, so wird die besondere Kulturmission, die das Fahrrad (cycle) auf die öffentlichen Zustände ausübt, von den Engländern Cyclisation genannt. Das Fahrrad gilt ihnen also als ein Kulturfaktor, und die Cyclisation als eine höhere Stufe der Zivilisation.

Wenn wir sagen, daß die Zivilisation im ganzen bisher nur die Städte bewohnte, so rühmen wir damit das Stadtleben nicht über Verdienst, noch stellen wir das Landleben ungebührlich tief. Denn das zivilisierte Dasein ist bei vielen Städtern eine leere Form. Aber für die, welche fähig und berufen sind, der Form einen Inhalt zu geben, ist die äußerliche Zivilisation doch eine notwendige Vorstufe zu höherer Entwicklung. Tragen wir sie auf das Land hinaus, so wecken wir daselbst die schlummernden Kräfte durch die Anregung, die wir ihnen bringen. Es ruht noch viel latenter Geist in unseren abgelegenen Dörfern, und indem diese dem Verkehr erschlossen und der Welt gewonnen werden, reihen sie sich als Mitwirkende ein in die große Kulturarbeit, und so wird die Kultur verallgemeinert. Was wir dem Lande vom Geist der neuen Zeit mitteilen, empfangen wir mit Zinsen zurück.

Einen von jeder Ahnung der Kultur unberührten Winkel kann es allerdings in einem Lande nicht geben, das den allgemeinen Militärdienst fordert. Aber was die Soldaten aus der Kaserne in die stille Heimat zurückbringen, sind häufig mehr die Schattenseiten als die Lichtseiten der Kultur. Es gibt wohl nicht viele Vorgesetzte, die es sich angelegen sein lassen oder die es überhaupt nur verstehen, in tieferem Sinne bildend auf die jungen Burschen einzuwirken; von ihren Kameraden lernen sie nur selten etwas Gutes; in ihren spärlich bemessenen Freistunden, ohne Führung sich selbst überlassen, suchen sie rohe Genüsse auf; und so verlieren sie nach ihrer Heimkehr bald wieder den Zusammenhang mit der großen Welt, deren freieren Hauch sie niemals verspürt haben.

Wo aber das Fahrrad einmal die Verbindung angeknüpft hat, da entwickelt sich eine fortdauernde Wechselwirkung zwischen Stadt und Land, ein gegenseitiger Austausch dessen, was jedes als sein Eigenes besitzt, die verschiedenen Klassen der Bevölkerung treten sich auf gleicher Basis nahe, alle gewinnen, und das allgemeine Kulturniveau steigt. Zunächst verbessern sich die ländlichen Gasthäuser und passen sich den Bedürfnissen der herbeiströmenden Städter und Städterinnen an. Wo die Frau auftritt, da ist immer die Anregung zu einer Verfeinerung der Kultur gegeben. Bald werden auch neue Gasthäuser gebaut, da die alten nicht ausreichen, und mit ihnen verbinden sich Reparaturwerkstätten. Aber gleichzeitig erwacht auch in jedem Dorfjungen das Verlangen, sein Fahrrad zu besitzen; und wenn erst einmal eins im Dorfe heimisch geworden ist, so folgen ihm bald Dutzende. Nun ist der Gegenstrom angebahnt. Die Stadt kommt ins Dorf, das Dorf kommt in die Stadt, die Trennung hat aufgehört, das Volk wird eins. Die Ära des Fahrrads, das ist die neue Zeit mit einer neuen, weiteren, reicheren Zivilisation.

Dieser Teil der Cyclisation ist in großem Umfange schon durchgesetzt. Aber es ist doch erst der Anfang. Völlig cyclisiert wird die Welt erst werden, wenn der Radsport die überwiegende Majorität der Bevölkerung umfaßt, so daß die Radfahrerschaft ihre Interessen in den Gemeindeverwaltungen und in der Landesgesetzgebung zu vertreten imstande ist. Das wird erst geschehen, wenn die heutige Jugend, die mit dem Fahrrad aufwächst, das wahlberechtigte Alter erreicht. Erst dann dürfen wir hoffen, daß die Provinzen und Kreise, die Städte und Dörfer begreifen werden, daß ein fahrradwürdiger Zustand ihrer Chausseen und Straßen ein wesentlicher Bestandteil der bürgerlichen Rechte, ja der Menschenrechte ist und daß jede Vernachlässigung der öffentlichen Wege ebenso wie jede engherzige Beschränkung des Radverkehrs eine Versündigung an der allgemeinen Wohlfahrt bedeutet. Denn alsdann wird man erkannt haben, daß das Fahrrad mehr ist als ein Spielzeug fanatischer Sportfreunde, mehr auch als ein praktisches Verkehrsmittel, das Handel und Wandel hebt und die Schranken des Raumes überwindet: Man wird wissen, daß es auch die Geistes- und Charakterbildung des einzelnen und der Gesamtheit, die allgemeine Kultur, die Gesundheit des Volkes, seine Kraft und sein Glück in einem Grade, den seine Erfinder nicht ahnen konnten, segensreich beeinflußt.

9
Die Feinde des Fahrrads

Es ist ein allgemeines Lebensgesetz, daß jeder Fortschritt der Kultur seine Berechtigung im Kampfe erst erweisen muß. Das Alte, das er verdrängt und durch Vollkommeneres ersetzt, will nicht gutwillig Raum geben, weil allerlei Privilegien, die im langen Alleinbesitz unantastbar schienen, durch den Einbruch des Neuen erschüttert, allerlei persönliche Interessen empfindlich dadurch berührt werden. Und wenn selbst für niemand eine Schädigung mit der veränderten Gestaltung der Dinge verbunden wäre, so würde ein Hindernis doch unvermeidlich aus dem Gesetz der Trägheit erwachsen, das sich in der Menschenwelt als philiströse Bequemlichkeit, als Haften am Hergebrachten, als Widerwille und Vorurteil gegen alles Ungewohnte äußert. So kommt es, daß auch das Fahrrad auf seinem Wege den mannigfachsten Anfeindungen, Verleumdungen und Verfolgungen ausgesetzt ist. Die Radfahrer unserer Zeit sind noch immer Pioniere. Sie erkämpfen der kommenden Generation die Anerkennung, die ihr gewiß ist, sobald die Erkenntnis durchdringt, daß das Recht des Fahrrads mit dem wohlverstandenen Interesse der Gesamtheit zusammenfällt.

Ein großer Teil der Erbitterung, die das Publikum dem Radsport entgegenbringt, erklärt sich aus der Sorge um die eigene Existenz, welche durch die Konkurrenz des Fahrrads auf vielen Erwerbsgebieten gefährdet wird. Wenn die Fahrradfabrikanten das Verdienst für sich in Anspruch nehmen, die nationale Industrie gehoben und dadurch den Volkswohlstand gemehrt zu haben, so verschweigen sie, daß ihr Gewinn auf fremde Kosten zustande kommt. Es darf zwar für sicher gehalten werden, daß das Fahrrad im großen und ganzen nicht nur die Summe der idealen Kulturgüter, sondern auch das nach Mark und Pfennig berechenbare Nationalvermögen gesteigert hat. Eine Maschine, die durch Gesundheitsmehrung direkt und durch Zeitersparnis indirekt die Menschenkraft vervielfältigt, erhöht auch die Arbeitsleistung und deren Ertrag. Aber ehe dieser Erfolg von allen geteilt und als wohltätig empfunden wird, muß eine Übergangszeit durchgemacht werden, in welcher eine vollkommene Verschiebung der Erwerbsverhältnisse stattfindet. Diese entzieht vielen Berufszweigen die auskömmliche Beschäftigung und bringt deren Vertreter unter Umständen in bittere Not. Bis sie sich der neuen Gestaltung der Dinge angepaßt und sich anderen Arbeitsgebieten zugewandt haben, kann die soziale Krisis, die mit jeder industriellen Umwälzung verbunden ist, manches blühende Geschäft ruinieren, manchen wohlhabenden Mann zum Proletarier machen. In der Zwischenperiode aber richtet sich natürlich die ganze Mißstimmung gegen die unschuldige Ursache des allgemeinen Wandels, und man vergißt, daß man gar kein Recht hat, von der Welt Berücksichtigung zu verlangen, wenn man ihr Arbeit anbietet, die sie nicht mehr braucht. Wer sich nicht in die Zeit schicken kann, muß untergehen; das, so grausam es erscheint, ist die wirtschaftliche Naturordnung der kapitalistischen Gesellschaft.

The Forum, eine amerikanische Monatsschrift, brachte 1896 eine Übersicht der verschiedenen Gewerbe, die bei unseren transatlantischen Vettern unter dem Einfluß des Radsports zu leiden haben. Die geschilderten Veränderungen sind den europäischen sehr ähnlich. Da ein Zweirad heutzutage das beliebteste Geburtstags- oder Weihnachtsgeschenk ist, während vermögende Leute ihrem Sohne sonst wohl eine goldene Uhr, ihrer Tochter eine Boudoir-Einrichtung oder ein Klavier zu kaufen pflegten, so beklagen sich in erster Linie die Uhrmacher, Möbelhändler und Pianoforte-Fabrikanten. Aber so wenig man ihnen und allen übrigen Geschäftsleuten, die der Umschwung betrifft, sein Bedauern versagen wird – für die Welt ist es kein Unglück, wenn ein gesunder Sport entbehrlichen Luxus verdrängt, ja die Verminderung des schon längst zum Unfug ausgearteten Klavierspiels talentloser Mädchen wäre ein Segen für den ruheliebenden und geistig arbeitenden Teil der Bevölkerung. Empfindlicher noch werden durch den Radsport die Schneider und Schneiderinnen geschädigt, da beide Geschlechter sich beim Radeln mit den billigen Sportkostümen begnügen, die von dem männlichen Geschlecht größtenteils sogar fertig gekauft werden. Ebenso übel sind die Putzmacherinnen und die Hutmacher daran, so daß einer der letzteren seine Zunftgenossen zu einer Petition an den Kongreß bewegen wollte, damit alle Radfahrer gesetzlich gezwungen würden, jährlich wenigstens zwei Filzhüte zu kaufen. Ganz besonders schwer ist die Einbuße des Schuhmachergewerbes, da man sich zum Radfahren der niedrigen, um geringen Preis fertig käuflichen Strandschuhe bedient, die zudem auf den Pedalen äußerst langsam abgenutzt werden. In Deutschland freilich greift die hohe Polizei diesem notleidenden Stande unter die Arme, indem sie die Radfahrer in väterlicher Fürsorge alle paar Kilometer zwingt, ihre Maschinen zu schieben und das leichte Schuhwerk auf dem schlechten Pflaster zu zerreißen. Der Zigarrenverbrauch hat sich mit dem Radsport in Amerika so verringert, daß jetzt durchschnittlich eine Million Zigarren täglich weniger geraucht wird als ehedem. Auch die Gastwirte führen lebhafte Klage über den abnehmenden Wein- und Bierkonsum. Nicht minder werden die Theater und andere Vergnügungsstätten in Mitleidenschaft gezogen. Sogar die Barbiere äußern ihren Unmut, da kein Radler sich für seine Fahrt frisieren läßt.

Wie durch die Verbreitung des Radfahrens die Berufe Nachteil haben, die für den Leib des Menschen sorgen, so auch diejenigen, welche den geistigen Bedürfnissen dienen. So schätzte eine große Buchhandlung in New York ihren Jahresverlust auf eine Million Dollars. Das allerdings wäre ein böses Zeichen; denn auf den Niedergang des Bildungstriebes müßte auch ein Niedergang der Kultur folgen. Aber nicht jedes Buch ist bildend, und wenn weniger fade Unterhaltungslektüre begehrt würde, so wäre das eher ein Gewinn. Dagegen dürfte man es in dem kirchenmüden Deutschland als keinen schweren Verlust betrachten, wenn die Jugend sich sonntags von ihrem Rade in die freie Natur hinaustragen läßt, und mit den Predigern im pietistischen Amerika, die darüber trauern, wird man nur mäßige Sympathie empfinden. Es mutet seltsam an, wenn Schneidewin in seinem Buche über *Die antike Humanität* von den Radlern und Bootfahrern, die sonntags ihren Sport ausüben, sagt, daß sie „den Kirchenbesuchern die Gleichgültigkeit gegen das, was andern heilig ist, aufdrängen." Man gewinnt den Eindruck, als wolle er vielmehr andern aufdrängen, was ihm heilig ist. Das wäre nicht humane Duldsamkeit, sondern kirchliche Herrschsucht. Wenn ein Radfahrer in der Feiertagsstille mit leuchtenden Augen an einem schönen Aussichtspunkte haltmacht und aufatmet in freudiger Naturandacht, so ist er dem Höchsten vielleicht näher als die Gemeinde unter der Kanzel. Und überhaupt, das Christentum Christi kennt gar keine Kirchen.

Als Berufe, die durch den Radsport unmittelbar geschädigt werden, nannte das *Forum* aber vor allen anderen die der Pferdeverleiher und Pferdehändler. Nach Luxuspferden, an denen die Verkäufer am meisten verdienen, sei fast gar keine Nachfrage mehr. In der Tat ist es augenscheinlich, daß das Pferd Gefahr läuft, durch die Konkurrenz des Rades, der elektrischen Bahnen und der Automobile völlig verdrängt zu werden. Die gewöhnlichen Pferde sind jetzt in Amerika so billig, daß ihre Zucht sich für die Farmer gar nicht mehr lohnt. Hubert sprach seinerzeit in *Scribner's Magazine* die Ansicht aus: „Ein Fahrrad ist für 99 unter 100 Männern und Frauen besser als ein Pferd, weil es fast keine Unterhaltungskosten fordert und niemals müde wird. Es trägt einen dreimal so weit wie ein Pferd in der gleichen Zahl von Tagen oder Wochen." Daraus folgerte er, daß, wenn die Fahrradpreise auf 200 Mark fallen, Pferde ganz und gar abkommen werden. Ein herrliches Zukunftsbild, das an Bellamy erinnert, zeichnete Sylvester Baxter in der *Arena*: „Die Pferde werden von den Straßen verschwinden, wie sie von den meisten Tramways verschwunden sind. Vollkommen glattes, nach den wissenschaftlichsten Grundsätzen angelegtes Pflaster wird folgen, und da es nicht mehr von den Hufen der Pferde zerstampft wird, so werden die Kosten seiner Erhaltung sich auf ein Minimum verringern. Massen von leichten, durch Elektrizität getriebenen Fuhrwerken werden geräuschlos in jeder Richtung dahineilen. Aller Lärm und alles Gerassel der Straßen wird so gut wie aufhören, und mit ihnen viel von der Nervosität der Stadtbewohner. Das Straßenreinigen wird beinahe ein Ruheposten werden."

Wie die meisten übrigen gewerblichen Schädigungen ist auch die Verdrängung des Pferdes durch das Fahrrad, das Automobil und die Elektrizität nicht auf Amerika beschränkt; in Europa müssen die Pferdezüchter und -händler nicht weniger darunter leiden, und so sind sie auch ebenso erzürnt. Am ingrimmigsten ist aber der Konkurrenzneid der Droschkenkutscher erwacht. Aus England verlautete schon vor fünf Jahren, daß die cabmen im Londoner Westend über geschmälerten Verdienst Klage führten, und bei uns in Deutschland, besonders in den großen Städten, hat der Ärger dieser armen Teufel sich häufig in der rohesten Verfolgung der Radfahrer Luft gemacht. Die Pferdebahn- und Omnibuskutscher nehmen gleichfalls daran teil, und in einer zwar begreiflichen, aber nicht löblichen Klassen-Souveränität sogar die Privat-Kutscher, die Fuhrleute von Arbeits- und Transportwagen, ja zuweilen sogar die Eigentümer, besonders die selbstlenkenden, eleganter Luxusgefährte. Bei solchen kann allerdings nicht der Brotneid für ihre Feindseligkeit verantwortlich gemacht werden, sondern nur die rücksichtslose Brutalität; dafür sind sie aber auch weit härter zu verurteilen als die armen Droschkenkutscher und Genossen.

Die gewalttätige Feindschaft der Kutscher gegen das Fahrrad ist eine neue Form des alten Kampfes zwischen Arbeiter und Maschine. In dem mechanischen Werkzeug, das sie überflüssig machte, erblickten die Arbeiter von jeher ihren Todfeind; daher die oft wiederholten Fabrikaufstände und Maschinen-Zerstörungen in der neueren Geschichte. Schon im 17. Jahrhundert erlebte ziemlich ganz Europa Arbeiterrevolten gegen die Bandmühle; besonders bekannt sind aber die englischen factory riots aus dem Anfang des 19. Jahrhunderts. Karl Marx, der diesem Gegenstande ein besonderes Kapitel gewidmet hat, sagt: „Wo die Maschine allmählich ein Produktionsfeld ergreift, produziert sie chronisches Elend in der mit ihr konkurrierenden Arbeiterschichte. Wo der Übergang rasch, wirkt sie massenhaft und akut.“ Das haben die Droschkenkutscher bereits an sich zu fühlen begonnen; daher ihr Haß gegen das Fahrrad.

Freilich, so gut man ihren Unmut verstehen und so sehr man sie bemitleiden mag, die erstaunliche Absurdität und die große sittliche Roheit in der Methode ihrer zwecklosen Selbsthilfe und in der Kühlung ihres Rachedurstes an Unschuldigen ist nicht weniger beklagenswert. Und ihre allmähliche Ausmerzung hat doch auch wenigstens eine Lichtseite: Es wäre sicher ein Glück, wenn die Qualen der Droschkengäule ihr Ende fänden. Aber wie dem auch sei: Für den Radsport ist das Übelwollen der Kutscher und Fuhrleute eine große Erschwerung. Immer muß es dem Friedliebenden peinlich sein, unvernünftiger Feindschaft zu begegnen, und ein Gentleman ist wenig geeignet, auf offener Landstraße im Wortstreit mit Rowdies sein

Recht zu verteidigen, geschweige denn eine Dame. Wenn sich auch der Anfänger im Vollbewußtsein seines guten Rechts sagt, daß nicht Milde und Höflichkeit, sondern einzig und allein energisches Auftreten solchen aggressiven Elementen gegenüber am Platze ist, er wird es doch bald müde, an dem halsstarrigen Volk auf eigene Hand Erziehungsversuche zu machen, und waffnet sich mit Stoizismus oder mit Humor, je nach seinen Gaben. Doch mögen manchem die üblen Erfahrungen auf diesem Felde den Sport schon ganz verleidet haben.

Neben der Interessenschädigung gibt es aber noch andere Motive für die Feindseligkeit der Rosselenker gegen die Radfahrer: Auch die Psychologie der Kutscherseele ist kein ganz einfaches Studium. Einmal sind sie eifersüchtig auf den Radler wegen seiner größeren Schnelligkeit. Andrerseits sind sie selbst sich ihrer größeren Kraft bewußt, und es beleidigt ihre Eitelkeit, daß sie dem Schwächeren Platz machen sollen. Dazu kommt eine große Portion Egoismus und angeborener Rücksichtslosigkeit. Sie hatten bisher die Alleinherrschaft über Chausseen und Straßendämme; jeder Fußgänger war gezwungen, bei ihrem Herannahen stehenzubleiben oder ihnen aus dem Wege zu gehen. Daß sie nun mit einem Male die Straßen mit den Radfahrern teilen und diesen sogar ausweichen sollen, finden sie unvereinbar mit ihrer Würde. Die Volksmoral ist noch ganz und gar darwinistisch: Das Recht des Stärkeren ist das Recht schlechthin. Der Radfahrer mag froh sein, wenn sie seine Maschine nicht zertrümmern; aber ihm entgegenkommen – nein, das ist eine unsittliche Forderung. Großmut kennen sie nicht, und sie sind auch zu beschränkt, um zu verstehen, daß der Radfahrer auf ihre Rücksicht angewiesen ist. Nur der Zwang des Gesetzes kann ihnen den Nacken beugen.

Am häufigsten ist es, daß sie vorschriftswidrig links fahren und den Radler dadurch in die Enge treiben; oder sie halten die Mitte der Chaussee und nötigen ihn, in den von Pferdehufen aufgewühlten Reitweg abzuschwenken, wo ein Sturz in dem tiefen Sande schwer zu vermeiden ist. Wenn das Klingelsignal hinter ihnen ertönt, so stellen sie sich mit Vorliebe taub. Oftmals schlafen sie freilich auch und sind nicht durch Sturmglocken zu wecken. Man kann bisweilen sehen, daß sie sich auf ihren Sitzen absichtlich festgebunden haben, um ihr Schläfchen ungefährdet zu genießen, und die Pferde lenken sich selbst. Und da wundert man sich noch, wenn die Radfahrer lieber auf den Banketten fahren.

Nach § 366, 3 des Reichs-Strafgesetzbuchs wird allerdings mit Geldstrafe bis zu 60 Mark oder mit Haft bis zu 14 Tagen bestraft, „wer auf öffentlichen Wegen, Straßen, Plätzen oder Wasserstraßen das Vorbeifahren anderer mutwillig verhindert.“ Das wissen alle diese üblen Gesellen auch recht wohl. Aber sie wissen auch, daß es draußen auf dem Lande zumeist schwer ist, ihre Identität festzustellen, und daß ein Radfahrer seine Fahrt zu diesem Zwecke ungern unterbrechen wird. Und doch wäre es gut, wenn recht häufig ein Exempel statuiert würde.

Die Gerechtigkeit erfordert jedoch, daß auch die rühmlichen Ausnahmen erwähnt werden. Nicht mit allen Fuhrleuten und auch nicht überall hat der Radfahrer zu kämpfen. Es gibt Kreise, in denen rücksichtslose Kutscher die Regel bilden, andere aber, in denen die ganze Zunft der Wagenlenker schon diszipliniert ist, und man kann daraus auf die größere oder geringere Energie der Behörden sowie auf deren Verständnis für den Radsport schließen. Doch kommt auch viel auf den persönlichen Charakter und die Einsicht des Wagenführers an. Manche weichen einem schon von ferne und ohne ein Klingelsignal abzuwarten so weit aus, daß man sich fast beschämt fühlt und sie im Herzen für die Ungelegenheit, die man ihnen macht, um Verzeihung bittet. Denn der Radfahrer ist in seinen Ansprüchen an das Entgegenkommen der Kutscher und des Publikums sehr bescheiden; er ist schon zufrieden, wenn man ihn nur gerade vorüberläßt. Unvernünftiges wird ein verständiger Radfahrer gewiß nicht verlangen, schon deswegen, weil er zu gut weiß, daß er mit seiner leicht verletzlichen Maschine in einem Konflikt fast notwendig den kürzeren zieht. Also wird er auch gern dieselbe Rücksicht üben, die er für sich beansprucht. Wären nur die Kutscher so klug und so rechtsbewußt, zu begreifen, daß in der Gegenseitigkeit für sie selbst sowohl wie für die Radfahrer der Friede und das freundliche Verhältnis begründet ist. Aber ihr Egoismus, die Quelle der Ungerechtigkeit, hindert sie daran.

Sehr naiv ist Siegfrieds Traum von einer goldenen Zeit, die durch eine Radfahrersteuer herbeigeführt werden soll. Durch diese würde nach seiner Ansicht der Berufskutscher veranlaßt werden, in dem Radfahrer einen gleichberechtigten Mitbenutzer der Straßen zu erblikken, „und statt des oft gespannten Verhältnisses würde das Gefühl einer Art kameradschaftlichen Schutz- und Trutzbündnisses zwischen dem Fuhrwerkslenker und dem Radfahrer eintreten.“ Auf solch ein Wunder darf man nicht rechnen; es ist genug, wenn die Widerspenstigen und Böswilligen durch Strenge das Gesetz respektieren lernen. Am besten aber wäre es, wenn das Rad überhaupt nach Möglichkeit von der Chaussee erlöst würde, auf die es nach seiner Beschaffenheit gar nicht gehört. Gebt ihm die Bankette frei und legt, wo es irgend tunlich ist, Radfahrerwege an, so ist die Ursache des Konflikts beseitigt.

Weit mannigfaltiger sind die Beweggründe, aus denen die Feindschaft der Fußgänger gegen die Radfahrer sich entwickelt. Ortloff, der mit dem eingestandenen Zwecke, die Ausbreitung des Radsports durch gesetzliche Zwangsmaßregeln zu hemmen, ein höchst parteiisches, einseitiges und jeder praktischen Sachkenntnis ermangelndes Buch geschrieben hat, behauptet sogar, die Zusammenstöße beider Teile hätten gleichartig in allen Ländern dieselbe Wirkung, nämlich die Erzeugung zweier schroffer Gegensätze sich bekämpfender Interessen, der Radfahrer und der Nichtfahrer, und auch Hilse sagt gelegentlich, Zwei- und Dreiräder seien für die Straßengänger „stets lästig“. Diese Urteile sind in ihrer Verallgemeinerung unzutreffend, und sie werden jede Berechtigung verlieren, sobald einmal das Verständnis für die Natur und den sozialen Beruf des Fahrrads alle Kreise ergriffen und die Gesellschaft sich ihm mit ihren Einrichtungen angepaßt hat. Aber die Billigkeit erfordert, daß wir uns klarmachen, wieweit die Beschwerden der Fußgänger auf tatsächlichen Übelständen beruhen.

Es läßt sich nicht leugnen, daß das Rad als ein Friedensstörer in die Welt gekommen ist und eine neue Gefahr in den Straßenverkehr gebracht hat. Zwar waren die Passanten in den größeren Städten auch vorher schon an Straßenkreuzungen zu großer Aufmerksamkeit gezwungen; aber viele Leute bleiben ihr Leben lang Kleinstädter und können sich in die modernen Verhältnisse nicht finden, so daß schon damals mancher zermalmt wurde, weil er der fortgeschrittenen Entwicklung nicht mehr gewachsen war. Und das alles – wenn wir von unberechenbaren Zufällen absehen –, obwohl jedes Fuhrwerk durch sein Gerassel und das Hufgestampf der Pferde laut zur Vorsicht mahnte. Das Fahrrad jedoch trat mit zwei Eigenschaften auf, durch welche es allen, deren Erziehung zu modernen Menschen dem großstädtischen Getriebe noch nicht gelungen war, zu einem Gegenstand des Schreckens wurde: mit einer Schnelligkeit, die unheimlich, und mit einer verhältnismäßigen Geräuschlosigkeit, die gespenstisch erschien. Es stellte ganz neue, bis dahin unerhörte Ansprüche an die Umsicht und Wachsamkeit des Publikums und wurde von jedem, der hierfür zu alt oder zu schwerfällig war, mit Widerwillen und Ingrimm empfangen. Selbst das Klingelsignal galt diesen Bedauernswerten noch nicht als hinreichender Schutz, und die verminderte Geschwindigkeit war ihnen noch lange nicht langsam genug.

Dennoch muß der Vorwurf der „Gemeingefährlichkeit“, dem Ortloff einen Abschnitt seiner Anklageschrift widmet, bestimmt zurückgewiesen werden. Gefährlich *kann* das Rad unter Umständen sein, wenn es von Stümpern oder Flegeln vorschriftswidrig gehetzt wird, und selbst dann im allgemeinen nur für diejenigen Fußgänger, welche es bei ihren Bewegungen in der Öffentlichkeit an der gebotenen Vorsicht und Achtsamkeit fehlen lassen; und beides sind Ausnahmefälle, die mit der Gewöhnung des Publikums an das neue Verkehrsmittel immer seltener werden. Wo aber Fußgänger der Pflicht genügen, die der moderne Verkehr von ihnen erheischt – mit geschärften Sinnen um sich zu schauen und sich zu hüten vor blindem Daraufloss türmen –, da ist das Rad vollkommen ungefährlich. Nur eine völlig kritiklose, unwissenschaftliche, von der Leidenschaft getrübte Betrachtungsweise kann den Vorwurf der Gemeingefährlichkeit erheben.

Eine *bedingte* Gefährlichkeit allerdings teilt das Fahrrad mit den meisten übrigen Vehikeln; jedoch ist auch diese keineswegs so groß, wie die erbitterten Gegner und die oberflächlichen Beurteiler vorgeben, ja sie ist sogar viel geringer als diejenige etlicher anderer Fuhrwerke. Die gebundene Naturkraft, die der Fortbewegung dient, wie Dampf und Elektrizität, kann in jedem Augenblick ihre Fesseln sprengen, ein Pferd, dies nervöse, schreckhafte Tier, kann bei der geringsten Veranlassung scheu werden und durchgehen; das mit Bremsvorrichtung versehene Fahrrad dagegen, welches jeder ausgebildete Radler in einem Tempo zu fahren vermag, das langsamer ist als der

Schritt eines Leichenkondukts, gehorcht bei bedächtiger Fahrt einzig und allein dem vernünftigen menschlichen Willen und ist alsdann für die Fußgänger fast das ungefährlichste aller Beförderungsmittel. Und selbst im Falle eines Zusammenstoßes bringt es, da es so leicht gebaut ist, durch sich selbst, durch seine eigene Schwere im allgemeinen keine Verletzungen hervor, wie man zuweilen in Fahrbahnen beobachten kann, wenn junge Leute sich im Scherz vor die Maschine werfen und sich von ihr überfahren lassen, ohne den geringsten Schaden davonzutragen. Nur der Schreck eines niedergeworfenen Fußgängers und unglückliche Zufälle wie Aufschlag auf einen Stein, die als Folgen des Sturzes eintreten können, werden mitunter verhängnisvoll. Von den im Verlaufe der ersten neun Monate nach Freigabe der Straßen Berlins für den Radfahrverkehr polizeilich gemeldeten Zusammenstößen waren 233, d.h. ungefähr die Hälfte, ohne jeden Unfall abgelaufen, und es läßt sich annehmen, daß deren Zahl in Wirklichkeit noch größer war, da vermutlich fast alle unglücklich verlaufenen, aber nur ein Teil der glücklich verlaufenen zur Meldung gekommen sind. Doch wie dem auch sei, das Studium der Unfallstatistik muß jeden Unparteiischen belehren, daß gegen die Masse der Unfälle, die durch Kutscher, Schlächter und andere Fuhrwerkslenker verursacht werden, die Zahl der Zusammenstöße mit Fahrrädern sehr gering ist. Stellte man aber einmal das Verhältnis der dem Publikum durch Radfahrer zugefügten Schädigungen zu der Zahl der im Gebrauch befindlichen Fahrräder fest, so würde sich ergeben, daß die ersteren einen geradezu verschwindend kleinen Prozentsatz ausmachen.

Was die tatsächlich leider noch immer vorkommenden Zusammenstöße zwischen Radfahrern und Fußgängern betrifft, so ist freilich nicht zu leugnen, daß ein Teil davon durch Radfahrer verschuldet wird. Dies sind aber der Mehrzahl nach halbwüchsige Burschen, und zwar teils ungeschickte Anfänger, teils Unerfahrene und Ungewarnte. Sie lernen das Radeln von ihren Kameraden, denen es nicht einfällt, sie auf die Anforderungen des Straßenverkehrs aufmerksam zu machen. Dieser Übelstand könnte leicht abgewendet werden, wenn Eltern, Lehrer und Meister sich's angelegen sein ließen, ihre Pflegebefohlenen in den Regeln des öffentlichen Verkehrs zu unterweisen, ehe sie ihnen das Radfahren gestatten. Doch gibt es ferner auch, wie in jeder Menschenklasse, unter den Anhängern des Radsports gewisse unvernünftige und brutale Elemente, die den Zorn des Publikums in vollem Maße verdienen. Aber für ihren Mißbrauch kann verständigerweise das Fahrrad nicht verantwortlich gemacht werden; denn mit dessen Natur steht er, wie jeder einsichtige Radfahrer weiß, in Widerspruch. Ein Radfahrer, der keine Rücksicht gegen die Fußgänger übt, ist zu gleicher Zeit rücksichtslos gegen sich selbst und bringt seine eigene Person ebenso in Gefahr wie die fremde. Das Rad ist viel gefährlicher für den Radler als für die übrige Menschheit, und ein Zusammenstoß ist immer gefährlich für ihn wie für seine Maschine. Es würde deswegen gegen den Selbsterhaltungstrieb, der doch die allgemeinste menschliche Eigenschaft ist, verstoßen, wenn ein Radfahrer sich geflissentlich der Gefahr eines Zusammenstoßes aussetzte. Ortloffs Behauptung, daß die Radfahrer brutal seien im Gefühl ihrer physischen Übermacht, ist eine Unterstellung, die nur durch gänzlichen Mangel an Sachkenntnis erklärlich wird. In Wahrheit ist eine solche Übermacht gar nicht vorhanden; der Radfahrer ist vielmehr mit seiner leicht verletzlichen Maschine ganz und gar auf die Rücksicht des Publikums angewiesen; selbst Kinder und Hunde können ihn zu Fall bringen und ihm schweren Schaden zufügen an Gesundheit und Leben. Man wird also viel häufiger von der Ungeschicklichkeit als von der Rücksichtslosigkeit der Radfahrer reden können. Letztere muß stets als eine Ausnahme betrachtet werden, weil sie, als ein Verstoß gegen den Selbsterhaltungstrieb, etwas psychologisch Abnormes ist.

Trotzdem hieß es durch lange Jahre in parteiischen Zeitungen bei jeder Meldung eines Zusammenstoßes, er sei durch die Rücksichtslosigkeit, durch die Leichtfertigkeit, durch die Unvorsichtigkeit, durch die Fahrlässigkeit, durch die unglaubliche Unachtsamkeit eines Radfahrers verschuldet worden. Diese Presse machte sich damit nicht nur zur Wortführerin des gedankenlosen Publikums, sondern hetzte es gegen die Radfahrer geradezu auf. In Gerechtigkeit muß sie jedoch selbst der Leichtfertigkeit geziehen werden, weil sie stets und immer die ganze und alleinige Schuld auf die Radfahrer wälzte und sich niemals die Mühe gab, zu untersuchen, ob nicht vielleicht einmal der angefahrene Fußgänger der schuldige Teil war. Zudem bewies sie, daß es ihr an Sachverständnis fehlte. Erfreulicherweise hat sich der

Ton der meisten Blätter in dieser Hinsicht sehr gemäßigt, seit viele Journalisten den Radsport selbst betreiben und aus eigener Erfahrung wissen, wo in der Mehrzahl der Fälle der wahre Schuldige zu suchen ist.

Dieser, das muß nachdrücklich betont werden, ist das nichtradelnde Publikum. „Ich behaupte, daß neun Zehntel von allen Unglücksfällen auf Konto der Fußgänger zu rechnen sind", schrieb Hans Baumfelder in der *Rad-Welt*, und kein erfahrener Radler wird gegen diese Berechnung etwas einzuwenden haben, wenn sie auch nicht statistisch zu erhärten ist. Um zu verstehen, von was für einer Art Leute der Radfahrer beständig gefährdet wird, braucht man nur an die Schwerfälligkeit der sich wechselseitig hemmenden Passanten sogar auf den Bürgersteigen zu denken, durch die Schopenhauer zu dem bekannten Ausruf veranlaßt wurde: „Daß doch die Klötze nicht rechts ausweichen wollen!" Es fehlt der großen Masse der Bevölkerung noch völlig an jener Disziplin, die im Zeitalter des Verkehrs zu den unerläßlichen Bedingungen der Erziehung gehören sollte. Ihre Gleichgültigkeit, Unaufmerksamkeit und Gedankenlosigkeit ist grenzenlos, ganz zu schweigen von derjenigen Eigenschaft, gegen welche Götter selbst vergebens kämpfen. Wie oft laufen sie, als ob sie keine Augen hätten, plötzlich blindlings in die Räder hinein, wie oft sind sie gänzlich taub für das Klingelsignal oder, wenn sie es hören, vollkommen unfähig, zu begreifen, was es eigentlich bedeuten soll. Es ist fast ein Wunder und jedenfalls ein Beweis für die Geschicklichkeit, Wachsamkeit und treffliche Zucht der Mehrzahl der Radfahrer, daß verhältnismäßig so selten ein Fußgänger angefahren wird. Diejenigen aber, denen das Rad am gefährlichsten ist und die auch ihrerseits für Radfahrer die größte Gefahr bilden, sind die Unentschlossenen, Furchtsamen und Nervösen. Werden sie durch das Klingelsignal vor Schreck gelähmt, so ist es für beide Teile noch am besten; denn dann wird der Radfahrer sicher an ihnen vorüberkommen. Beginnen sie aber, wie es so häufig geschieht, vor dem Rade zu tanzen und sich verzweifelt vor- und rückwärts zu bewegen, so führen sie ihn über ihre Absicht irre, und er wird sie gerade dann anradeln, wenn er ihnen ausweichen will. Ganz unberechenbar ist auch die Verschiedenheit der Individualitäten: Den einen paralysiert schon der leiseste Glockenton, während für das dicke Trommelfell eines anderen selbst eine Feuerwehrglocke noch nicht laut genug tönt. Wären sie aufmerksam, so würde das Klingelsignal beinahe überflüssig sein. Aber wenn sie sich nur wenigstens die törichte Angst vor dem guten, harmlosen Fahrrad abgewöhnen wollten! Ein Glockensignal ist immer das Zeichen, daß der Radfahrer den Fußgänger im Auge hat; dieser braucht also nur ruhig einen Augenblick stehenzubleiben, so wird ihm nichts Übles geschehen. Nur wer den Radfahrer beim Überschreiten einer Straße durch sinnlose Kreuz- und Querzüge am Ausweichen hindert, wird niedergestoßen. Wer aber in derselben Richtung wie die Radfahrer geht, halte sich beständig rechts, und kein Radfahrer wird ihn belästigen, mag er ihm nun begegnen oder ihn überholen. Überhaupt, es wäre wohl an der Zeit, daß die Eltern im Hause und die Lehrer in der Schule die Kinder von frühester Jugend an dazu ermahnten, sich immer rechts zu halten und rechts auszubiegen, auch auf den Bürgersteigen. In unseren verkehrsreichen Tagen ist das eine Notwendigkeit und sollte zum öffentlichen Anstand gehören.

Ob es wohl jemals vorkommt, daß ein zu Fuß gehender Radfahrer von einem Zweirad überfahren wird? Nur unter ganz ungewöhnlichen Verhältnissen wäre ein solcher Fall denkbar. Denn da die Aufmerksamkeit des Radlers geschult ist, hält er zuvörderst Ausschau, ehe er eine Straße kreuzt; und er kennt die Radfahrordnung, so daß er selbst dann, wenn andere Radfahrer herangesaust kommen, während er sich mitten auf dem Straßendamm befindet, ihnen mit Vertrauen entgegensieht, weil er vorher weiß, wie sie sich verhalten werden. Dies ist der beste Beweis für die überwiegende Schuld des Publikums. Es ist aber auch ein Trost für die Zukunft. In der Schule des Fahrradverkehrs werden und müssen die Fußgänger lernen, was die neue Zeit im Getriebe der Öffentlichkeit von dem Menschen fordert. Und wenn sie das gelernt haben, wird Friede sein, und man wird kaum mehr glauben, daß die Leute einmal so engherzig und beschränkt waren, eine der segensreichsten Erfindungen des Jahrhunderts mit ihrem Haß zu verfolgen.

Allein es ist leider nur zu gewiß, daß ein großer Bruchteil der heutigen Menschheit noch in der alleruntersten Klasse dieser Schule sitzt. Und deswegen müssen wir zugestehen, daß das Fahrrad eigentlich zu früh gekommen ist. Es ist der Zeit voraus, und das gegenwärtige Geschlecht ist noch nicht reif dafür. Wir leben in einer Übergangsperiode. Aber da die Menschen sich nicht selbst erziehen, muß es die Not tun. Das Fahrrad zwingt sie, zu ihrem eigenen Besten.

Indessen, da die Menschen noch sind, wie sie sind, ist ein gewisses Maß an Unzufriedenheit über den Störenfried allerdings begreiflich und entschuldbar, auch abgesehen von den verschiedenen Berufen, die durch den Radsport Einbuße erleiden. Ganz gewiß hat auf den Wegen und Straßen, die von Radlern befahren werden, die schläfrige Gemütlichkeit der guten alten Zeit ein für allemal ihr Ende gefunden. Mit dem seligen Schlendrian geht's nicht mehr; der Fußgänger muß mit wachen Sinnen seine Bahn verfolgen, wenn er durch die vorüberschwirrenden Räder nicht gefährdet werden will – und das ist für den friedlichen Wandersmann unbequem, raubt dem Spaziergänger viel von seinem Vergnügen und verhindert den Beschaulichen, in Ruhe seinen Gedanken nachzuhängen. Immanuel Kant pflegte tagtäglich dieselbe Allee für seine Promenade zu benutzen, und sicher hat die Philosophie auf diesen ungestörten Gängen manche Bereicherung erfahren. Ohne Zweifel würde er den Verkehr der Radfahrer auf seinem Wege als Belästigung empfunden haben, und er hätte ein Recht zur Klage gehabt.

Aber würde er, der Philosoph, darum so weit gegangen sein, das Recht der Radfahrer zu leugnen? Dann wäre er eben kein Philosoph gewesen. Er hätte wohl zugegeben, daß die Fußgänger auf ihren Wegen durch die Radfahrer in ihrer Freiheit beeinträchtigt werden, und er hätte daraus die Folgerung gezogen, daß Radfahrer und Fußgänger durch die verschiedene Natur ihrer Bewegung auf verschiedene Wege angewiesen sind. Doch würde er weiter geschlossen haben: Der Fußgänger hat eine unbeschränkte Auswahl unter den Wegen; es gibt in der Tat keine Art, die nicht zugleich Fußgängerwege sein können. Dagegen ist dem Radfahrer nur eine kleine Anzahl zugänglich. Wenn sich also der Fußgänger auch mit Recht verbitten darf, daß der Radfahrer ihn in Gefahr bringt, so muß er sich doch die bloße Unbequemlichkeit von ihm gefallen lassen, solange er es nicht vorzieht, wie er doch kann, dessen Wege zu meiden und sich mit denen zu begnügen, die dem Radfahrer schlechthin verboten sind und sein müssen. Der

Fußgänger, der den Radfahrer von seinem Weg vertreibt, gleicht dem Reichen, der neunundneunzig Schafe hat und dem Armen auch noch sein einziges nimmt. Er ist ein Egoist, der alles für sich allein haben möchte und anderen nichts gönnt.

Doch sonderbar, gerade den Radfahrern wirft Ortloff, der freundliche Mann, Egoismus, Herrschergelüste, brutale Herrschsucht, Anmaßung einer Herrschaft über die Fußgänger, krasse Rücksichtslosigkeit, ja sogar Frechheit vor, er, der sich zum Wortführer jener Reichen aufgeworfen hat, die alle guten Wege für sich behalten und den Radfahrern auch nicht ein Tüttelchen von ihren alten Privilegien abtreten wollen.

Zugute halten muß man diesen Entrüsteten freilich, daß es nicht nur das Mißbehagen über die Belästigung ihrer Ruhe und die Gefährdung ihrer Sicherheit, sondern mitunter auch ihrerseits das verletzte Rechtsgefühl ist, was sie in Harnisch bringt. Wo die Bankette den Radfahrern verboten sind und dennoch von ihnen benutzt werden, erblickt ein loyal denkender Mensch, der nur die eine Seite der Sache sieht, unverschämte Gesetzbrecher und praktische Anarchisten. Doch Ortloff hat diese Entschuldigung nicht für sich; denn sein Ingrimm ist unvermindert, wo einsichtige Behörden den Radfahrern die Bankette freigegeben haben, wo also ein Rechtsbruch gar nicht mehr vorliegt. Er geht geradezu darauf aus, die Radfahrer ihrer kümmerlichen Rechte wieder zu berauben. Man wird wohl befugt sein, den Vorwurf der Herrschsucht voll auf die Fußgänger zurückzuschleudern, die diesen Standpunkt vertreten.

Allerdings gibt es auch dafür noch eine Erklärung, ja, wenn er über eine Privatansicht nicht hinausgeht, eine Entschuldigung. Das ist die mangelnde Sachkenntnis. Wer sich aber anmaßt, ohne Sachkenntnis öffentlich über eine so schwerwiegende Angelegenheit das große Wort zu führen, ja sogar „gesetzgeberisch“ tyrannische Unterdrükkungsmaßregeln gegen einen gewaltigen Bruchteil der Reichsbevölkerung anzuzetteln, der muß energisch in seine Schranken zurückgewiesen werden.

Es sind lauter falsche Voraussetzungen, auf denen Ortloff sein System aufbaut. Die erste war die „Gemeingefährlichkeit“ des Rades. Die zweite ist die „Herrschsucht“ der Radfahrer, während diese tatsächlich sich nur im Stande der Notwehr gegen die Gesellschaft befinden, die ihnen gefahrvolle, für das Rad unbrauchbare Wege anweist und ihnen die verbietet, auf welche die Natur ihrer Maschine und die Rücksicht auf ihre persönliche Sicherheit sie weist. Die dritte falsche Voraussetzung ist die gänzlich unberechtigte, mit allen Tatsachen im Widerspruch befindliche Ansicht, daß das Fahrrad ein Fuhrwerk und mit allen anderen Fuhrwerken absolut gleich zu behandeln sei. Man weiß nicht, ob man mehr über den Mut erstaunen soll, mit dem sie verkündet wird, ober über die Unwissenheit, die sich darin kundgibt. In Wirklichkeit sind die Eigenschaften, durch welche das Fahrrad sich von allen übrigen Fuhrwerken unterscheidet, ganz außerordentlich viel zahlreicher und bedeutsamer als die, welche es mit ihnen gemeinsam besitzt. Es läßt sich sogar bestreiten, daß das Fahrrad überhaupt ein Fuhrwerk ist; man kann es wenigstens mit gleichem Recht eine Reit- oder Laufmaschine nennen. Das einzige dem Fahrrad und anderen Fuhrwerken Gemeinsame sind eigentlich nur die Räder; aber schon in ihnen tritt auch der enorme Unterschied zutage. Während die eisenbeschlagenen Wagenräder und Pferdehufe den rauhesten Wegen angepaßt sind, können die Luftreifen der Fahrräder durch ein scharfes Steinchen, einen Dorn, eine Nadel, einen Schuhnagel sofort gebrauchsunfähig gemacht werden. Da ferner der Radfahrer Balance halten muß, was keinem anderen Fuhrwerk obliegt, kann ein unbedeutendes Hindernis auf seiner Bahn oder eine schlüpfrige Stelle ihn zum Sturz bringen. Und da er nicht im Fond eines Gefährts sitzt, sondern fast wie die Fußgänger dem Erdboden selbst beständig nahe ist, wird er auch von allem Schmutz der Landstraße besudelt, wogegen der Sinn für Sauberkeit und die Scheu vor den Zeitopfern, welche die Reinigung einer kotbedeckten Maschine fordert, sich naturgemäß auflehnt. Aber ebenso fundamental wie der Unterschied der Wirkung des Weges auf die Maschine ist der Unterschied der Wirkung der Maschine auf den Weg. Schwere Fuhrwerke und eisenbeschlagene Hufe verderben in kurzer Zeit den besten Weg, das Fahrrad aber verbessert auch die schlechten Wege, indem es sie platt und fest walzt. Es hat tatsächlich die Bankette erst in den schönen Zustand versetzt, der den Fußgängern so gefällt; diese haben also gerade Vorteil dadurch. Alles in allem genommen, muß es jedem Urteilsfähigen einleuchten, daß das Fahrrad nicht mit den alten Fuhrwerken in dieselbe Klasse eingeschachtelt werden kann, sondern daß es etwas gänzlich Neues, Eigenartiges ist, dem nur dann Gerechtigkeit widerfährt, wenn die Konsequenzen dieser Eigenart gezogen werden. Die gleiche Behandlung mit gänzlich anders gearteten Fuhrwerken stellt sich dar als Gewaltsamkeit, Willkür und schreiende Ungerechtigkeit.

Kommen wir nun auf die Frage des von Ortloff behaupteten Interessengegensatzes zwischen Radfahrern und Nichtfahrern zurück. Daß ein solcher in gewissem Umfange tatsächlich besteht, haben wir gesehen; doch fanden wir, daß er nicht unversöhnlich ist. Um aber zu seiner Versöhnung beitragen zu können, müssen wir auch wissen, welche Interessen das größere Recht haben. Wer für Beweise überhaupt zugänglich ist, dem werden die vorstehenden Ausführungen bewiesen haben, daß der Radfahrer ein Lebensinteresse an guten Wegen hat. Die Erhaltung und Verbreitung des Fahrrads ist ferner, wie wir gleichfalls dargetan haben, ein Lebensinteresse der Gesamtheit. Wem das Verständnis für die Bedeutung des Fahrrads heutzutage noch abgeht, der kommt als ein hoffnungslos Blinder gar nicht in Betracht. Hat also die Gesamtheit ein Interesse am Fahrrad, und hat das Fahrrad ein Interesse an guten Wegen, so liegt es im Interesse der Gesamtheit, daß dem Fahrrad gute Wege angewiesen werden: die Interessen der Radfahrer sind also berechtigt.

Was die Fußgänger betrifft, so bilden auch sie einen Teil der Gesamtheit, und wenn sie hinreichendes soziales Empfinden besitzen, um sich mit ihr solidarisch zu fühlen, so müssen sie auch anerkennen, daß die Interessen der Gesamtheit ihre eigenen sind. Demnach kann zwischen ihnen und den Radfahrern, deren Interessen mit denen der Gesamtheit identisch sind, kein Interessengegensatz bestehen. Wird von einem solchen gesprochen, so kann es sich also nur um einen Teil der Gesamtheit handeln, der die Solidarität verleugnet und seine Sonderinteressen verfolgt. Sonderinteressen aber können von der Gesamtheit höchstens anerkannt werden, wenn sie für sie selbst indifferent sind. Wenn sie dagegen ihren eigenen widersprechen, sind sie antisozial und ermangeln der Berechtigung. Mithin handeln die Egoisten, welche die guten Wege für sich allein beanspruchen und sie den Radfahrern verbieten, antisozial, und ihr Standpunkt ist verwerflich.

Jedermann darf verlangen, daß die Polizei ihn in vernünftigen Grenzen vor körperlichen Gefahren schützt; psychische Unlustempfindungen dagegen, die aus dem Wesen des modernen Verkehrs hervorgehen, muß er entweder ertragen, oder er muß ihnen aus dem Wege gehen. Denn den modernen Verkehr soweit zu beschränken, daß niemand sich an ihm ärgert, hat die Polizei keine Befugnis, da sie zum Schutze der Mehrheit eingesetzt ist. Ließe sie sich verleiten, große Interessen zu unterdrücken, um kleine zu fördern, so würde sie ihren Beruf verkennen. Freilich fehlt ihr häufig der Maßstab, um die höheren von den niederen Interessen zu unterscheiden, und da unser gegenwärtiges Gesellschaftsystem, im Widerspruch mit der tieferen Solidarität aller Menschen, äußerlich noch immer auf Interessengegensätzen beruht, so ereignet es sich noch oft genug, daß eine Sache Schutz findet, die ihn nicht verdient, und die gerechte unterliegt.

Leider wird auch durch die rigorosen Bestimmungen, durch die das Gesetz den Fahrradverkehr beschränkt, einer Sache gedient, welche dem wahren Interesse des Gemeinwesens feindlich ist. Wenn man zugibt, daß in der lebhaften, vordringlich zutage tretenden Abneigung des Spießbürgers gegen den Radfahrer ein entschuldbarer Kern steckt – Sorge um die eigene bürgerliche Existenz, Entrüstung über Radfahrerrücksichtslosigkeiten, Furcht vor der Gefahr, Verdruß über die gestörte Gemütlichkeit der alten Zeit, beleidigtes Rechtsgefühl –, so hat man die tiefste Ursache doch noch vergessen. Diese besteht in der engherzigen Selbstsucht, die aller Entwicklung feindlich ist, die das gewohnte Behagen als ihr ewiges Vorrecht ansieht und auch das erhabenste Menschheitsrecht nicht anerkennt, wenn es ihr Vorrecht nur um ein Geringes zu schmälern droht. Diese Gesinnung haftet mit unglaublicher Zähigkeit am Alten, weil es ihr bequem ist; sie haßt alles Neue, weil sie Schaden davon fürchtet und auch unfähig ist, sein Recht zu begreifen. Es ist die fortschrittsfeindliche, reaktionäre, dickköpfige Philisterei. Ein Geist idealloser Interessenpolitik, dem der Sinn des Opfers unverständlich ist. Weil das Fahrrad mit neuen Ansprüchen aufgetreten ist, weil es die spießbürgerlichen Privilegien der alten Zeit angetastet hat, weil es ein Prinzip des Fortschritts und der Entwicklung verkörpert, wird es von den Philistern befehdet und verleumdet. Sie sind die Feinde des Lebens überhaupt; sie sind auch die schlimmsten Feinde des Staates, weil sie sein inneres Wachstum unterbinden. Der Staat ist auf falschem Wege, wenn er diese trägen Elemente hätschelt und ihnen zuliebe der entwicklungsfähigen Jugend die Flügel beschneidet.

Das Fahrrad bringt den Menschen ein höheres Evangelium. Es rüttelt sie auf aus ihrer sittlichen Versumpfung, indem es ihnen wieder zeigt, daß sie nicht nur Rechte, sondern auch Pflichten haben. Ohne Opfer, Bescheidung und Entsagung wird der Friede nicht erreicht werden; das allgemeine Interesse fordert, daß man sich anpasse. Es gilt, den Egoismus zu überwinden, von der Engherzigkeit zu lassen, gegenseitiges Dulden, Wohlwollen, Entgegenkommen gilt es zu lernen. Das soziale Leben besteht aus Kompromissen, der soziale Friede im Ausgleich der Interessen. Nicht, als ob die Radfahrer alle Rechte und die Fußgänger alle Pflichten haben sollten. Die Verpflichtung ist wechselseitig, und die Rücksicht muß auf beiden Seiten geübt werden. Aber die Pflichten, die von den Fußgängern verlangt werden, sind nicht schwer, und wenn sie erst einmal erkennen, in wie hohem Maße die Radfahrer auf ihre Einsicht, ihre Achtsamkeit, ihr Entgegenkommen angewiesen sind, werden die besseren unter ihnen es geradezu als eine Forderung der Humanität betrachten, den Radfahrern freundlich zu begegnen, ja sie recht eigentlich unter ihren Schutz zu nehmen.

Aber vielleicht ist es zu viel, eine solche Sinnesänderung vom Alter zu verlangen, das die neue Zeit nicht mehr versteht. Ortloff und Leo, die beiden typischen Vertreter des Vorurteils gegen den Radsport, sind alte, alte Männer, und so haben sie Anspruch auf unsere Nachsicht. Wir hoffen auf die Jugend.

Indessen, die Erbitterung der Feinde über die „Radfahrerplage" offenbart sich bisweilen noch in gehässigeren Formen als in übertriebenen Schutzmaßregeln. Einen tatsächlichen Boykott hat sie in England gezeitigt, wo eine „Liga zur Unterdrückung des Zweirads" zusammengetreten ist, deren Mitglieder sich unter anderm verpflichtet haben, niemals mit einem Radfahrer freundschaftliche oder geschäftliche Beziehungen zu unterhalten. Großmut und Edelsinn kann man den Feinden des Radsports nicht nachrühmen, weder diesseits noch jenseits des Wassers.

Häufig äußert das Übelwollen sich aber auch in brutaler Gewalttätigkeit; denn der Geist des Faustrechts ist in unserem Volke noch lange nicht ausgerottet, selbst nicht unter den sogenannten Gebildeten. Von den feindseligen Handlungen, durch welche Kutscher und Fuhrleute, auf die überlegene Zerstörungskraft ihrer Gefährte vertrauend, oftmals Radfahrer in Lebensgefahr bringen, haben wir bereits gesprochen. Doch auch der böswillige Fußgänger kann dem Radfahrer mit Leichtigkeit schweren Schaden zufügen. Da ist zunächst der immer wieder zu beobachtende passive Widerstand, sei es durch absichtliche Nichtbeachtung des Klingelsignals, sei es durch Versperrung der Landstraßen in ihrer ganzen Breite seitens nebeneinander gehender Fußgänger, so daß der Radler in den Chausseegraben lenken oder absteigen muß. Des Unlogischen, das darin liegt, daß sie dem Rad den Platz zum Durchschlüpfen versagen, während sie doch vor jedem Wagen auf die Seite treten müssen, sind solche Leute sich nicht bewußt; denn ihr Haß bringt sie bisweilen geradezu um den Verstand, vorausgesetzt, daß sie jemals welchen besaßen. Freilich, wie sollen sie Rücksicht und Entgegenkommen lernen, wenn Richter in öffentlichen Verhandlungen den Satz verkünden, daß der Radler jederzeit dem Fußgänger auszuweichen habe?

Weniger harmlos sind die Aggressiven. Es gibt eine Gattung, die sich so lange über die vorbeifliegenden Radler erbosen, bis ihr Koller sie zu irgendeiner rohen Tat hinreißt: Sie werfen den Entgegenkommenden von seiner Maschine oder stecken ihm plötzlich ihren Regenschirm zwischen die Speichen. Andere sind heimtückisch: Sie wälzen Steine auf den Weg, daß die Radfahrer im Dunkeln darüber stürzen müssen, oder sie zerschneiden ihnen hinterrücks die Pneumatics, oder sie streuen Glassplitter und Schuhzwecken auf die Bahn. Manche handeln aus Rachsucht, andere sind die Übelwollenden überhaupt, die Schaden stiften aus reiner Niedertracht; noch andere, Freunde des Schabernacks, werden von ihrer Dummheit, ihrem Leichtsinn, ihrer Lust an plumpen Witzen angestiftet. Selbst Hunde, die ohnehin schon eine Gefahr des Radsports bilden, werden geflissentlich auf Radfahrer dressiert. Zum Glück dürfen wir anerkennen, daß das Gesetz die Radler wenigstens in solchen Fällen von seinem Schutz nicht ausschließt, sondern allenthalben die an ihnen verübten Gewalttaten nachdrücklich ahndet.

Es wäre allzu optimistisch, wenn wir uns der Hoffnung hingäben, daß brutale Tätlichkeiten gegen das radfahrende Volk in absehbarer Zeit aufhören werden. Man braucht nicht gerade mit Lombroso an den geborenen Verbrecher zu glauben, um die Anlage zur Gewalttätigkeit für eine unausrottbare Eigenschaft der Menschennatur zu halten. Aber das Verbrechen ist zugleich auch eine soziale Erscheinung; die Gesellschaft trägt immer wenigstens einen Teil der Schuld daran. Das ist ganz augenscheinlich bei der größeren Mehrzahl der Gesetzübertretungen auf seiten der Radfahrer: Diese werden durch Gesetze, deren Befolgung unmöglich ist, vom Staat zum Rechtsbruch geradezu gezwungen. Ebenso augenscheinlich ist es aber bei der Verfolgungswut, die sich gegen die Radfahrer richtet. Wären die öffentlichen Einrichtungen dem Fahrradverkehr angepaßt, und würde die Schutzbedürftigkeit der Radfahrer, also ihr Recht auf gesetzliche Erleichterungen, von den Staatsbehörden anerkannt, anstatt daß man die Tendenz verfolgt, sie für alle Verkehrsstörungen allein verantwortlich zu machen, so müßte jenes Übelwollen sich bedeutend mildern, aus dem die meisten feindseligen Angriffe hervorgehen.

Aber wenn es auch an der Gerechtigkeit noch fehlt, die das Rad vom Staate fordert, und an der Aufklärung des Publikums über seine Bedürfnisse, es wäre doch falsch zu glauben, daß ein noch unaufgeklärtes Publikum notwendig feindliche Empfindungen gegen die Radfahrer hegen müsse. Hilses Ansicht, daß das Rad für Straßengänger stets lästig sei, widerspricht den Erfahrungen, die andere gemacht haben. Es gibt genug Fußgänger, die zwar gelegentlich über eine Radlerrücksichtslosigkeit unmutig waren, aber sich dadurch keineswegs hinreißen ließen, die vielen Unschuldigen wegen der vereinzelten Schuldigen zu verdammen, auch wenn sie von der Natur des Rades noch gar nichts verstanden. Denn sie vergaßen nicht, daß jeder Radfahrer immer noch mehr Mensch als Radfahrer ist. Darum sprachen sie wie Abraham: „Lieber, laß nicht Zank sein zwischen mir und dir. Willst du zur Linken, so will ich zur Rechten.“ Es gibt noch Wohlwollen auf Erden, und der blinde Haß ist nicht normal. Ein einziger unbefangener Blick genügt ja schon, um den Edlen nachsichtig zu stimmen. Da das Radfahren so wohltätig auf das Gemüt wirkt, so vermehrt es die Summe des Glücks in der Welt, und nur ein ganz verknöchertes Herz kann ungerührt bleiben, wenn es die frohen Gesichter aller derer sieht, denen das Rad die Bürde des Lebens leichter macht.

DAS
BETRETEN
DER
RADFAHR
WEGE
FUSSGÄNGER
IST
IN DIESEM
HAUSE
WURDE ANNO DOM.
1996
BUCEPHALUS
DAS LETZTE
PFERD
DIESER STADT
VERSPEIST.

10

Ein werdendes Recht

In einer Zeit, deren ethisches Denken durch die individualistischen Ideen Stirners und Nietzsches revolutioniert ist, würde es naheliegen, das Sonderrecht des Fahrrads auf dem Individualismus zu begründen. Unser von dem Prinzip demokratischer Gleichheit getragenes Gesellschaftsystem verführt uns leicht dazu, die Ansprüche der Persönlichkeit auf freie Entfaltung geringzuschätzen. Einer Philosophie, die auf die Gefahr allgemeiner Verflachung hinweist und den Wert des selbstherrlichen Einzelmenschen nachdrücklich betont, kommt deswegen ein so hohes Verdienst zu, daß wir von diesem Standpunkt die Forderungen der Radfahrer recht wohl als den Ausdruck eines gesunden Dranges nach Unabhängigkeit zu würdigen vermöchten. Aber das wäre doch nur eine einseitige Begründung, und wir dürften nicht hoffen, daß die Majorität und ihre staatlichen Sachwalter sie anerkennen würden. Doch auch den Radfahrern selbst täten wir damit unrecht; denn es sind gar keine Sonderrechte, die sie beanspruchen. Und schließlich ist der extreme Individualismus philosophisch nicht einmal haltbar, so sehr auch eine maßvolle Anwendung individualistischer Theorien im Interesse des Ganzen liegen mag.

Was Stirner betrifft, so entnimmt er seine Beweisgründe für das Recht des Egoismus nicht der Erfahrungswissenschaft, sondern der Willkür seiner spekulativen Phantasie. Er leugnet die Wirklichkeit der Welt; wirklich ist nach ihm nur das Ich, das sie denkt; dies ist also der Herr der Welt, seiner Traumwelt, und kann mit ihr schalten nach seinem souveränen Belieben. Das ist folgerichtig; aber der ganze Bau stürzt zusammen, sobald die Voraussetzung fällt. Und in der Tat kann die wissenschaftliche Weltbetrachtung sie nur für das Produkt des Übermuts erklären, der über die Grenzen des menschlichen Begriffsvermögens hinausstrebt. Nicht dem Lichte der Erkenntnis begegnet er, wo für den Menschengeist ewiges Dunkel herrscht, sondern allein seinem eigenen Wahn. Also das Stirnersche Recht des Egoismus beruht auf einem Trugschluß.

Was aber Nietzsche anbelangt, so lehrt ein tieferes Studium seiner Philosophie, daß ihm nichts weniger als ein egoistisches Ideal vor Augen schwebt. Es ist die Höherbildung der Gattung, auf die sein Sinnen sich richtet, eine neue, veredelte Menschheit. Wenn er auch glaubt, daß die herrschende Moral des Mitleids und der Nächstenliebe die Persönlichkeit verkleinert und daß nur aus dem völligen Bruch mit ihr größere Menschen hervorgehen können, so ist doch eben diese Moral unbewußt sein Ausgangspunkt. Welche Veranlassung hätte der konsequente Egoist, sich über das Los der künftigen Generationen, über der Kinder Land, den Kopf zerbrechen? Nietzsche aber liebt und bemitleidet die Menschheit, und aus Liebe und Mitleid will er sie in selige Regionen erheben, er will sie erlösen vom Menschenleid durch die Herrlichkeit des Übermenschen. Er steht also von Anfang mit sich selbst in Widerspruch, und so hat man auch ein Recht, im Widerspruch mit der individualistischen Form seiner Ethik, ihn nach seinem Wesen zu den altruistischen Denkern zu rechnen. Eine haltbare Stütze für die Praxis des konsequenten Egoismus bietet seine Philosophie wahrlich nicht.

Wer aber den Entwicklungsgang der Menschheit vorurteilslos betrachtet, kann sich der Erkenntnis nicht verschließen, daß alle echte Kultur der Gesamtheit und aller wahre Adel der einzelnen Persönlichkeit auf der fortschreitenden Überwindung des Egoismus beruht. Nicht, als ob die Lebensrechte des Individuums, die auf dem Selbsterhaltungstriebe fußen, unterdrückt werden dürften; die Gesamtheit besteht aus einzelnen, und sie kann nur gesund sein, wenn die einzelnen ungeschwächt bleiben; gebrochene Persönlichkeiten würden auch eine kranke Gesellschaft bilden. Aber in der höheren Menschengemeinschaft ordnet der Egoismus des einzelnen sich ein in das Interesse der Gemeinschaft. Je mehr der einzelne der Gesamtheit gibt, desto mehr empfängt er von ihr zurück; die Interessen des einzelnen und des Ganzen werden solidarisch. Das ist die Sittlichkeit, der die Menschheit immer mehr entgegenreift. Noch sind wir bei weitem nicht auf ihrer Höhe angelangt; aber wenn wir den Weg überschauen, den wir bis zu unserer heutigen Stufe zurückgelegt haben, den Weg aus tierischer Dumpfheit und der Barbarei des Wilden, so ist es kein vermessener Glaube, daß in kommenden Zeiten eine wahrhaft ethische Kultur auf Erden herrschen wird. Alsdann werden Recht und Ethik identisch sein und ihr oberstes Gesetz das allgemeine Wohl. Und wessen Herz diesem Ziele entgegenschlägt, der wird auch heute schon kein anderes Gesetz anerkennen.

Das ist der Standpunkt, von dem wir auszugehen haben, wenn wir uns über das Recht des Fahrrads verständigen wollen. In der Rücksicht auf das allgemeine Wohl findet es seine Begrenzung; eben darum aber setzt sich auch jede Einschränkung dieses Rechts, die von dem allgemeinen Wohl nicht gefordert wird, in Widerspruch zur altruistischen Rechtsidee und muß als Ungerechtigkeit bekämpft werden.

Ortloffs Buch verfolgt den Zweck, eine gesetzliche Einschränkung der „Radfahrerplage" herbeizuführen. Es gipfelt daher in dem Entwurf einer drakonischen Radfahrerordnung, deren Durchführung die Anhänger des Radsports in unerträglicher Weise drangsalieren, ihn zu einer Plage für die Radfahrer selbst machen und sein baldiges Ende nach sich ziehen würde. Trotzdem hat Ortloff den Mut gehabt, auf das Titelblatt seiner feindseligen Schrift ein parodistisches Motto zu setzen, durch das für den Oberflächlichen die Täuschung hervorgerufen wird, als ob auch ihn die Idee des Wohlwollens und der allgemeinen Gerechtigkeit leitete. „Allen zum Heil" lautet es; wenn es aber dem Inhalt des Buches entspräche, müßte es heißen: „Allen Nichtradlern zum Heil, den Radfahrern aber zum Unheil!" Doch die endgültige Wirkung der von Ortloff vorgeschlagenen Maßregelung der Radfahrer würde nicht einmal in dem Heil der nichtradelnden Bevölkerung bestehen, sondern allen zum Unheil ausschlagen. Denn das Rad ist ein so wertvoller Besitz der Gesamtheit geworden, daß jeder einzelne mittelbar oder unmittelbar davon Nutzen hat und das ganze Volk durch seine Unterdrückung Schaden erleiden müßte.

Wir können und wollen uns nicht verhehlen, daß durch den Radsport gewisse Privilegien oder Gewohnheitsrechte der Fußgänger angetastet werden. Diese Verletzung bestehender Rechte dürfte unter keinen Umständen geduldet werden, wenn damit notwendig und unvermeidlich eine Gefährdung der Fußgänger verbunden wäre; denn alsdann würde sie der Rücksicht auf das allgemeine Wohl widersprechen, über das zu wachen die Pflicht der staatlichen Sicherheitsorgane ist. Von einer solchen Gefährdung kann aber bei ordnungsmäßigem, vernünftigem Betrieb des Radsports nicht die Rede sein. Doch selbst wenn es sich nur um eine Unbequemlichkeit und Belästigung für die Fußgänger auf ihren Wegen handelte, müßte der Staat sie verbieten, falls das Fahrrad nur von einer kleinen Minorität getummelt würde und nicht den volkswirtschaftlichen Interessen des Gemeinwesens wie der Gesundheit des Volkes, kurz dem Heile des Ganzen diente. Nachdem aber ein ganz gewaltiger Bruchteil der Bevölkerung dem Radfahren zugefallen und der ungeheure Segen offenbar geworden ist, den die Gesellschaft aus der maßvollen und angemessenen Benutzung des Fahrrads zieht, kann das Wohl der Radfahrer nicht länger als ein Sonderinteresse angesehen werden, sondern seine Pflege ist fortan unentbehrlich zum Gedeihen der Gesamtheit. Aus dieser Entwicklung der Dinge mußte dem Staate die Pflicht erwachsen, nach billigen Grundsätzen auf die Beseitigung der Hindernisse bedacht zu sein, die der naturgemäßen Ausübung des Radsports noch im Wege liegen; er mußte es als eine selbstverständliche Forderung erkennen, seinen radfahrenden Bürgern diejenigen Rechte zu verleihen, ohne die sie nicht bestehen können. Wurden dadurch ältere Rechte in Frage gestellt, so lag es ihm ob, einen vernünftigen Ausgleich des Konflikts herbeizuführen. Der unvernünftige Widerstand, den schrankenloser Egoismus ihm dabei entgegenstellte, durfte ihn nicht beirren. Durch sein Alter allein ist kein Recht geheiligt; es hört auf, ein Recht zu sein, und wird zum Unrecht, sobald es neuen Lebensformen die Entwicklung wehrt. Denn Entwicklungsfreiheit ist das wahre Naturrecht der Menschheit.

Es ist ohne Zweifel die Pflicht des Staates, ja der moderne Staat ist hauptsächlich dazu da, den bestehenden Gesetzen Achtung zu verschaffen. Aber es wäre eine lebensfeindliche Vermessenheit, irgendein von Menschen gegebenes Gesetz für etwas anderes als den vergänglichen Ausdruck einer sozialen Entwicklungsstufe zu halten. „Die Staaten würden untergehen, wenn man die Gesetze nicht oft unter die Notwendigkeit beugte“, sagt Pascal. Der Staat als solcher, der wesentlich die Verkörperung der Macht ist, beruht auch gar nicht auf einer bestimmten Rechtsordnung; denn er ist älter als die Normen des Rechts, die sich erst innerhalb seiner Machtsphäre aus Sitte und Aberglauben entwickelt haben. Er selbst hat das stärkste Interesse daran, das, was Steinthal das ungerechte Recht nennt, zu beseitigen. Wo Gesetz und Rechte sich „wie eine ew'ge Krankheit" forterben, wo „Vernunft wird Unsinn, Wohltat Plage", da werden die Grundlagen der Gesellschaft erschüttert, und sie kann nur wieder gesunden, wenn ein neues, ihrer fortgeschrittenen Entwicklung angemessenes Recht ihr als Heilmittel gegeben wird. Und so zeigt uns denn tatsächlich der Werdegang aller Völker eine fortdauernde Verschiebung der Rechtsverhältnisse und der Rechtsanschauungen. Das Recht verjüngt sich, wie Jhering es ausdrückt, „indem es mit seiner eigenen Vergangenheit aufräumt." „Die ganze Geschichte des sozialen Fortschritts", äußert John Stuart Mill, „war eine Reihe von Übergängen, durch welche eine Sitte oder Einrichtung nach der anderen, die ehemals für eine unentbehrliche Notwendigkeit des sozialen Daseins gehalten wurde, auf die Stufe einer von jedermann verurteilten Ungerechtigkeit und Tyrannei hinabsank."

Von dem Fahrrad, das als etwas gänzlich Neues in die Welt kam, läßt sich nun aber gar nicht behaupten, daß es mit den bei seinem Auftreten bestehenden Gesetzen in Konflikt geraten ist; denn es gab noch gar keine Gesetze, die auf das Fahrrad zugeschnitten waren, weil man es eben bisher nicht gekannt hatte. Erst dadurch, daß man es, im Widerspruch zu seiner Natur, mit allen anderen Fuhrwerken in einen Topf warf, schuf man einen Konflikt. Hätte man es von vornherein in seinem eigentlichen Wesen gewürdigt und ihm gestattet, sich nach diesem seine Bahnen zu suchen, so wäre viel unnützer Streit, Erbitterung und Unfrieden vermieden worden.

Doch man begnügte sich nicht einmal mit der unpassenden Anwendung alter Gesetze auf eine neue Einrichtung, sondern man schuf einerseits auch noch neue zu überflüssiger Einschränkung der Bewegungsfreiheit des Rades; andrerseits gab man erst jetzt alten Gewohnheitsrechten zur Abwehr gegen den Eindringling die Kraft gesetzlicher Privilegien, indem man den Fehlgriff beging, den Radfahrern die Chausseebankette zu verbieten und sie den Fußgängern als Alleinbesitz zu überlassen. Erfreulicherweise sind jedoch die Behörden wenigstens bezüglich dieses letzten Punktes wie im Auslande schon länger, so nun auch in einigen Reichsgebieten, und zwar ganz neuerdings auch in der Provinz Brandenburg, bereits wieder von ihrem Irrtum zurückgekommen, so daß man von der Zeit vielleicht noch andere Zugeständnisse erhoffen darf.

Auf den Maueranschlägen, durch die in Graz eine Versammlung einberufen wurde, um gegen die Erhebung einer Radfahrersteuer zu prostestieren, hieß es: „Radfahrer, wahret eure Rechte!" Hochenegg erzählt, daß ihm daraufhin der Einwurf gemacht worden sei: „Ja, Sie haben ja gar keine Rechte!" Diese Äußerung ist ungemein charakteristisch für die Auffassung weiter Kreise. Aber sie ist nur zutreffend, sofern es sich um das geschriebene Recht handelt; das moralische Recht, das haben die Radfahrer jedenfalls, und sie haben auch das Gefühl ihres Rechts. Post nennt einmal die Rechte aller Völker der Erde „den vom Volksgeiste erzeugten Niederschlag des allgemeinen menschlichen Rechtsbewußtseins." Es ist interessant, neben diesen Satz der ethnologischen Jurisprudenz das Wort eines modernen Kulturhistorikers zu stellen. In einem Aufsatz über „Das Fahrrad als soziale Erscheinung", den W.H. Riehl noch in seinen letzten Lebensjahren in der *Münchener Allg.*[*emeinen*] *Zeitung* veröffentlichte, heißt es: „Die leidenschaftliche Begeisterung für das Recht des Fahrrades wurzelt in den Tiefen der Volksseele." Wenn das wahr ist – und es ist ganz gewiß wahr –, so haben wir allen Grund, zu vertrauen, daß auch das geschriebene Recht als Niederschlag unseres Volksbewußtseins dem Fahrrad über kurz oder lang den Platz anweisen wird, der ihm gebührt.

Betrachten wir nun die einzelnen Rechte, um deren Anerkennung die Radfahrer kämpfen, so erscheint das auf die Benutzung der Chausseebankette, und zwar ausnahmslos im ganzen Reich, als eins der wichtigsten. Eine gleichmäßige Regelung des Fahrradverkehrs durch Reichsgesetzgebung erscheint überhaupt bei der länderverbindenden Natur des Rades als eine Forderung der Vernunft und der Gerechtigkeit. Es ist ein demütigender Widerspruch zu der Idee reichsdeutscher Rechtseinheit, daß die jämmerliche Kleinstaaterei von ehedem in all jenen bunten Sonderverordnungen für die radelnde Bevölkerung noch einmal ihre Auferstehung gefeiert hat. Da übrigens

Banquette eine Erderhöhung bedeutet, die betreffenden Wegstreifen aber tiefer liegen als der chauffierte Straßenteil, so sind es in Wirklichkeit nicht einmal Bankette. Mit dem technischen Ausdruck werden sie Materialienbankette genannt, woraus hervorgeht, daß sie ursprünglich gar nicht für Menschen, sondern zur Lagerung von Kies und Steinen bestimmt waren. Es ist aber Sitte geworden, daß die Fußgänger sie für sich benutzen, und aus der Sitte leiten sie nun ihr alleiniges Recht daran ab. Noch einmal wiederholt sich hier das Verhältnis, aus dem in der Urzeit das Recht überhaupt entsprang.

Als das Fahrrad kam, fand es die Welt schon vergeben: Kutscher und Fußgänger hatten sie zwischen sich geteilt. Beide verteidigten neidisch ihren Besitz und hackten wütend auf den schmächtigen Fremdling los, der nur gerade genug davon verlangte, um durchzuschlüpfen. Er versuchte es zuerst mit der Chaussee: War sie neu und trocken, so ließ sich wohl darauf fortkommen, wenn es ihm gelang, sich mit heiler Haut an den böswilligen Fuhrleuten vorüberzuschlängeln, die das zierliche Ding mit ihren massiven Wagenkolossen spielend zermalmen konnten und eine beständige Gefahr bildeten. Aber die neuen und die trockenen Chausseen waren eine Ausnahme; denn auch die besten wurden in kurzer Zeit von den schweren Fuhrwerken und den eisenbeschlagenen Hufen verdorben, und nach jedem Regen oder starkem Tau wurde ihre Kiesdecke durch die Wagenräder zu einem schlüpfrigen Brei zermahlen. Manche, die im Waldesschatten lagen, trockneten fast jahraus jahrein nicht. Die natürliche Folge war im günstigsten Falle, daß die Radfahrer mit Staub oder mit Straßenkot bedeckt ihr Ziel erreichten und mehrere kostbare Stunden opfern mußten, um Maschine und Kleider zu säubern, im weniger günstigen, daß ihre Reifen von den scharfen Steinen zerschnitten oder die Räder auf andere Weise beschädigt wurden, im schlimmsten, aber keineswegs ungewöhnlichen, daß sie selbst zum Sturz kamen und Schaden an ihren Gliedern, ja an ihrem Leben nahmen; ganz abgesehen davon, daß das Rad im Kampfe mit so vielen Hindernissen seine Bestimmung nur sehr unvollkommen erfüllen kann. Und so kam die Gesamtheit der radfahrenden Leute zu dem folgerichtigen Schluß, daß die Chausseen in ihrem durchschnittlichen Zustande mit den eigentümlichen Bedürfnissen des Fahrrads unverträglich sind.

Nun wandten sie sich den Banketten zu, auf denen alle jene Übelstände fehlten. Diese waren freilich im Anfang zumeist noch weich oder mit Gras bewachsen; denn nur wenige Fußgänger wanderten weit aus dem Bereich der Städte hinaus, und es wurden ihrer immer weniger, je mehr die Wanderfrohen dem Radsport zufielen. Aber das Fahrrad walzte sich seine Bahn in kurzem hart und platt, und so hatte es jetzt, was seiner Natur entsprach. Es war in seinem eigenen Element wie der Fisch im Wasser. Auf der Chaussee hätte es verlechzen müssen, und ganz auf sie angewiesen, wäre die Zahl seiner Anhänger niemals zu einer mächtigen Heerschar geworden. Da konnte auch das Recht nicht zweifelhaft sein; es ergab sich aus der Angemessenheit der Dinge. Wenn das Fahrrad überhaupt ein Recht in der Welt hat, so hat es auch ein Recht auf die Bankette, das sagte sich jeder Sachverständige. Es ist sein Naturrecht, vorausgesetzt, daß ihm nicht noch bessere, eigene Wege zur Verfügung stehen.

Allein die Fußgänger waren anderer Ansicht. Sie fühlten sich als die berechtigten Besitzer der Bankette, und teils aus Unkenntnis und Einsichtslosigkeit, teils aus irregeleitetem Rechtsbewußtsein, teils aus wirklicher Angst um ihr Leben und Verdruß über die Störung ihrer bisherigen Gemütlichkeit, teils aber auch aus kleinlichem Egoismus wollten sie den Nebenbuhler auf ihrem Gebiete nicht dulden. Sie erhoben lautes Geschrei, die Presse machte sich bereitwillig zum Sprachrohr ihrer sittlichen Entrüstung, und so erlebten wir jenen Radfahrerkrieg, der mit einer schweren Niederlage für die fahrenden Leute endigte: Die Behörden verwiesen sie auf die Chaussee zurück und verwandelten für die Fußgänger die Sitte der Bankettbenutzung in ein Privilegium.

Diese Entscheidung muß sowohl aus ethischen und rechtlichen wie auch aus Gründen der Staatsweisheit gemißbilligt werden. Zunächst besaßen die Fußgänger noch gar kein Recht auf Alleinbesitz der Bankette: Es wurde erst durch das Urteil geschaffen. Doch was besonders schwer wiegt: Die Entscheidung war eine Begünstigung der Minorität zum Nachteil der Majorität. Denn da den Fußgängern alle Wege in der Welt zu Gebote stehen, ist es tatsächlich nur eine kleine Zahl von ihnen, die sich der Bankette bedient; sie beträgt vielleicht nicht ein Viertel der Zahl des radfahrenden Volkes, das keinen anderen Weg hat als die Chausseen. Wären sie aber auch in der Mehrzahl gewesen, so war das neue Sonderrecht doch unnötig, da die Fußgänger keineswegs so gefährdet wurden, wie sie vorgaben, wenn sie nur aufmerkten; und zudem konnten sie sich ja andere Wege wählen, falls die Konkurrenz mit den Radlern ihnen nicht behagte. Die Verweisung der Radfahrer auf die Chaussee, auf der ihr Leben bedroht und bestenfalls ihre Sportausübung schwer beeinträchtigt wird, war ferner in hohem Grade inhuman. Sie war aber auch kurzsichtig; denn für den Schaden, den Fuhrwerke und ihre Insassen, also nach der behördlichen Klassifikation auch die Radfahrer, durch die schlechte Beschaffenheit der Straßen erleiden, sind die Gemeinden haftbar. Und endlich war sie nicht einmal imstande, sich durchzusetzen, und konnte nur dazu dienen, die Achtung vor dem Gesetz zu untergraben. Wer wollte leugnen, daß die Autorität des Staates darunter leiden muß, wenn sie sich durch Vorschriften, zu deren Aufrechterhaltung ihr die Beamten fehlen, eine Blöße gibt? Werden doch die Bankette trotz aller polizeilichen Verbote noch immer, überall und von allen Radlern befahren, auch von den loyalsten unter ihnen, weil der gewöhnliche Zustand der Chausseen sie dazu zwingt. Sie üben eben ihr Notrecht aus. Lieber, als daß sie ihre Maschinen und ihre gesunden Gliedmaßen einer beständigen Gefahr aussetzen, begehen sie eine Gesetzübertretung, durch die niemand geschädigt wird, und bezahlen, wenn ein Gendarm sie erwischt, ein Strafmandat. Quixotische Heilige, die sich ein Gewissen daraus machen, ohne Sachverständnis erlassenen, innerlich unberechtigten Polizeivorschriften ein Schnippchen zu schlagen, gibt es eben in unserer Zeit nicht mehr. Es leuchtet wohl auch ein, daß es keine hohe staatsmännische Weisheit ist, die harmlose Menschen durch undurchführbare Gesetze zu Rechtsverächtern macht. Wenn die ungeheure Summe der Geldopfer, welche die Gemaßregelten schon bringen mußten, in Talerstücken auf einen Tisch gezählt werden könnte, so müßte er von stärkstem Eichenholz sein, um nicht zusammenzubrechen; aber ließe die Fülle von Erbitterung und Geringschätzung, die das Bankettverbot gezeugt hat, sich in Gestalten verkörpern: Seine Urheber würden erschrecken über ihre Drachensaat.

Doch wenn nun wirklich den Radfahrern die Bankette freigegeben werden, so ist damit die feindselige Gesinnung gewisser Fußgänger noch nicht überwunden. Man muß im Gegenteil darauf vorbereitet sein, daß das Verhältnis sich zunächst umkehren wird: Sie werden jetzt ihrerseits glauben, daß der Staat sie schutzlos läßt, und vielleicht lautere Klagen erheben als vorher. Da wir vom Standpunkt des allgemeinen Wohles ausgehen, können wir dieser besiegten Minderheit unser Mitleid nicht vorenthalten. Es wiederholt sich an ihnen im kleinen, was Jhering von größeren Rechtskämpfen sagt: „Hier stehen sich zwei Parteien gegenüber, von denen jede die Heiligkeit des Rechts in ihrem Panier führt, die eine die des historischen Rechts, des Rechts der Vergangenheit, die andere die des ewig werdenden und sich verjüngenden Rechts, des ewigen Urrechts der Menschheit auf das Werden – ein Konfliktsfall der Rechtsidee mit sich selber, der in Bezug auf die Subjekte, die ihre ganze Kraft und ihr ganzes Sein für ihre Überzeugung eingesetzt haben und schließlich dem Gottesurteil der Geschichte erliegen, etwas wahrhaft Tragisches hat.“ Der Zwiespalt, in dem die Gesetzgeber sich befinden, die durch ihre Entscheidung notwendig das Recht der einen oder der anderen Seite verletzen müssen, ist recht wohl verständlich und macht es erklärlich, daß die Anerkennung des neuen Rechts sich nur zögernd vollzieht, zumal der Vorkämpfer des letzteren, der das alte schließlich doch nur durch die Übermacht eines stärkeren Rechts verdrängt, gewisse Züge mit dem erobernden Gewaltmenschen teilt. Doch dürfen wir uns dadurch an unserer guten Sache nicht irremachen lassen. Wir sind ja überzeugt, daß es wirklich das höhere Recht ist, um welches wir kämpfen, weil es dem allgemeinen Besten entspricht. Auf unseren Posten hat das aufsteigende Leben selbst uns gestellt, dem wir uns verschrieben haben; darum gibt es kein Zurück.

Allzu tragisch braucht man indessen die entrechteten Fußgänger nicht zu nehmen. Zunächst ist es einmal ganz gewiß, daß die heranwachsende Jugend, die teils selbst radelt, teils wenigstens von dem Geiste des modernen Verkehrs ihre Erziehung empfängt, für die Sonderrechtsansprüche der engherzigen Radfahrerfeinde unserer Tage gar kein Verständnis bewahren wird. Die letzteren aber stehen insgesamt auf dem Aussterbeetat, und weil sie Verteidiger eines sterbenden Rechts gegen ein werdendes Recht sind, verdienen sie auch gar keine Berücksichtigung. Sie verkörpern den konservativen Geist in seinen dem Fortschritt widerstrebenden und darum antisozialen, menschheitsfeindlichen Konsequenzen. Sie pochen auf ihre unantastbaren Rechte, als ob es absolute Rechte überhaupt gäbe und nicht alles in beständigem Wandel, in ewigem Flusse begriffen wäre. Was ist überhaupt das Recht des Besitzes? Was ist unser eigen? Heute mögen wir uns Herren einer halben Welt dünken, morgen sind wir tot, und andere sind die Herren. Aller Besitz ist nur zeitweilig, geliehen; höchstens lebenslänglich, meist aber nicht einmal das. Denn die Werte ändern sich immerfort, die der Grundstücke, die der Kräfte. Schicksal und Gewalt sind Diebe und Räuber an unserem Eigentum; es schwindet unter unseren Händen, oder wir werden unfähig, es zu halten. Ein stetiger Enteignungsprozeß vollzieht sich durch die natürliche Entwicklung alles Daseins. Werden und Vergehen ist unser Los. „Das Alte stürzt, es ändert sich die Zeit.“

Es entspricht daher nur dem allgemeinen Gesetz des Lebens, wenn auch der Staat sich sein Notrecht gewahrt hat und es zum allgemeinen Besten durch Enteignung zum Ausdruck bringt. „Der Grundsatz der Unantastbarkeit des Eigentums heißt die Dahingabe der Gesellschaft an den Unverstand, Eigensinn und Trotz, an den schnödesten und frevelhaftesten Egoismus des einzelnen“, sagt Jhering. Darum ist die Enteignung der die Bankette benutzenden Fußgänger im Interesse des numerisch viel beträchtlicheren Radfahrerverkehrs rechtlich durchaus zulässig. Sie ist es um so mehr, da es sich dabei nicht einmal um wirkliches Eigentum, sondern nur um ein gewohnheitsmäßiges Nutzungsrecht handelt. Zudem kann dabei von einer völligen Enteignung nicht einmal die Rede sein, sondern nur von einer Teilung des Besitzes. Die Fußgänger sollen nicht von ihrem Gebiet vertrieben, sie sollen nur gehalten werden, den spätgeborenen Bruder friedlich neben sich zu dulden.

Aber auf eine neue Teilung der Welt läuft der Kampf des Fahrrads um sein Recht allerdings hinaus. Mit den Brosamen, die unter den Tisch fallen, will und kann es sich nicht begnügen, sondern es muß fordern, neben allen anderen modernen Verkehrsmitteln als gleichberechtigter Mitbewerber anerkannt zu werden. Es verlangt den Platz, der ihm gebührt, und es verlangt auch Opfer, wenn es ohne diese nicht abgeht; es muß und darf sie verlangen, nachdem seine Bedeutung sich mit elementarer Macht entwickelt und weit über individuelle Interessen erhoben hat. Dient es der Allgemeinheit, so erkenne diese den Grundsatz der Gegenseitigkeit an und versage auch ihm ihre Dienste nicht.

Unsere Beweisführung unterliegt jedoch einer Einschränkung. Da die Benutzung der Chausseen für die Radfahrer schwere Gefahren mit sich bringt, so hat der Staat allerdings die Pflicht, ihnen die vorhandenen besseren Wege zu gestatten. Daraus aber leitet sich ein Recht auf Befahren der Fußgängerwege nur solange her, als es für den Fahrradverkehr keine eigenen Wege zu denselben Zielen gibt. Wir brauchen also die gemeinsame Benutzung der Bankette durch Fußgänger und Radfahrer nur als einen vorläufigen und zeitweiligen Notbehelf zu betrachten. Wo und sobald eigene Radfahrerwege geschaffen werden, mögen die Fußgänger immerhin wieder in den Alleinbesitz der Bankette zurücktreten und deren Benutzung durch die Radfahrer, weil sie alsdann unnötig ist, auch wiederum strafbar werden. Da die Kutscher sich auf den Chausseen und die Fußgänger auf den Banketten durch die Radler belästigt fühlen, muß es für sie ebenso wünschenswert sein, daß die Radfahrer auf eigene Wege verwiesen werden, wie für die Radfahrer selbst, für welche die gemeinsame Benutzung eines guten Weges mit Fußgängern auch im besten Falle noch ein Hindernis ihrer freien Bewegung bildet. Demnach liegt die Anlegung von Radfahrwegen im Interesse aller Parteien, also wirklich der Gesamtheit ohne Ausnahme, und würde dem allgemeinen Wohl im höchsten Maße dienen. Es ist nicht nur eine Frage der Bequemlichkeit, sondern der allgemeinen Sicherheit: Unglücksfälle müssen sich um so mehr verringern, je mehr die verschiedenen Verkehrsmittel isoliert werden. Eine neue Aufgabe ist mithin dem Gemeinwesen gestellt, der es sich auf die Dauer nicht wird entziehen können. Die Straßenbaupolizei muß der Entwicklung des Radsports folgen, hinter der sie noch weit zurücksteht. Im Prinzip ist die Sache ja auch tatsächlich längst entschieden, da wir überall besondere Reitwege haben, obwohl die Zahl der Reiter niemals so groß war wie heutzutage die der Radfahrer. Wir fordern aber zum Besten der gesamten Bevölkerung, daß Radfahrerwege überall gleichmäßig im ganzen Reiche angelegt werden, und berufen uns auf Art. 4, 8 der Reichsverfassung, nach welchem „die Herstellung von Land- und Wasserstraßen im Interesse der Landesverteidigung und des allgemeinen Verkehrs“ der Beaufsichtigung seitens des Reichs und der Gesetzgebung desselben unterliegt. Für Wagen und Fußgänger müssen die Radfahrerwege dann aber auch mit Rücksicht auf die Sicherheit aller Beteiligten streng verboten werden, ebenso wie dies bei den Eisenbahnen der Fall ist. Da, wo heutzutage bereits eigene Radlerwege bestehen, ist es unausgesetzt zu beobachten, daß dieser billige Grundsatz in der nichtradelnden Welt noch kein Verständnis gefunden hat.

Einige andere Vorschriften für den Fahrradverkehr, die von den verschiedenen Landesregierungen zum Schutze der Fußgänger und der allgemeinen Ordnung aufrechterhalten werden, können wir kürzer behandeln, da sie keine Lebensfragen sind. Daß die Radfahrer sich wie Kutscher und Fuhrleute *rechts* zu halten, nach *rechts auszubiegen* und *links* zu *überholen* haben, ist am segensreichsten für sie selbst, und es wäre nur zu wünschen, daß die übrigen Fuhrwerke diese Regel ebenso streng beobachteten, wie es seitens der Radler geschieht. Das Wichtige ist dabei natürlich nicht gerade *diese* Richtung, sondern daß überhaupt eine Richtung verbindliche Vorschrift ist. In England und Österreich, wo man links ausweicht, wird derselbe Zweck erreicht. – Mit Recht wird überall eine *Bremsvorrichtung* gefordert, ebenso zur Warnung ein rechtzeitiges *Klingelsignal*. Nur dürfen die Fußgänger nicht verlangen, daß der Radfahrer ihnen mit seiner Glocke einen Ohrenschmaus bereitet, wenn ihre Augen ihm ersichtlich zugewendet sind; im Gegenteil, es soll so wenig wie möglich geklingelt werden, und alles überflüssige Klingeln ist verwerflich. Ganz und gar abzulehnen ist Ortloffs Forderung, daß die Radfahrer außer der Signalglocke noch wie Schlittenpferde unablässig bimmelnde Schellen an ihren Maschinen führen. Für nervöse Personen würde der Radsport, den sie doch gerade zur Nervenstärkung treiben, dadurch unerträglich werden, und zudem müßte der beständige Lärm die Aufmerksamkeit des Publikums vielmehr abstumpfen und einschläfern als wecken. – Durchaus zu billigen ist die Verordnung, daß das Fahrrad, wenn es während der Dunkelstunden zum Fahren benutzt wird, mittelst einer Laterne beleuchtet sei. Aber das Wesentliche an dieser Vorschrift ist die Beleuchtung und nicht die Laterne. Wenn also ein Radfahrer, der seine Laterne daheim gelassen oder Schiffbruch mit ihr gelitten hat, sich ausnahmsweise zur Beleuchtung eines Lampions bedient, so erfüllt er den Geist des Gesetzes, und die Richter, die ihn trotzdem nach dem Buchstaben verurteilen, mögen überzeugt sein, daß das gesunde Rechtsgefühl des Volkes für ihre Haltung kein Verständnis besitzt. Ebenso unverständlich ist es, wenn ein Radfahrer straffällig befunden wird, obwohl er, um nicht gegen das Gesetz zu verstoßen, seine unbeleuchtete Maschine an der Hand geführt hat. Solche Urteile können nur zur Folge haben, daß laternenlose Radfahrer sich im Dunkeln auf die Schnelligkeit ihres Rades verlassen und erst dadurch gefährlich werden. – Polizeilich ausgefertigte Radfahrer-Karten sind zur Legitimation sehr nützlich und stellen keine Belästigung dar. Eine solche kann auch nicht in Nummernplatten erblickt werden; doch sind diese zwecklos. Das Ansinnen dagegen, an den Maschinen, und wohl gar vorn und hinten, Metallschilder zu führen, auf denen Name und Stand des Radfahrers deutlich lesbar sind, ist so indiskreter Natur und verstößt so sehr gegen den Geist unseres demokratischen Zeitalters, der alle äußeren Standesmerkmale der Zivilpersonen aus der Öffentlichkeit verbannt hat, daß man es als völlig unstatthaft zurückweisen muß.

Von großer Wichtigkeit ist die Frage der Radfahrer-Steuer. Eine solche wird in Frankreich erhoben, wo sie unlängst von 10 auf 6 Francs jährlich herabgesetzt wurde; ferner in Mexiko, wo sie etwa 50 Mark jährlich beträgt; desgleichen auch in einigen deutschen Gebieten, z.B. in Rudolstadt und im Großherzogtum Hessen, wo nur Gewerbetreibende und Lohnarbeiter mit Einkommen unter 1500 Mark, sofern sie das Rad zur Erreichung ihrer Arbeitsstätte benutzen, davon befreit sind. Ihre Verteidiger wissen mancherlei Gründe dafür vorzubringen, die zum Teil weit hergeholt sind. Der ehrlichste ist wohl das Zugeständnis, das, nachdem alle anderen Steuerquellen erschöpft sind, in dem Fahrrad ein neues, höchst willkommenes, reichsten Ertrag verheißendes Beuteobjekt erblickt. Dabei kümmert man sich wenig darum, ob der für Minderbemittelte ohnehin noch immer allzu kostspielige Sport nicht gerade aufzehrt, was der Durchschnitt dafür zu erübrigen vermag. Wenn jene 1400 Radfahrer, die ihre Maschinen im Münchener Leihhaus versetzt haben, durch wirkliche Not dazu veranlaßt worden sind, so sollte dieser Umstand den Steuerhungrigen doch zu denken geben. (Es wäre freilich auch möglich, daß die Betreffenden das Leihhaus nur als bequeme Winter-Pension für ihre Maschinen betrachten oder sich alter Räder durch Versetzung entledigt haben, um an ihrer Stelle neue anzuschaffen.)

Ortloff führt zur Begründung einer Radfahrersteuer an, daß der Eisenbahnfiskus Anspruch auf Vergütung dessen habe, was ihm durch das Radfahren entgeht. Dagegen ist einzuwenden, daß der Eisenbahnfiskus nur Anspruch auf Vergütung seiner Leistungen hat, selbst wenn das Fahrrad ihm Abbruch täte. Dies ist aber kaum in bedeutendem Umfange der Fall, da viel weniger das Eisenbahnfahren als das Fußwandern durch das Radfahren vermindert und das Fahrrad hauptsächlich zur Erreichung von Orten benutzt wird, zu denen keine Eisenbahn führt. Zudem besorgt doch die Eisenbahn den Transport der Räder aus den Fabriken zu den Händlern, und sie befördert viele Räder als Passagiergepäck. Es ist also gar nicht anzunehmen, und man hat auch noch nicht vernommen, daß die Einkünfte des Eisenbahnfiskus durch den Radsport wesentlich gelitten hätten.

Hauptsächlich jedoch beruft Ortloff sich auf das Vergeltungsrecht. Der Radfahrer soll danach mit Steuern für die durch ihn geschaffene Verkehrsunsicherheit büßen, also Auge um Auge, Zahn um Zahn. Es bedarf aber keines großen Feingefühls, um zu erkennen, daß die Behörden einen ethisch verwerflichen Standpunkt einnehmen würden, wenn sie so kalkulierten. Ist das Radfahren gemeingefährlich, so hat die Polizei die Pflicht, es zu verbieten; einen Freibrief auf Gefährdung des Publikums gegen Bezahlung ausstellen, worauf die Radfahrersteuer als Entschädigung hinausläuft, darf sie unter keinen Umständen.

Besser begründen könnte man das Recht der Radfahrersteuer, wenn man die daraus hervorgehenden Einnahmen als Mittel betrachtete, eine etwa vorhandene Gemeingefährlichkeit zu mindern. Dies könnte erstlich durch Vermehrung der Aufsichtsorgane, zweitens durch Trennung des Radfahrverkehrs von dem übrigen, also durch Schaffung besonderer Radfahrerwege geschehen. Gegen den ersten Punkt läßt sich aber einwenden, daß der Ertrag ihrer Strafmandate für viele Ortschaften mehr als hinreichend ist, um ihre Polizeimannschaft zu verstärken; es gibt ländliche Gemeindeverwaltungen, die den listig angelegten „Radfahrerfallen" eine unerhörte Blüte verdanken; ihre neuerdings aufschießenden prachtvollen Rathäuser lassen keinen anderen Schluß zu. Was aber die Radfahrerwege betrifft, so haben wir schon gesehen, daß ihre Anlegung der Gesamtheit zugute kommen würde; folglich hätte auch die Gesamtheit die Kosten aufzubringen. Nur wenn die erforderlichen Wegebauten das Budget der Gemeinden übermäßig belasteten, würde eine Steuererhöhung berechtigt sein, an der auch die Radfahrer teilzunehmen hätten, aber nicht als Radfahrer, sondern als Staatsbürger und nur in gleichem Verhältnis wie jeder andere Staatsbürger.

Am wenigsten läßt sich indessen eine Luxussteuer auf das Fahrrad verteidigen, wenn es wirklich, wie wir zu beweisen versucht haben, im Dienste des allgemeinen Wohles und speziell der Volksgesundheit steht. Auch Ortloff will die Radfahrersteuer als Luxussteuer betrachtet wissen und vergleicht sie von diesem Gesichtspunkt mit der Hundesteuer. Sie soll aber in seinem Sinne hauptsächlich eine Repressivmaßregel sein. Das letztere ist ja die Hundesteuer auch, und zwar eine berechtigte; denn ohne sie würde die überhandnehmende Hundebevölkerung zu einer Landplage werden und den letzten Rest von Ruhe, der für die geistige Arbeit in unserem unruhigen Zeitalter noch übriggeblieben ist, durch ihr Gebell vernichten. Daß das Fahrrad unterdrückt und an der Ausbreitung verhindert werden müsse, ist aber nur die blinde Parteimeinung seiner Feinde, die den unschätzbaren hygienischen Wert des Radsports nicht zu würdigen vermögen oder nicht würdigen wollen. Eine Fahrrad-Steuer wäre wesensverwandt mit der in einer Periode der Unwissenheit von etlichen Staaten erhobenen Fenster-Steuer. Diese veranlaßte, daß die Leute ihre Häuser mit weniger Fenstern ausstatteten, als zum Einlaß von Luft und Licht, also zur Erhaltung der Gesundheit, notwendig waren. Sie trug mithin dazu bei, die Menschen elend und krank zu machen, und aus diesem Grunde war sie ein Mittel zur Verschlechterung der Rasse, eine menschenfeindliche und geradezu verbrecherische Steuerauflage. So ist auch jede andere Steuer verwerflich, welche die Menschen verführt, sich einer rationellen Körperpflege zu enthalten, also jede Steuer auf Hilfsmittel der Körperpflege. Wer ein Herz für das Wohl des Volkes hat und die Pflicht des Staates anerkennt, die Gesundheit seiner Bürger zu schützen, muß darum die Radfahrer-Steuer verurteilen.

Wie weit die Gesetzgebung noch davon entfernt ist, das Wesen und die Bedürfnisse des Fahrrads zu begreifen und ihm sein natürliches Recht zuzugestehen, beweist uns schließlich die Befugnis der Polizeibehörden, das Befahren von Wegen, Straßen, Brücken, Plätzen, ja von ganzen Städten für Radfahrer nach eigenem Ermessen zu verbieten. Das Absperrungsrecht ist hierdurch den allerverschiedensten Persönlichkeiten und Leuten von den verschiedensten Bildungsgraden bis hinunter zum Ortsvorsteher einer kleinen Landgemeinde zugestanden. Und zwar besteht es nicht nur in dem Recht zu verbieten, sondern auch in dem Recht zu befehlen; denn an verbotenen Stellen, die der Radfahrer notwendig passieren muß, begegnet ihm an den Tafeln das positive Kommando: „Radfahrer absitzen! Maschinen an der Hand führen!“ Wir erleben hier also einen patriarchalischen Eingriff der Behörden in die Freiheit des Individuums, wie er auf allen übrigen Gebieten des bürgerlichen Lebens schon längst unerhört ist.

Daß die Behörden nicht nur das Recht, sondern sogar die Pflicht haben, einzelne Engpässe für Fuhrwerke abzusperren, wenn deren Durchfahren die Sicherheit der Passanten wirklich gefährdet, werden wir bedingungslos einräumen. So war der Wagenverkehr im alten Rom auf den engen Straßen innerhalb der zehn Tagesstunden von Sonnenaufgang bis Sonnenuntergang verboten, und wo es noch heute der Fall ist, wird kein Radfahrer beanspruchen, vor den mit Pferden bespannten Fuhrwerken bevorzugt zu werden. Wo aber Wagen, wenn auch nur im Schritt, passieren dürfen, da beansprucht der Radfahrer für sich dasselbe Recht; denn ein im Schritt gefahrenes Fahrrad ist hundertmal ungefährlicher als ein im Schritt gefahrener Wagen, weil es so schmal ist, daß es überall durchschlüpfen kann, und so leicht, daß es bei langsamer Bewegung niemand zu schaden vermag, und beim Schrittfahren so gefügig, daß es sich im Augenblick zum Stillstand bringen läßt. Ein Wagen dagegen nimmt fast die ganze Breite einer schmalen Straße ein; er ist sowohl durch seinen Umfang wie durch seine Schwere eine Gefahr, wenn er sich durch eine zusammengedrängte Volksmasse den Weg bahnt. Hierzu kommt noch die Gefahr durch die Pferde, die scheu werden und das schrecklichste Unglück anrichten können, ehe man sich's versieht. Wo also die Kutscher nicht vom Bock zu steigen und ihre Pferde am Zaum zu führen brauchen, da gibt es auch keinen Grund, warum der Radfahrer absitzen sollte. Im Gegenteil, es treten viel eher Verkehrsstockungen ein, wenn der Radfahrer auf belebten Wegen gezwungen ist, seine Maschine an der Hand zu führen. Es gibt allerdings einige Ausnahmen von unserer Regel, d.h. es gibt Straßen, in denen das Wagengewimmel so groß ist, daß es für den Radfahrer *selbst* eine Gefahr bildet. Und da nicht alle Radler erfahren genug sind, um sie zu vermeiden, so verdient ein behördliches Verbot in diesem Falle sogar ihren Dank. Hierher gehören einige Straßen Berlins. Und wo jäh abfallende Bergwege in belebte Verkehrsadern einmünden, ist das Absteigekommando beiden Teilen, den Radfahrern wie den Fußgängern, heilsam. Im allgemeinen aber, und besonders außerhalb der Städte, ist das *Absitzen völlig überflüssig*, und das *Schrittfahren genügt*. An tausend und abertausend Punkten also, wo die Radfahrer jetzt, oft auf ganze Kilometer und drei- bis viermal in der Stunde, genötigt sind, abzusteigen, mit ihrem leichten Schuhwerk über holpriges Pflaster und durch den Kot der Straße zu marschieren und sich durch das schwerfällige Führen der Maschine auf ihrer Tour zu versäumen, stellt das Absitzkommando eine innerlich unberechtigte Verkehrsbeschränkung dar, die berechtigte Erbitterung wecken muß.

Wenn wir nun nach den Ursachen forschen, die solchen Verordnungen zugrunde liegen, so dürfen wir zur Ehre der Beamten annehmen, daß ihnen in allererster Linie die Rücksicht auf das Wohl der Fußgänger maßgeblich ist. Sie halten diese für den schwächeren, an Leib und Leben gefährdeten Teil und sind erst durch deren erbarmungswürdiges Gezeter zu ihren Schutzmaßregeln veranlaßt worden. Aber daß sie die Verleumdungen dieser ergrimmten Feinde des Radsports aufs Wort glauben, ist gerade das Beklagenswerte. Nähmen sie ein wenig psychologischen Scharfblick zu Hilfe, so würden sie erkennen, daß die lautesten Schreier verärgerte, mißgünstige, kleinlich herrschsüchtige Tröpfe sind. Warum versuchen sie nicht, einen Blick hinter die Coulissen zu werfen, wo das lächerliche und verächtliche Schauspiel egoistischer Philister sich bietet, die für den alten Schlendrian einen reaktionären Krieg gegen die neue Zeit führen? Das wäre so unendlich leicht, wenn sie, ehe sie den Fahrradverkehr in Fesseln legen, sich zuvor einmal selbst aufs Rad schwingen und einen Sommer in der Welt herumradeln wollten. Erst dann und nur dann würden sie erkennen, was gut und böse ist; dann allein würden ihnen die Augen aufgehen über das Wesen des Fahrrads, über seine Bedürfnisse und die aus ihm hervorgehenden Rechtsansprüche; erst dann würden sie die Unbilligkeit des nichtradelnden Publikums begreifen, das noch immer glaubt, den Radfahrern gehörten alle Pflichten, ihm selbst aber alle Rechte. Dies also ist der Hauptpunkt unserer Beschwerden, daß Wegeverbote und Absitzkommandos zum größten Teil von Nichtradfahrern, das heißt, daß sie ohne Sachverständnis vom grünen Tische erlassen sind. Überall, wo die Macht eingreift in ein Lebensgebiet, das ihr fremd ist, wird sie nicht aufbauen, sondern zerstören. Das verspürt auch der Radsport, der durch falsche Behandlung seitens der Polizei in seiner Entwicklung gehemmt wird, und er fordert unparteiische Gerechtigkeit, die ohne Sachkenntnis nicht möglich ist.

Der Übereifer, mit dem viele Beamte die ihnen von den Regierungen verliehene Befugnis zur Anwendung bringen, legt aber auch einen der wundesten Punkte des Verwaltungssystems der betreffenden Länder bloß. Seit langen Jahren haben die Sachverständigen in gemeinsamen Eingaben an die den Wege-Polizei-Ämtern vorgesetzten Behörden um Beseitigung unzweckmäßiger und bedrückender Verordnungen petitioniert und in der Presse dagegen protestiert; trotz alledem aber ist den untergeordneten Organen ihr Recht, den Fahrradverkehr nach ihrem persönlichen Gutdünken einzuschränken, verblieben, und die von ihnen erlassenen Verbote bestehen weiter in ungeschwächter Kraft. Der Wille dieser Herren herrscht also nicht nur über die radfahrende Bevölkerung, sondern er ist auch allein maßgeblich für ihre Oberen. Das ist ein Zustand, der stark an den Ausspruch Montesquieus erinnert: „Da muß die Autorität des geringsten Beamten absolut sein.“ Es ist aber nicht die konstitutionelle, sondern die despotische Regierungsform, von der Montesquieu dies sagt. Wer die menschliche Natur kennt, weiß auch, wie wenig sichergestellt die bürgerliche Freiheit ist, wo untergeordnete kleine Behörden eine unverhältnismäßige Macht ausüben. Der Weisen, die Maß zu halten wissen, gibt es überall wenige in der Welt; den Durchschnittsmenschen verleitet das Herrscherge lüst allzuhäufig zum Mißbrauch seiner Gewalt, und der Wille zur Macht, den Nietzsche als den Fundamentalinstinkt unseres Geschlechts betrachtet, wird zum Machtrausch. Man braucht nur an unsere afrikanischen Kolonien zu denken, wo der verführerische Reiz des Herrentums Schwächlinge, die sich selbst nicht beherrschen konnten, in abschreckende Tyrannen verwandelte. Das hat man euphemistisch Tropenkoller genannt; aber es ist ein allzu menschlicher Vorgang, der auch in der gemäßigten Zone gedeiht, wo die Bedingungen günstig sind. Da wird dann fühlbar, was Shakespeare in Hamlets großem Monolog „des Mächt'gen Druck, den Übermut der Ämter" nennt, die ihm so unerträglich schienen, daß er meinte, ein ewiger Todesschlaf sei besser.

Und wirklich, wenn man einzelne gegen den Fahrradverkehr gerichtete Maßnahmen betrachtet, die dem Sachverständigen als vollkommen unnötig erscheinen und demnach den Charakter der Willkür tragen, so kann man sich unmöglich des Gedankens erwehren, daß sie einer krankhaften Ausartung des Machtbewußtseins entsprungen sind. Ein Beispiel für viele: Mir steht eine Brücke vor Augen, die über einen breiten Strom führt. Als einzige Verbindung der beiden Ufer auf Meilen ist sie jahrelang von vielen tausend Radlern befahren worden, und ich selbst habe sie auf meinem Rade wohl hundertmal passiert. Oft fand ich sie völlig menschenleer, niemals war großes Gedränge auf ihr, und so hat man in all der langen Zeit auch niemals von dem geringsten Radfahrerunfalle vernommen, der sich auf ihr ereignet hätte. Urplötzlich aber, von niemand geahnt noch je für möglich gehalten, werden Tafeln an beiden Seiten errichtet, die den Radfahrern befehlen, abzusitzen und ihre Maschinen an der Hand hinüberzuführen. Warum mußte das geschehen? Wie ist es erklärlich? Gibt es eine andere Auslegung als das autokratische Gelüst eines mit übergroßer Macht ausgestatteten Beamten?

Welche psychologische Wirkung erwartet nun die Behörde von einem solchen Verbot, das als Tyrannei erscheint, weil kein vernünftiger Grund dafür ersichtlich ist? Etwa demütige Ehrfurcht vor der höheren Vernunft des Gesetzgebers? Da würde sie sich bitter täuschen. Mich hat es im Innersten empört, weil es mein Rechtsgefühl beleidigt, und ich weiß, daß Tausende das Unrecht so tief empfinden wie ich selbst, und um so tiefer, je höher das Ideal der Gerechtigkeit ist, das in ihrer Seele lebt. Der Staat sollte daraus die Folgerung ziehen, daß er übel beraten ist, wenn er Beamte, für deren Diskretion er keine Garantie besitzt, mit diskretionärer Gewalt ausstattet; denn sie schaden seinem Ansehen und schaffen ihm Feinde. Aus etlichen der bestehenden polizeilichen Radfahrerreglements in den verschiedenen Ländern ist deutlich zu ersehen, daß die typischen Organe des Polizeistaats und die Bureaukratie das neue Verkehrsmittel als ein neues Werkzeug betrachten, das Volk unter Vormundschaft zu stellen; aber sie haben sich verrechnet, wenn sie glaubten, daß mündige Kinder des Zeitalters, das den Grundsatz „Gleiches Recht für alle!" zu seiner Devise gemacht hat, den Versuch ihrer Entmündigung geduldig ertragen würden. Jetzt, da der Rechenfehler zutage tritt, jammern ihre Parteigenossen bei Ortloff über den „sozialistischen, ja geradezu revolutionären" Geist im Radfahrertum. Sozialistisch? Warum nicht? Heutzutage gibt es sehr wenige gerecht empfindende Menschen, die nicht mehr oder minder Sozialisten sind. Und revolutionär? Aber ganz gewiß! Alles Neue, das sein Recht im Kampf ums Dasein gegen die Selbstsucht des Alten durchsetzen muß, ist revolutionär; das Recht selbst ist revolutionär, wenn es sich verjüngt. Wehe dem Volke, dessen Rechtsgefühl aufgehört hat, zu wachsen und sich zu entwickeln und verwelkte Formen abzustoßen: es ist dem Tode geweiht. Und in unserem Falle urteilt dieses Rechtsgefühl, daß ein Gesetz der Verbesserung dringend bedarf, welches den subjektiven Willensregungen und der beschränkten Einsicht eines einzelnen Beamten gestattet, gebieterisch in die Bewegungsfreiheit vieler Tausende einzugreifen, deren Straße durch seine Machtsphäre führt.

Aber auch noch ein drittes Motiv kann unter Umständen für die Wegeverbote seitens kleiner Behörden maßgeblich werden. Ob es tatsächlich jemals mitgespielt hat, dürfte freilich schwer zu beweisen sein; aber da die Menschen nun einmal fehlbare Geschöpfe sind, wird man nicht leugnen können, daß es psychologisch durchaus im Bereiche der Möglichkeit liegt, und das ist ein weiterer Beweis, wie wenig die Ausstattung einzelner Beamten mit willkürlichen Machtbefugnissen dem allgemeinen Interesse entspricht. Wenn die Polizeiverwaltung eines armen Bezirks durch Strafmandate den Gemeindesäckel bereichern kann, so muß die Versuchung aus lokalpatriotischen Gründen überaus stark sein, die durchradelnden Fremden durch zweckbewußte Veranstaltungen zur Gesetzübertretung zu verführen, um auf diese Weise das auswärtige Geld in die heimische Ortskasse zu leiten. In Radfahrerkreisen ist es ein allgemein verbreiteter Glaube, daß viele Verbote, weil sie tatsächlich keinen anderen ersichtlichen Grund haben, nur erlassen sind, damit sie übertreten werden, zumal auch die Warnungstafeln häufig den Eindruck machen, als ob man sie absichtlich versteckt hätte. Und wenn man dazu beobachtet, wie die Gendarmen hinter Bäumen verborgen im Hinterhalt liegen und auf den Fang lauern, so kann man die Bezeichnung der Radfahrerfallen für solche Vorkehrungen auch wirklich nicht unzutreffend finden. Es ist ja nicht ausgeschlossen, daß die Wegepolizeibehörden in allen diesen Fällen im guten Glauben handeln und daß die unzweckmäßige Aufstellung der Warnungstafeln nur der Fahrlässigkeit zur Last fällt. Es verdiente aber doch die gewissenhafteste Untersuchung seitens der vorgesetzten Amtsstellen, ob nicht zuweilen unlautere Motive den Wegeverboten zugrunde liegen. Denn wo es der Fall wäre, hätten wir unter dem Mantel des Gesetzes eine moderne Art von Wegelagerern und Buschkleppern, die statt der unschuldig ins Garn gelockten Radfahrer selbst unter Anklage gestellt werden müßten.

Indessen, mögen alle diese Schutzmaßregeln gegen den Radsport auch den wohlwollendsten Beweggründen entspringen, sie sind ein Kleid, das ihm zu eng ist. Wäre er nicht so sehr verlockend und praktisch notwendig, so würde die polizeiliche Drangsalierung ihn schon längst ganz allgemein unterdrückt haben. Teilweise wenigstens hat sie diesen Erfolg beständig. Es handelt sich immer darum, was stärker ist, der Reiz oder die Empfindlichkeit des Unabhängigkeitsgefühls. Bei denen, die das Radeln wieder aufgeben, ist vielfach der einzige Grund der, daß sie es satt sind, in allen Bewegungen der Polizeiaufsicht zu unterstehen. Denn das beleidigt ihre persönliche Würde, und lieber entbehren sie eine Freude ganz, als sie durch polizeiliche Bevormundung zu erkaufen. Andere aber werden in die Kampfstellung hineingetrieben, weil sie wissen, daß es eine gute Sache ist, die durch zweckwidrige Übergesetzgebung leidet, und daß sie im Rechte des

Fahrrads zugleich viel höhere Rechte verteidigen. Der Radsport protestiert gegen die Zwangsjacke, in die man ihn, als ob er ein Tobsüchtiger wäre, gesteckt hat, und verlangt, daß man sachverständige Ärzte hinzuziehe, die für seine Ungefährlichkeit und Harmlosigkeit Zeugnis ablegen. Nur in der Freiheit kann er dem allgemeinen Wohle wahrhaft das werden, wozu er durch seine Natur berufen ist: ein Freund und Gehilfe im Lebenskampf, ein Quell der Kraft und Gesundheit des Volkes an Leib und Seele.

Ob aber die Vernunft schließlich siegen wird, auf der die Rechtsansprüche des Fahrrads beruhen? Nur dann, wenn ihre Vorkämpfer einmal die Übermacht erlangen. Denn so optimistisch darf man nicht sein, zu glauben, daß sie durch ihre eigene Würde siegen müßte; das ist nie und nimmer in der Weltgeschichte so gewesen und wird auch niemals so sein. Der Stärkere wird den Sieg behaupten bis ans Ende der Welt, und wenn die Unvernunft in der Majorität bleibt, dann kommt das Zeitalter der Vernunft nimmermehr. In der gegenwärtigen Generation überwiegt sicherlich noch der Einfluß aller jener Verteidiger rückständiger Privilegien, die dem Geist des Fortschritts kein noch so kleines Opfer bringen wollen und nicht einmal begreifen, daß in ihm das Geburtsrecht der kommenden Zeit sich geltend macht. Sie nehmen noch die bevorzugtesten Plätze ein und behandeln die radfahrenden Leute wie eine Pariakaste. Da können dem Radfahrer in bitteren Stunden wohl die Worte des Koheleth einfallen: „Ich wandte mich, und sahe alle, die Unrecht leiden unter der Sonne, und siehe, da waren Tränen derer, so Unrecht litten, und hatten keinen Tröster; und die ihnen Unrecht taten, waren zu mächtig." Aber wenn er sich dann erinnert, wie innig das Recht des Fahrrads mit dem wahren Interesse der Menschheit verknüpft ist, so lächelt er über seinen Kleinmut. Denn er weiß ganz gewiß, daß die neue Generation schon heranwächst, die dereinst in der Übermacht sein und wie auf mittelalterlichen Aberglauben auf die kurze Episode in der Geschichte des Radsports zurückblicken wird, in welcher das Vorurteil und der Egoismus einer absterbenden Welt ihm die Wege verbot.

Wenn aber die Radfahrer ihre Rechte verteidigen, möge niemand ihnen vorwerfen, daß sie ihre Pflichten darüber vergessen hätten. Wo kein fremdes Recht anerkannt wird, das Verpflichtung auferlegt, sondern nur eigenes, ist es kein Recht, sondern Gewalt. Das wahre Recht schließt die Pflicht ein, weil eigenes Recht nur entsteht durch Abgrenzung gegen fremdes, also durch dessen Anerkennung. Teilung der Rechte zwischen Radfahrern und Fußgängern im Geiste der Billigkeit und wechselseitige Verpflichtung, das ist das Ziel und der Weg zum Frieden.

Anhang 1

Automobil- und Radsport

Der fieberhafte Eifer, mit dem sich die Industrie beider Welten im letzten Jahrzehnte auf den Bau und die Vervollkommnung der Motorfahrzeuge geworfen hat, entsprang aus der Erkenntnis, daß mit der Erfindung des Automobils eine Lücke im modernen Verkehrswesen ausgefüllt und ein unaufhaltsamer Fortschritt eingeleitet wurde. Durch die neue Fortbewegungsart gelangt ein uralter Traum der Menschheit zur Verwirklichung. Wenn Homer uns von den Dreifüßen des Hephästos erzählt, die auf goldenen Rädern in die Versammlung der Götter rollten, und von den goldenen Mägden, die sich selbst bewegten und den hinkenden Gott im Gehen stützten, so erblicken wir darin die erste Idee des Automobils. Einem verwandten Gedankenkreise entstammt in der nordischen Sage Swendals Hengst, der niemals müde wurde. Und sofern bei solchen wunderbaren Beförderungsmitteln zugleich die Steigerung der natürlichen Geschwindigkeit mitspielt, die Überwindung der Schranken des Raumes, welche dem Menschen durch seine Natur gezogen sind, wird die Sehnsucht unserer Väter durch nichts besser bezeichnet als durch das Märchen von den Siebenmeilenstiefeln. Diese hatten ihr Vorbild bereits in den Flügelschuhen des Merkur, mit denen die Phantasie der Alten sich sogar in die Lüfte erhob. Auch dahin sind wir ihnen gefolgt, und die Zeit ist vielleicht nicht mehr fern, wo wir das tadellos funktionierende lenkbare Luftschiff besitzen werden. Aber voraussichtlich würde es doch im besten Falle noch manches Jahrzehnt viel zu kostspielig bleiben, um für den Gebrauch der großen Masse irgendwie in Frage zu kommen. Das Automobil dagegen, das sich bescheidenere Ziele steckt und den festen Boden niemals verläßt, hat, wie mancher andere, der geduldig im gegebenen engen Kreise wirkt, seinem hochfliegenden Nebenbuhler auf lange hinaus den Rang abgelaufen.

Das Prinzip der automatischen Fortbewegung ist allerdings keine neue Entdeckung; denn unser modernes Automobil gehört zur Familie der Lokomotiven, die schon über siebzig Jahre dem öffentlichen Verkehre dienen. Das Neue ist die Befreiung vom Schienengeleise, die erst durch die Erfindung des Daimlerschen Motors angebahnt wurde. Durch sie wurde dem Selbstfahrer die ganze Welt erschlossen, soweit sie den Zugpferden diente, und er trat mit diesen in einen Wettbewerb, welcher schließlich, wenn nicht überall und gänzlich, so doch im weiten Umfange zu ihrer Verdrängung führen wird.

Die Vorzüge des Automobils vor dem Pferde liegen auf der Hand: Sie bestehen in den geringeren Unterhaltungskosten, in der arbeitsparenden, bequemeren und dauernderen Verwendbarkeit und endlich in der größeren Geschwindigkeit. Innerhalb bewohnter Ortschaften können zwar die Behörden den Motorfahrzeugen mit Rücksicht auf die allgemeine Sicherheit keinen schnelleren Lauf als den mäßigen Pferdetrab gestatten; aber auf offener Landstraße erreicht ein Automobil unter günstigen Umständen fast die Geschwindigkeit des Schnellzuges, ja der Motorwagen des Deutschen Kaisers soll in einer Stunde 95 Kilometer zurücklegen, also die Schnelligkeit des Dampfzuges noch um 15 Kilometer übertreffen. Freilich bestehen in dieser Hinsicht zwischen den einzelnen Fabriksmarken große Unterschiede, und die meisten bleiben selbst hinter den Personenzügen noch weit zurück, ja selbst die schnellsten erleiden auf längeren Strecken Aufenthalt durch die Erneuerung der Speisung und müssen ihre Fahrt bei Wegschwierigkeiten und allerlei unvorhergesehenen Begegnungen verlangsamen, so daß ihre Durchschnittsgeschwindigkeit sich in mäßigen Grenzen hält. So war es nur durch besondere Veranstaltungen möglich, daß bei dem Rennen Bordeaux–Périgueux durchschnittlich 82,5 Kilometer in der Stunde zurückgelegt wurden; bei der Fernfahrt Paris–Toulouse und zurück blieb es dagegen bei einem Durchschnitte von 49 Kilometern in der Stunde, der die Normalgeschwindigkeit eines Eisenbahngüterzuges nur um 4 Kilometer übersteigt. Immerhin sind solche und auch bedeutend geringere Leistungen eine Errungenschaft, durch die das Automobil zu einem unschätzbaren Gehilfen im geschäftlichen Leben wird, und wir haben allen Grund, uns ihrer dankbar zu erfreuen, zumal sich mit der allgemeinen Einführung des Selbstfahrens auch noch viele andere Vorteile wie größere Ruhe und größere Reinlichkeit im städtischen Verkehre und geringere Abnutzung des Straßenpflasters, also dessen bessere und zugleich billigere Erhaltung, verbinden werden.

Doch nicht nur ein nützliches, sondern auch ein angenehmes Beförderungsmittel ist das Automobil. Denn Träume der alten Welt bezeichnen nur das instinktive Streben der Menschheit, das im Laufe der Kulturentwickelung immer bestimmtere Formen gewinnt, die Natur in ihren Dienst zu zwingen und die eigenen Kräfte durch mechanische zu ersetzen. Auf Kraftersparnis läuft alles hinaus, und es handelt sich dabei nicht allein um gewollte Zwecke, sondern einem psychologischen Gesetz entsprechend ist sie uns geradezu Selbstzweck. Werden doch Arbeit und Vergnügen gemeinhin als Gegensätze betrachtet, der höhere Standpunkt, auf dem die Arbeit zur reinsten Freude wird, gilt nicht für den Naturmenschen, und in jedem Falle arbeitet wohl nur der mit Lust, dessen Arbeit seinem Wesen entspricht und sich infolge geistigen oder physischen Kraftüberschusses mehr oder minder spielend bewältigen läßt. Die Fortbewegung im Zustande der Ruhe, die Schonung der persönlichen Kräfte kommt also einem menschlichen Bedürfnis entgegen, und so haben wohlhabende Leute sich von jeher gern, behaglich in die Kissen zurückgelehnt, in ihren Karossen spazierenfahren lassen, wobei das Bewußtsein, hoch über den gemeinen Troß erhaben zu sein, für viele noch eine besonders reizvolle Zugabe bildete. Daß diese Vergnügungsfahrer nun das Automobil ebenso wie bisher das Pferdegespann als Genußmittel betrachten, ist selbstverständlich.

Durch die Geschwindigkeit des Automobils bei gleichzeitiger Ruhe wird aber auch auf die Phantasie ein eigentümlicher Zauber ausgeübt. Es hat wirklich etwas Märchenhaftes, so im Fluge dahingetragen zu werden, ohne daß man Hand oder Fuß rührt. Etwas von den alten Lieblingsvorstellungen des Volkes, der Wunschmantel der Faustsage oder Andersens „fliegender Koffer“, scheint dabei zur Tatsache geworden, und sehnende Herzen, die sonst vergeblich geseufzt: „Wenn ich ein Vöglein wär’ und auch zwei Flüglein hätt’“, trösten sich jetzt, daß sie wenigstens die Schwalbe, die im Fluge über den Boden streift, im Automobil nicht länger zu beneiden brauchen. Und wenn man bedenkt, was für eine beliebte Volks- und Jugendbelustigung von alters her die „Rutschbahnen“ und zur Winterszeit das Bergablaufen auf Handschlitten waren, so kann man sich nicht wundern, daß das über weite Länderstrecken ausdehnbare Dahingleiten im Motorwagen für viele eine außerordentliche Anziehungskraft besitzt und sich schnell zu einem mit Leidenschaft betriebenen Sport herausgebildet hat. Als solcher ist es nun mit dem Radfahrsport in Wettbewerb getreten. Können wir diese Tatsache freudig begrüßen?

Das Fahrrad hat mit dem Automobil die Schnelligkeit gemeinsam; beide sind in dieser Hinsicht den von Pferden gezogenen Fuhrwerken überlegen. Das Automobil besitzt aber vor dem Fahrrad den Vorzug, daß es zu seiner Fortbewegung keiner persönlichen Kraftanstrengung bedarf, während das Radfahren einen im Verhältnis zu seiner Leistung zwar mäßigen und angenehm empfundenen, immerhin aber doch auf die Dauer bedeutenden Aufwand von Bewegung und Muskelkraft erfordert. Für diejenigen also, die aus Bequemlichkeit die eigene Kraftbetätigung sparen wollen oder sie altershalber oder wegen Schwächlichkeit sparen müssen, sowie für solche, denen anderweitige Aufgaben eine so ermüdende Kraftverschwendung verbieten, muß der Radsport hinter dem Automobilsport zurücktreten. Der Automobilsport ist der angemessene Sport der Invaliden.

Indessen, was auf der einen Seite der Vorzug des Automobils vor dem Rade, das ist auf der anderen sein Nachteil. Schon seit geraumer Zeit hatten Ärzte und Pädagogen den Verfall der volkstümlichen Leibesübungen beklagt, der unsere Zukunft mit schweren Gefahren bedrohte, wie er denn auch im alten Griechenland mit Verweichlichung der Rasse und Zerbröckelung der nationalen Selbständigkeit Hand in Hand gegangen war. Uns, an deren Nervenkraft das Zeitalter des Industrialismus Anforderungen stellt, wie kein Volk des Altertums sie kannte, ist eine vernunftgemäße Körperpflege, wozu in erster Linie kräftige Bewegung in frischer Luft gehört, ein unabweisbares Gebot der Selbsterhaltung und eine Pflicht gegen die kommenden Geschlechter, denen wir die ungeschwächte Gesundheit vererben sollen. Aber je mehr uns der Kampf ums Dasein zerrieb, desto weniger Kraft und Trieb behielten wir, um seinen verheerenden Wirkungen durch mannhafte Spiele entgegenzuarbeiten. Da kam uns der Radsport in unserer Not zu Hilfe. Im Gegensatz zu anderen gymnastischen Übungen, die teils durch ihre Eintönigkeit zum Überdruß führen, teils bei dem nach seiner Arbeit ruhebedürftigen Kulturmenschen einer sehr erklärlichen Abneigung begegnen, übte das Radfahren auf immer wachsende Kreise der Bevölkerung einen unwiderstehlichen Reiz aus, weil es nur einen mäßigen Kraftaufwand erfordert, dessen Last weit aufgewogen wird durch die Lust, die mit ihm verbunden ist. Das flugartige Dahingleiten durch die Landschaft, die Verminderung der Entfernungen und die sich daranschließende Erweiterung des Gesichtskreises, das frohe Lebensgefühl, das aus der kräftigen Bewegung in Luft und Sonne hervorging, machte das Radeln für seine Anhänger zu einer unvergleichlichen Wohltat. Dabei steigerte sich zusehends die körperliche wie die seelische Gesundheit dieser fahrenden Leute, und, ein Moment von ungeheurer Wichtigkeit, nicht nur das männliche, sondern auch das weibliche Geschlecht, das bis dahin mit wenigen Ausnahmen den kraftmehrenden Leibesübungen ferngeblieben war, hatte teil an der großen Errungenschaft. Es war also wirklich durch den Radsport in seiner Verbindung des Angenehmen mit dem Nützlichen eines der schwersten hygienischen Probleme der neuen Zeit gelöst worden. Allerdings muß unser Lob sich auf den vernünftig betriebenen Touren- und Wandersport beschränken; denn das radlerische Rennwesen erfordert so maßlose Überanstrengungen, daß nur diejenigen, die daraus Gewinn ziehen, seine unheilvollen Wirkungen ableugnen.

Da nun das Automobil den Körper zur Ruhe zwingt und besonders alle jene Muskeln zur Untätigkeit verurteilt, deren Betätigung den Blutkreislauf befördert und deswegen für das Wohlbefinden der Radfahrer, für die Gesundheit des Volkes von den segensreichsten Folgen ist, so stellt es als Sportwerkzeug eine Reaktion gegen das Fahrrad dar, und ein weites Umsichgreifen des Automobilsports und die dadurch bedingte Verminderung des Radsports würde als eine Schädigung der Volkskraft schmerzlich beklagt werden müssen. Das Berliner Polizeipräsidium hat jetzt die fremdsprachliche Bezeichnung durch den Ausdruck „Kraftfahrwesen“ ersetzt, und etliche Sportblätter haben sich dieser Verdeutschung angeschlossen. Wenn sich auch gegen diesen Namen im technischen Sinne nichts einwenden läßt, so muß doch hervorgehoben werden, daß das Fahrrad unser eigentlicher Kraftwagen ist, weil es unsere Kraft steigert, während das Automobil als Sportsmittel unsere Schwächung unvermeidlich nach sich ziehen würde.

Daneben ist noch eine andere unerfreuliche Folge des Automobilsportes zu befürchten. Der Radsport ist, wie bekannt, aus dem Volke hervorgegangen und vermochte nur allmählich die Sympathien der oberen Schichten zu gewinnen. Nach und nach gelang es ihm jedoch, alle Klassen in seine Kreise zu ziehen, er wurde das volkstümliche Spiel, und die gemeinsame Freude so gut wie die Gemeinschaft der Interessen im Kampfe gegen mancherlei Engherzigkeiten und Anfeindungen seitens einer übereifrigen Polizei und des kurzsichtigen Egoismus allzu bequemer Philister machte die Radler zu Bundesgenossen, brachte Hoch und Niedrig einander menschlich nahe und bahnte in den Herzen einen Ausgleich der Klassengegensätze an, den mancher Menschenfreund mit Recht als die edelste Seite des Radsports betrachtete. Ein solches Ergebnis war nur möglich, weil der Preis der Fahrräder, wenn auch immer noch hoch genug, doch nicht so hoch war, um dem fleißigen und sparsamen Arbeiter die Anschaffung eines Rades zu verbieten. Die Preise schwanken zwar nach der Güte der Fabrikate, ja sie werden künstlich auf ihrer Höhe erhalten, und manche einheimischen Sportzeitungen, die von den Inseraten der Industriellen leben, gehen systematisch darauf aus, die billigeren und zum Teil ganz brauchbaren amerikanischen Marken, deren Konkurrenz von ihren Inserenten gefürchtet wird, zu verdächtigen. Wessen Herz seiner Heimat gehört, der wird sich wohl getrieben fühlen, die vaterländische Industrie in erster Linie zu unterstützen; doch darf man es ihm auch nicht allzu schwer machen. Immerhin vermag, wer einen erfahrenen Berater zur Seite hat, sich ein leidlich gutes Rad bedeutend billiger als zu den hohen Geschäftspreisen zu erwerben. Dagegen sind Automobile für minder bemittelte Leute unerschwinglich: denn ein Motordreirad kostet 1200 Mark und mehr, ein bescheidener Motorwagen zirka 4000 Mark, ein luxuriös ausgestatteter wie derjenige des Deutschen Kaisers sogar bis zu 36'000 Mark. Demnach kann der Automobilsport nur ein Sport für die Reichen sein.

Wenn nun wirklich, wie Jhering meint, die Mode die unausgesetzt von neuem aufgeführte, weil stets von neuem niedergerissene Schranke ist, durch welche sich die vornehme Welt von der mittleren Region der Gesellschaft abzusperren sucht; wenn wirklich dieser Hetzjagd der Standeseitelkeit das Bestreben der oberen Schichten zugrunde liegt, einen wenn auch noch so kleinen Vorsprung zu gewinnen, der sie von ihren Verfolgern trennt: so wäre in der Mode des Automobilsports für die Reichen endlich ein Mittel gefunden, die ärmeren Volksklassen ein für allemal zu „distanzieren“. Es steht mithin zu befürchten, daß sich durch den Automobilsport von neuem der kaum gemilderte Gegensatz zwischen Reich und Arm verschärfen und daß das Fahrrad zu einem plebejischen Beförderungsmittel hinabsinken wird, auf dessen im Schweiße ihres Angesichts die Pedale tretenden Benutzer die Insassen der Motorwagen, von mechanischer Kraft kühl und unbeweglich dahingetragen, hochnäsig und geringschätzig niederblicken. Und das würde eine schädliche, überaus betrübende Entwickelung bedeuten. Es gibt gewiß viele Automobilfahrer, die sich harmlos des neuen Sportwerkzeuges freuen und nicht die geringste Anlage zum Protzentum besitzen; aber die Gefahr, daß der Geist des letzteren sich in die Bewegung einschleicht und daß das wohltätige Fahrrad dadurch einer sozialen Mißachtung verfällt, darf nicht unterschätzt werden.

Doch der Vorzug des Automobilsports würde in jedem Falle nur scheinbar sein. Seine Adepten können sich in dem Hochgefühl erwärmen, mit den armen radelnden Arbeitstieren nichts gemein zu haben; in Wahrheit aber schwächen sie sich durch Untätigkeit, während die Radfahrer durch Kraftübung stark werden, und darum sind auch diese dazu berufen, sie oder ihre Nachkommen schließlich im Wettlauf des Lebens zu überholen. Wer zuletzt lacht, lacht am besten. Allen jedoch, denen das Wohl des ganzen Volkes am Herzen liegt, erwächst aus diesem Sachverhalt die Pflicht, vor dem Automobilsport als Sport zu warnen und mit Nachdruck darauf hinzuweisen, daß eine Verdrängung des Fahrrads durch das Motorfahrzeug eine leibliche und sittliche Schwächung des Volkes nach sich ziehen und darum ein allgemeines Unglück bedeuten würde. Der hohe Wert des Automobils als geschäftliches Verkehrsmittel wird dadurch nicht angefochten; was wir erstreben, ist nur vernünftige, dem Volkswohl angepaßte Arbeitsteilung.

Die Zeit. Wien, 12. Jänner 1901, Nr. 328, S. 23-24.

Sportromane

Julian Schmidt fordert, daß der Roman das Volk bei seiner Arbeit suchen solle. Der moderne Sportroman steht scheinbar im äußersten Gegensatz zu dieser Regel; denn er sucht das Volk bei seinem Spiel. Aber die Gegensätze berühren sich. Was wir heutzutage vornehmlich als Sport bezeichnen, die große Gruppe körperlicher Übungen, in denen Kraft und Gewandtheit systematisch erzogen werden, ist das Bewegungsspiel in seiner Ausbildung zur Kunst und zur Wissenschaft – das Spiel als Arbeit. Dies gilt für alle Leibesübungen, in denen das Spiel mit Bewußtsein der Höherentwicklung des physischen Menschen dienstbar gemacht wird. An und für sich ist der Sport von ehrwürdigem Alter; denn die Kampfspiele der Hellenen und die Turniere des Mittelalters entsprachen seinem Begriff in allen wesentlichen Zügen. Indessen ist auch der Sportroman nicht völlig neu. Besonders in der englischen Erzählungsliteratur sind Jagd und Reitsport sehr häufig als Motiv verwandt worden. Aber das Vorbild des Sportromans liegt noch weiter zurück: es ist der Ritterroman. Wie in ihm, so handelt es sich auch in der Mehrzahl unserer jüngsten Sportromane um Kampf und Sieg und Heldentum. Lange wurden nur Jagd und Rennwesen in deutschsprachlichen Ländern unter Sport verstanden, und damit galt er als Alleinbesitz der Reichen und Vornehmen. Doch die letzten Jahrzehnte haben eine große Wandlung heraufgeführt. Wir sind über die enge Begrenzung des Begriffes hinausgekommen, der Sport und die Begeisterung für ihn ist mehr und mehr eine Sache des ganzen Volkes geworden, und so sind die zahlreichen Sportromane der jüngsten Zeit das Spiegelbild einer kulturgeschichtlichen Massenerscheinung.

Daß es in seinen Einzelheiten immer ein treues Bild ist, wird man freilich nicht erwarten dürfen. Wir sind Neulinge im Sport, und aus dem Reize der Neuheit erklärt sich die Neigung zu idealisieren. Wo aber die Verhältnisse lebenswahr wiedergegeben sind, erscheinen sie nicht durchaus als Lichtseiten unserer Kultur. Mit dem Sport, der vorwiegend das sinnliche Element im Menschen pflegt, ist stets die Gefahr geistloser Einseitigkeit, ja selbst der Verrohung gegeben. Und das Artistentum der Berufsathleten ist ganz gewiß eine Entartung des edlen Kerns alles sportlichen Wetteifers. Trotzdem darf man die Sportleidenschaft als einen Gewinn der modernen Zeit betrachten; sie ist einen heilsame Notwehr gegen unsere Gehirnüberlastung. Darum können wir auch in unseren Sportromanen den Zug zur Gesundheit mit Beifall begrüßen. Und wer möchte es den Dichtern verargen, daß das Volksleben sie gerade da besonders fesselte, wo es sich in so farbensatten Bildern aufrollt und ganz in Licht und Sonne getaucht ist?

Immerhin hat die deutsche Literatur sich noch nicht aller Sportzweige bemächtigt. Die Verwertung eines Sports im Roman entspricht eben dem Grade seiner Volkstümlichkeit. Für uns kommen hier nur zwei Spielarten in Betracht: der Radsport, heutzutage von allen der volkstümlichste, und die uralte Schwimmkunst, die erst seit einigen zwanzig Jahren auf dem Kontinent in sportmäßiger Weise betrieben wird. Sie hat bisher nur einen einzigen Roman gezeitigt – aber einen Löwen. Es ist *Der Schwimmer. Die Geschichte einer Leidenschaft* [Zweite Auflage. Berlin: S. Fischer 1901] von John Henry Mackay. Da der Mensch als ein Geschöpf des Festlandes nur kurze Zeit im Wasser zubringen kann, so wurde die Schwimmkunst von den Erzählern bisher lediglich als Episode benützt. Nun aber ist sie in Mackays Roman zum Inhalt eines ganzen Menschenlebens geworden.

Seinen Helden, Franz Felder, ein Berliner Arbeiterkind, erfüllt von Jugend auf die enthusiastische Liebe zum Wasser. Er ist ein geborener Schwimmer; instinktiv folgt er seiner natürlichen Anlage. Wir begleiten die Entwickelung des Knaben, wie er von einem Club, der durch frische Kräfte das eigene sinkende Ansehen wieder auffrischen möchte, entdeckt und zum Mitglied geworben wird, wie er diesem Club immer reichere Lorbeeren erkämpft, und wie er endlich, zum Meister von Berlin, von Deutschland, von Europa, ja zum Meister der Welt geworden, seine eigenen Wege sucht. Der geheime Zauber, den die kosenden Wellen auf den Empfänglichen ausüben, ist mit tiefer Innigkeit dargestellt; man erkennt daran den Dichter der herrlichen Ostseelieder. Und doch zeichnet sich das Buch durch die Einfachheit der Mittel, durch die ungekünstelte Ruhe seines Stils aus, ja bisweilen scheint die nüchterne Sprache der Sportberichte mit Absicht nachgeahmt zu sein. Dabei ist der Roman als ein Beitrag zur Geschichte des Schwimmsports, als ein umfassendes Bild des Berliner Clublebens von geradezu dokumentarischer Bedeutung. Und der Held selbst, in seinem zielbewußten Streben, seiner wachsenden Kraft, seiner physischen Vollendung, seiner Begeisterung, die mit einer ungeheuren Einseitigkeit gepaart ist, steht als ein echter Mensch da, durchaus individuell in seinen Tugenden und in seinen Schwächen, sein Bild eine Glanzleistung lebensvoller Charakteristik.

Aber die höchste Kunst erblicken wir erst da, wo im einzelnen Fall das Ewige, Typische erfaßt und im Wollen und Wirken des einzelnen Menschen ein Seelenproblem der Menschheit aufgedeckt ist. Und weil Mackay dies verstanden hat, erhebt sich sein Buch weit über das Niveau des gewöhnlichen Sportromans. Er hat uns in Franz Felder typische Züge des genialen Menschen überhaupt und in seinem Fortgang die Tragödie der verzehrenden Leidenschaft des Ehrgeizes, der Ruhmsucht dargestellt. Glücklich, solange er aufwärts strebt, aber unbefriedigt, nachdem er in seinem Fache das Höchste erreicht hat, dürstet der Held nach immer neuen und größeren Siegen; der Meisterschwimmer der Welt will nun auch ihr Meisterspringer werden. Aber er hat nicht an die Schranken seiner Begabung gedacht, er muß eine furchtbare Niederlage erleben, die ihn auch auf seinem eigenen Gebiet an sich irre macht, die Schule, deren tyrannischen Regeln er getrotzt, überschüttet ihn mit Hohn, und die Neider seiner früheren Erfolge frohlocken. Als er wieder zu sich kommt, als er das Weib abgeschüttelt, das an seiner Kraft zehrte, überbietet er zwar, ein Eigener, auf selbstgewählter Bahn, alles, was er je geleistet, und schlägt alle die Parteien, die das Beste in ihm niemals verstanden haben. Doch das ist ein Sieg, der ihm nie vergeben wird, der ihm Haß einträgt statt Bewunderung; und weil das eigene Bewußtsein, ohne den Beifall der Menschen, ihm nicht genügt, sucht er den Tod. Ein Ikaruslos in einem ergreifenden Kunstwerk.

Die Radfahrerromane setzten um 1897 ein, als die Leidenschaft für den neuen Sport gerade alle Welt und nicht zum wenigsten auch das weibliche Geschlecht ergriffen hatte; dieses erste Jahr brachte uns deren gleich vier. Seitdem hat sich ihre Zahl noch beständig vermehrt.

Daneben tritt das Rad in vielen modernen Romanen nur episodisch auf. Doch wir müssen uns hier auf die eigentlichen Sportromane beschränken. Sie zerfallen nach ihrem Schauplatz in Straßen- und in Rennbahngeschichten, und die Helden der letzteren sind die Berufsfahrer oder Professionals, die der ersteren die Amateure im weitesten Sinne, d.h. die breiten Massen.

Am besten von allen Erzählern hat Zola die eigenartige, Leib und Seele erquickende und beglückende Wirkung des Radfahrens behandelt. Was er in seinem Roman *Paris* von dem flugartigen Dahingleiten des Radlers durch die Landschaft sagt, ist dichterisch das Schönste, was überhaupt bis jetzt über den Einfluß dieses Sports geschrieben wurde. Unsere deutschen Erzähler haben sich dagegen mit der psychologischen Seite des Radsports merkwürdig wenig beschäftigt; nur Heinrich Lee, ein liebenswürdiger, volkstümlicher Erzähler, hat diesen Gegenstand in zwei Romanen [*Die Radlerin*. Berlin: Karl Duncker 1897, und *Radfahrer. Humoristischer Roman*. Berlin: Hugo Steinitz 1897] klar beleuchtet, und er ist der einzige, der uns ein lebensvolles Bild des Radsports als der herrschenden Mode zeichnet. Wie sehr die Keime zu mancherlei Tüchtigkeit durch das Radeln in ihrer Entwicklung gefördert werden können, haben außer ihm nur noch Meyer-Förster und der Freiherr v. Zois gezeigt. Allerdings hat diese Einwirkung ihre Grenzen, und Lee dehnt sie in seinem Optimismus etwas zu weit aus. Aber man hat doch Freude an seinem Enthusiasmus, und im zweiten seiner Bücher wird die heitere Übertreibung auch durch dessen humoristischen Charakter entschuldigt. In der *Radlerin* stiftet das Rad nicht nur eine junge Ehe, sondern es heilt auch die Schäden einer brüchig gewordenen alten; doch vollzieht sich die Wandlung im Leben der Beteiligten nicht durch zufällige, rein äußerliche Begegnungen, die das Rad veranlaßt, sondern fein motiviert, durch die innere Umwandlung, welche die Ausübung des Sports hervorbringt. Daß das Vergnügen an ihrem Sportkostüm bei der einen der weiblichen Hauptfiguren fast noch größer ist als das Vergnügen am Sport selbst, mag bei dem weiblichen Radeln wohl nicht selten vorkommen. Höchst treffend ist die Bezeichnung des Radsports als Narkotikum; denn in der Tat bringt er vielen Vereinsamten ein süßes Vergessen.

Stofflich sind Lees *Radfahrer* von allen Romanen dieser Gattung der vielseitigste. Wir haben hier die Fahrradfabrik mit den lächerlichen Stammgästen ihrer Reparaturwerkstatt, den ewigen Pechvögeln; dann den Humor der Lehrbahn, die radlerfeindlichen Kutscher und Philister, den grimmigen Schutzmann, den radelnden Ehemann, der über dem Sport seine Frau vernachlässigt, ihr selbst aber das Radeln aus Vorurteil verbietet; ferner den Arzt, der jede Krankheit mit Radfahren kurieren will, und auch den jungen Rennfahrer, der nächtlich trainiert, gleich beim ersten Rennen für Amateure den Hauptpreis gewinnt, aber zu seinem Glück durch einen Unfall früh gezwungen wird, auf die Laufbahn des Berufsfahrers zu verzichten; und wir haben endlich die Ansteckung des Radsports, von der die ältesten Leute gepackt werden, die aus dem verfolgungswütigen Schutzmann einen Gönner, Förderer und Schützer des Radsports macht, die den verweichlichten Muttersohn, welcher furchtbare Angst vor dem Radeln hatte, plötzlich als ein Genie des Pedals enthüllt; kurz, wir haben hier das Rad vor uns als ein Zaubermittel, das Greise wieder jung, hoffnungslose alte Junggesellen zu glücklichen Gatten, Menschenfeinde zu Menschenfreunden macht, ja den Charakter in einer Weise umwandelt, daß Prediger und Besserungsanstalten fortan überflüssig sein werden, wenn jeder Taugenichts auf ein Rad gesetzt wird. Es ist zuviel des Guten, aber lustig zu lesen.

Zur nämlichen Gruppe gehören die 1899 erschienenen *Radfahrergeschichten* von Joseph Siklósy [Leipzig: Reclams Universalbibliothek], eine Reihe von gut erzählten Novelletten, die an französische Muster erinnern. In ihnen kommt der radlerische Wandersport zur Geltung; sie spielen in ganz Europa. Auch *Kriegsvolk und Radvolk. Heitere Geschichten* von Karl Pröll [Berlin: Thormann & Goetsch 1900] ist hier zu erwähnen; doch machen diese ganz hübschen, aber sehr ironischen Erzählungen nicht den Eindruck, als ob der Verfasser selbst im Radsattel gerecht wäre.

Den gleichen Obertitel wie Heinrich Lees erster Sportroman führt *Die Radlerin. Geschichte zweier Menschen* von Georg Freiherr v. Ompteda [Vierte Auflage. Berlin: F. Fontane & Co. 1900]. Das Buch, die Geschichte der im Sande verlaufenden Liebschaft zwischen einem Grafen und der Tochter eines Dresdener Posamentierwarenhändlers, steht nicht auf der Höhe der übrigen Leistungen dieses Erzählers. Sein Held, ein reicher, junger Müßiggänger, vermag ebensowenig tiefere Teilnahme zu erwecken wie das unbedeutende Mädchen, und das Rad ist in dem Roman nur Gelegenheitsmacher; weder dem Sport an sich noch auch nur dem weiblichen Radsport werden eigentümliche Seiten abgewonnen. Charakteristisch sind höchstens die Typen aus einem kleinbürgerlichen Radfahrerverein in den Anfangskapiteln und die Schilderung seines Stiftungsfestes mit den dabei zum besten gegebenen Kunststücken.

Der letzte dieser Amateur-Romane ist *Die Fahrt um die Erde* von Wilhelm Meyer-Förster [Stuttgart und Leipzig: Deutsche Verlags-Anstalt 1897]. Auch hier erleben wir das Wunder einer Verwandlung durch die zweirädrige Maschine, die dem modernen Ovid für die veraltete Göttermaschinerie ein völlig ausreichender Ersatz ist. Der Held, allzu reicher Eigentümer einer großen Modezeitung, ist im Anfang lebensüberdrüssig. Aber der Kampf mit dem widerspenstigen Rade rüttelt ihn auf, und er gewinnt auch Interesse an der Technik dieses Fahrzeuges. Bald schafft er sich einen ganzen Marstall von Maschinen an, die er in allen einzelnen Teilen studiert und auseinanderlegt und wieder zusammensetzt. Aus Liebeskummer beschließt er dann eine Radfahrt um die Welt, und die Reiseschilderungen, die er von seinen Stationen heimsenden will, sollen seinem Blatte zugute kommen. Doch ein Konkurrenzblatt sendet, um ihm den Rang abzulaufen, gleichzeitig eine junge Dame, ehemals eine geschickte Radfahrlehrerin, auf dem Velo um den Erdball, und gerade sie ist die Geliebte, die er schon verloren glaubte. Er verfolgt sie in atemloser Wettfahrt bis an die russische Grenze, und da sie sich dort verloben, so ist die Weltreise zu Ende. Das alles wird mit gutem Humor erzählt. Allein der Glanzpunkt des Romans ist die Geschichte der Daheimgebliebenen, einer armen Oberlehrerfamilie, die das reiche Haus des Verwandten für die Dauer seiner Abwesenheit bezieht, sich allzu schnell im Besitz fühlt und einem protzenhaften Größenwahn verfällt. Die Erfindung ist höchst originell, und die Charakterschilderungen sind vortrefflich.

Die Gruppe der Rennfahrer-Romane können wir mit *Eldena* eröffnen, einem zweiten Werk von Wilhelm Meyer-Förster [Stuttgart: J.G. Cotta Nachf. 1900]. Mit dem Titel ist nicht die bekannte landwirtschaftliche Schule bei Greifswald gemeint, sondern es ist der Name des Helden, Rudi Eldena. Von ihm, dem jüngsten Lehrling einer Spiritusfabrik in Budeburg, wird der erste Kommis überholt – und welcher Kommis! Herr Kornblau, der im Sommer nach Berlin gehen und diesen Berlinern mal zeigen wollte, was Radfahren heißt! Rudi, um den eine Fahrradfabrik die andere wie in einer Auktion überbietet, geht mit glänzendem Engagement nach Paris, und hier spielt der Hauptteil des Romans, der uns sehr interessante Augenblicksbilder der Außenseite des französischen Sportlebens vorführt. Aber wenn schon die plötzliche Meisterschaft des jungen Burschen unwahrscheinlich ist, so noch mehr seine Pariser Erlebnisse. Er, der Deutsche, gewinnt, ohne zu werben, zur Geliebten eine Herzogin, die noch kurz vorher an den französischen Meisterfahrer das patriotische Verlangen gestellt hat, daß er die Deutschen in der Rennbahn besiegen und so die Überlegenheit der gallischen Rasse erweisen solle. Von dem Beruf des Professionals und dem Wesen des Rennsports gibt uns Meyer-Förster in seiner impressionistischen Manier nur den Schaum; es ist ihm vor allem um malerische Wirkungen zu tun. Auch in diesem Roman erreicht seine Kunst ihren Höhepunkt in der Charakterdarstellung einer Nebenfigur – des alten Eldena, eines als kleinstädtischer Zeichenlehrer verrosteten Malers, der den Sohn nach Paris begleitet und mit dessen Ruhm und Gold sich ein eigenes Freudendasein baut. Wie er in einer schrecklichen Mischung von Egoismus und Liebe den Niedergebrochenen, von schwerer Krankheit kaum Erstandenen zu neuem Kampfe antreibt, wie er sein Training überwacht und ihn fast zu Tode quält, das ist ein psychologisches Kabinettstück. Rudi aber gibt sein letztes Dauerrennen kraftlos auf, und der Jugendliebe, die ihn sich in die Heimat zurückholt, gesteht er, daß zwar die Rennen selbst, vor allem in der ersten Zeit, ihm Spaß gemacht haben, aber er selbst habe nie dazwischen gepaßt. „All' das andere, was drum und dran hängt, war oft schauderhaft. Ordinär und roh."

Der Siegeszug eines Rennfahrers ist von kurzer Dauer. Nach wenigen Jahren ist er verbraucht, und jüngere Kräfte überflügeln ihn. Es liegt etwas Wehmütiges, fast Tragisches in dieser Vergänglichkeit athletischen Heldentums. Man durfte erwarten, daß Ferdinand Runkel solch ein typisches Schicksal dargestellt habe, als 1897 sein *Roman aus dem Berliner Radfahrerleben* unter dem vielversprechenden Titel *Ueberholt* [Berlin: Reinhold Strauß] erschien. Das war aber eine Enttäuschung; denn das „Ueberholt" hat in dieser allzu romanhaften Erzählung weder eine sportliche noch eine menschlich ergreifende Bedeutung. Auch die Berührungen mit dem Berliner Sportleben sind in recht blassen Farben angedeutet. Doch nimmt das Buch dadurch eine besondere Stellung ein, daß es schließlich das Rad während eines Manövers in seiner wichtigen militärischen Rolle zeigt.

Auch aus der Feder einer Dame besitzen wir einen Sportroman: *Der Meisterfahrer*. Von C.E. Ries [München: C.H. Beck 1900]. Indessen behandelt die Verfasserin den Radsport nur als den Hintergrund, auf dem sich eine rein menschliche Herzenstragödie abspielt. Der Schauplatz ist eine Stadt im Elsaß, und die Gegensätze zwischen den Landeskindern und den Altdeutschen sowie die individuellen Eigentümlichkeiten der verschiedenen, sicher und lebensvoll gezeichneten Charaktere greifen mit den sportlichen Beziehungen so ungezwungen und notwendig ineinander, daß sich eine bedeutende Wirkung ergibt. Die Geschlossenheit der Handlung, der dramatisch gesteigerte Aufbau zeugen von einer vollendeten Technik. Man darf freilich keine Helden suchen, sondern man muß dem Seelenleben auch in seiner Fehlbarkeit Teilnahme entgegenbringen und die psychologische Wahrheit über alles stellen, wenn man der Dichterin gerecht werden will. Denn der Meisterfahrer ist ein phlegmatischer Bursche, dem der Sport über die Liebe geht, und er handelt nicht edel an der Geliebten; in dieser aber, die den Sieger aus Eifersucht in der Rennbahn vom Rade schießt, überwiegt das Dämonische. Doch Wesen von Fleisch und Blut sind sie beide, und er wenigstens ist in seinem kühlen Verhältnis zu den Weibern auch typisch für den vom schwachen Geschlecht allzusehr verwöhnten Kraftmenschen.

Das jüngste Werk aus dieser Gruppe, *Der Vollmensch. Ein Rennfahrerroman* von Michel Angelo Freih.[err] v. Zois [Dresden und Leipzig: Karl Reißner 1902], besitzt neben dem künstlerischen noch ein hohes persönliches Interesse, da der junge Verfasser bis vor kurzem selbst Rennfahrer war. Man wird bei dem ausübenden Athleten kein höheres Geistesleben suchen dürfen. Das bestätigt Zois, wenn er seinen Helden bekennen läßt, daß er während seiner Rennfahrerlaufbahn

„kaum dachte". Aber daß im Rennfahrer reiche geistige Anlagen latent vorhanden sein können, die durch körperliche Übungen gekräftigt und zu späterem Schaffen trefflich vorbereitet werden, dafür ist der Roman ein vollgültiges Zeugnis. Es ist in der Tat der eine wahre Rennfahrerroman unserer Literatur, der einzige, dem der Sportkundige vollste Fachkenntnis nachrühmen kann; auch erweist er eine scharfe Beobachtungsgabe, die für die Zukunft des Dichters zu schönen Hoffnungen berechtigt. Der Held ist in der extremen, krankhaft ausgearteten Verfeinerung seines ästhetischen Genußlebens zum Selbstmord- oder Irrenhauskandidaten geworden und fragt seinen ärztlichen Freund: „Was soll ich machen, um meine Nerven zu kurieren?" Es wird ihm das Radfahren verordnet, und durch dies ist er nach vier Wochen ein neuer Mensch. In der Trainierschule offenbart er sich sogleich als Phänomen. Dann wird er Professional, obwohl er eigentlich doch Amateur bleibt, indem er kontraktlich auf jeden Gewinn verzichtet. Abgesehen von dieser romantischen Zutat sind seine Erfahrungen höchst naturalistisch dargestellt. Er nennt das Rad den größten Segen unseres Jahrhunderts, weil es das Materielle in uns wieder weckt, und dies geht bis zur Freude am Bestialischen, Brutalen. Trotzdem hat Zois einen klaren Blick für die Schattenseiten des Berufsfahrertums, für die vielen unlauteren Existenzen, die es birgt. Bewunderungswürdig schildert er die Kämpfe in der Rennbahn, besonders das entsetzliche Vierundzwanzigstunden-Rennen, in welchem der Held durch ein ganz altruistisches Motiv zur äußersten Kraftanspannung getrieben wird, da an seinem Siege das Schicksal der Fabrik, in deren Dienst er steht, und aller ihrer Arbeiter hängt. Man durchlebt die ganze fürchterliche Leidenschaft des wirklichen Kampfes; man sieht ordentlich die vor Erregung verzerrten Gesichter, man hört die unartikulierten Laute der Zuschauer.

Direkt vom Rennen fährt der Sieger mit verbundenem Kopfe in die Kunstausstellung, die an demselben Tage eröffnet ist und deren größter Erfolg seine beiden vor kurzem vollendeten, während des Trainings geschaffenen Gemälde aus dem Rennfahrerleben sind. So ist er gleichzeitig Meisterfahrer der Welt und einer ihrer ersten Künstler.

Von den Charakteren ist freilich nur dieser eine voll ausgearbeitet, und der Verfasser wird noch zu erweisen haben, ob er auch fremdes

Seelenleben zu verkörpern vermag. Besonders das Weib ist sehr vernachlässigt; es begegnet uns nur in flüchtigen, ganz sinnlichen Liebschaften, und man wird denjenigen kaum als einen Vollmenschen bezeichnen dürfen, dem die Würde der Frau noch so wenig aufgegangen ist. Und fraglich bleibt es vor allem, ob irgendein Mensch, der sich in der aufreibenden Arbeit an zwei großen Kunstwerken ausgibt und alle bewährten Regeln des Trainings mißachtet, sich zu einem so gewaltigen Siege brutaler Kraft zu sammeln vermöchte. Das ist kein Vollmensch mehr, das ist ein Übermensch.

Dennoch enthält dieses Ideal einen tief berechtigten Kern, und nur wenn wir uns dessen bewußt bleiben, kann der Sport uns veredeln, anstatt uns beschränkt und roh zu machen. Es ist ein goldenes Wort, mit dem Zois uns zuletzt weit über die staubige Atmosphäre der Rennbahn hinaushebt, und unsere sporttrunkene Zeit sollte es sich zur Richtschnur nehmen: „Ich habe erkannt, daß wahres Menschentum, die griechische Kalokagathia, nur in der ebenmäßigen Ausbildung des Körpers und des Geistes gelegen ist."

Die Zeit. Wien, 30. August 1902, Nr. 413, S. 135-138.

Ist der Radsport im Niedergang?

Der Radsport teilt mit Ibsen, Tolstoj und dem Papst das Schicksal, daß man immer wieder sein nahes Ende verkündet; aber voraussichtlich wird er sie alle drei um viele Jahre überleben. Mathematisch genau läßt sich freilich die Frage, ob er wirklich im Niedergang begriffen sei, für den Augenblick weder bejahen noch verneinen, weil es uns an hinreichendem Zahlenmaterial fehlt. Wo das Wort mit unverkennbarem Behagen kolportiert wird, ist wohl der Wunsch der Vater des Gedankens; denn unversöhnlich sind die Feinde jedes neuen Rechtes, das ihr Vorrecht zum Unrecht macht. Doch wird man ebensowenig das Urteil der interessierten Fachpresse als unparteiisch betrachten können, wenn sie den Niedergang schlechtweg bestreitet. Auf gewisse Tatsachen scheinen beide Teile sich zu stützen, und die ganze Lösung der Streitfrage wäre vielleicht in der richtigen Deutung dieser Tatsachen zu finden. Doch wer vermöchte schon jetzt alle die Strömungen zu überblicken, die hier in Betracht kommen? Für heute muß es genug sein, aus einigen persönlichen Wahrnehmungen die Schlußfolgerungen zu ziehen.

Vor acht Jahren meinte ein Engländer, daß das Fahrrad für jeden, der gesunde Gliedmaßen besitzt, in kurzem ebenso unentbehrlich sein werde wie seine Stiefel. Dies Prophezeiung hat sich bisher nicht erfüllt, und vermutlich wird sie sich niemals erfüllen; denn die Menschen sind von Natur viel zu bequem, als daß ihnen etwas, das nicht mühelos zu erlangen ist, zum allgemeinen Bedürfnis werden könnte. Der Genuß des Radfahrens muß mit Anstrengungen und Beschwerden erkauft werden. Wer das weiß und dem Rade dennoch treu bleibt, wird neben der körperlichen Tüchtigkeit ein Maß von Willenskraft besitzen, das nicht zu den alltäglichen Dingen gehört. Auch im Radsport herrscht das Gesetz der natürlichen Auslese, die eine Scheidung zwischen den Tauglichen und den Untauglichen vollzieht. Die Frage ist nur, ob die Zahl der Abgefallenen die Gesamtzahl der Radfahrer schon beträchtlich vermindert hat und ob der Verlust sich durch jungen Nachwuchs nicht immer wieder ausgleicht.

Man hat den Niedergang des Radsports durch die Verminderung der Radfahrerkarten, die alljährlich von den Polizeibehörden ausgegeben werden, beweisen wollen. In Berlin ist die Zahl dieser Karten während der letzten drei Jahre von 40'000 auf 30'000 zurückgegangen. Aber sie sind eine so überflüssige Einrichtung, daß zum Beispiel der Verfasser dieses Aufsatzes seine preußische Radfahrerkarte nur ein einziges Mal, und zwar in Österreich beim Überschreiten der Grenze, gebraucht hat; in Preußen hätte er ebensogut ohne Karte radeln können. Da die meisten Radler ähnliche Erfahrungen machen, so ist es nicht zu verwundern, wenn schließlich der vierte Teil von ihnen sich nicht mehr die Zeit nimmt, alljährlich auf das Polizeiamt zu gehen, um seine Karten erneuern zu lassen. In der Tat zeigt es sich, wenn wirklich einmal eine Kontrolle stattfindet, daß viele Radfahrer keine Karten besitzen. Für den Niedergang des Radfahrsports sind jene Zahlen also nicht beweiskräftig.

Zudem konnte während der Wintermonate, in denen die Zählung stattfand und in denen auch das Wort vom Niedergang zum Feldgeschrei erhoben wurde, überhaupt nichts bewiesen werden. Spiel und Sport schwellen an und ab wie Ebbe und Flut; überall und immer stehen sie in enger Beziehung zu dem Wechsel der Jahreszeiten. Wenn die Herbststürme über das Wasser fegen, werden die Flußbäder geschlossen, und wenn Tauwetter die Eisdecke unserer Gewässer zermürbt, hängt man die Schlittschuhe an den Nagel; doch wird darum im Winter niemand den Niedergang der Schwimmkunst oder im Frühling den des Eissports behaupten. Ebenso unzulässig erscheint es, wenn man im Winter den Niedergang des Radsports verkündet, der doch ein Frühlings- und Sommersport ist. Wäre es nicht billig gewesen, wenigstens zu warten, bis die Sonne die Wahrheit an den Tag brachte? Sie hat ja in diesem Jahr lange gezaudert; aber als sie endlich zum Durchbruch kam, schwärmten die Radfahrer allenthalben aus wie die Bienen, und man darf jetzt wohl sagen: Das Lied vom Niedergang des Radsports war – ein Wintermärchen. Gerade hier in Potsdam konnte man am 3. Mai, dem sogenannten Blütensonntag, eine Probe auf das Exempel machen. Es ist ein Volksfest, wenn sich bei Werder an der Havel, der Obstkammer von Berlin, im meilenweiten Umkreise die Hügel mit dem Blütenschnee der Fruchtbäume bedecken. Dann macht auch die Berliner Radlerschaft ihre Frühlingstour nach Werder, und ihr Weg führt sie durch die Gartenstadt der preußischen Könige, deren stille Straßen sie vom Morgen bis zum Abend in gewaltiger Prozession durchzieht. Hier hätte man in diesem Jahre an ihrem Ausbleiben den Niedergang des Radsports erkennen können. Aber die Welle flutete in gleicher Fülle wie seit Jahren heran, und am folgenden Abend wußten die Blätter zahllose tragikomische Ereignisse zu vermelden, die sich vor unseren Toren zugetragen hatten, vom einfachen Sturz bis zur chaotischen Zusammenhäufung übereinandergefahrener Maschinen und zu allgemeiner Prügelei, bei der selbst die zarte Weiblichkeit eingriff. Da konnte man wahrlich nicht zweifeln, daß das Rad noch immer das Lieblingsspielzeug der breitesten Massen ist. Und doch war es sicherlich nur der kleinere Teil der Berliner Radler, der solch eine Tagestour wagte. Und auch die 7000 bis 8000 Zuschauer, die an demselben Sonntag bei den Rennen in Friedenau zugegen waren, bilden noch lange nicht den Rest. Vierzehn Tage später aber wurde daselbst bei den Kämpfen um das goldene Rad die Menge der Schaulustigen, die doch alle als Sportenthusiasten zu betrachten sind, sogar auf 18'000 geschätzt; und am Sonntag zuvor luden dreißig verschiedene Radfahrvereine in einer Berliner Sportzeitung ihre Mitglieder zu Ausflügen ein. Das ist ein seltsamer Niedergang.

Es läßt sich ja nicht leugnen, daß die Fahrradindustrie vor einigen Jahren durch die Hochflut der Sportbewegung zu einer Überproduktion verleitet worden ist, die für schwächere Firmen verhängnisvoll werden mußte. Aber diese Krisis, in der wohl zuerst das Wort vom Niedergang des Radsports auftauchte, ist jetzt überwunden, und die Fabriken haben, wie von Sachverständigen bezeugt wird, nunmehr alle Kräfte anzuspannen, um den Bedarf zu decken. Denn wenigstens als Verkehrsmittel gewinnt das Fahrrad fortdauernd größere Bedeutung, und für die Industrie wird dadurch reichlich wettgemacht, was sie durch die Entwertung des Rades als eines Sportartikels etwa einbüßen mag. Selbst wenn man also den Niedergang des Radsports zugeben wollte, die beherrschende Rolle, die das Rad im modernen Verkehr spielt, wird dadurch nicht erschüttert.

Aber der Gebrauch des Rades im Verkehr schließt seine Verwendung als Sportmittel keineswegs aus, vielmehr ist es sicher, daß die überwiegende Mehrzahl derer, die sich des Rades in den Geschäftsstunden des Nutzens halber bedienen, es nach Feierabend und sonntags auch zu ihrem Vergnügen gebrauchen; denn gerade sie, denen es die Last der Arbeit tragen hilft, wissen am besten, wieviel reine Luft es zu spenden vermag, wenn es sie in die Freiheit hinausträgt. Nimmt also der Gebrauch des Rades im Verkehr zu, so ist auch der Radsport wenigstens in den Kreisen, die sich ein Rad allein als Luxusgegenstand noch nicht halten können, im Zunehmen begriffen, und wenn trotzdem andererseits ein Niedergang des Radsports stattfände, so könnten dabei nur die eigentlichen Sportradler von ehedem in Betracht kommen. Wir würden dann nicht sowohl von einem Niedergang des Radsports als von einer Verschiebung seiner Anhängerschaft zu reden haben. Der Radsport wäre in die unteren Volksschichten hinabgesickert und erführe an sich das Schicksal jeder Mode, die von ihren Schildhaltern verlassen wird, sobald sie nicht mehr exklusiv und das Privilegium der sogenannten Vornehmheit ist.

Indessen, selbst wenn wir uns allein an die besitzenden Klassen halten, würde die Annahme verfrüht sein, daß nur noch altmodische Leute in diesen Kreisen dem Radsport huldigen. Soweit die Beobachtung des Verfassers an seinem Wohnorte reicht, radeln noch immer sehr ansehnliche Gruppen aus der besten Gesellschaft, und insbesondere begegnet er auf seinen Touren häufig den Offizieren der Garnison mit ihren Damen, die nach Beruf und Erziehung für die Leibesübungen das beste Verständnis haben und durch ihr Beispiel bezeugen, daß ein gesunder Sport wie das Radeln für jeden Verständigen über der Mode steht. Auch in den Lehrbahnen, die fast ausschließlich von den wohlhabenden Klassen besucht werden, kann man erfahren, daß immer neue Schüler sich in die Radfahrkunst einweihen lassen.

Doch so übertrieben selbst hier das Wort vom Niedergang sein mag, ganz ableugnen läßt es sich nicht, daß die Anhängerzahl des Radsports sich in den fashionablen Kreisen bis zu einem gewissen Grade verringert hat, und wenn nicht alles trügt, sind ganz besonders die Damen des Radelns müde geworden. Das ist eine ungemein bedauerliche Wendung; denn es war ein Kulturfortschritt segensreichster Art gewesen, daß gerade das weibliche Geschlecht durch den Radsport endlich für die kraft- und gesundheitspendenden Leibesübungen gewonnen wurde, das Geschlecht, das die Mütter unserer Söhne stellt, die sich mit ganzer Hingebung den schweren Kulturaufgaben der neuen Zeit widmen sollen. Es war ein Fortschritt, und um so schmerzlicher wäre der Rückschritt.

Man hat nun die zunehmende Beliebtheit des Lawntennisspiels und des Kraftfahrsports für die Abnahme des Radsports verantwortlich machen wollen. Das scheint jedoch nicht ganz zutreffend. Was den Kraftfahrsport betrifft, so macht seine Kostspieligkeit ihn höchstens einer Minderzahl zugänglich, und er kann nur einen kleinen Prozentsatz der abgefallenen Radler absorbieren. Das Tennisspiel aber ist dem Radsport nicht feindlich; denn noch heute legen viele den Weg zu ihren Spielplätzen auf dem Rade zurück. Und zudem ist auch die Zahl der gut eingerichteten Tennisplätze noch nicht groß genug, um dem Radsport mehr als einen kleinen Bruchteil seiner Freunde zu entziehen. Übrigens wäre es kein Unglück, wenn wirklich der eine Sport den anderen ablöste; denn da der Hauptwert des Radsports in seiner Bedeutung als einer gesunden Leibesübung besteht, so ist in der Sache nichts verloren, wenn eine andere gesunde Leibesübung seine Stelle einnimmt. Doch so günstig liegen die Dinge nicht, sondern es ist kaum zu bezweifeln, daß die meisten von denen, die dem Radsport untreu wurden, von allem Sport überhaupt abgefallen sind. Das sind alle die, welche dem Radsport nie mit tieferem Verständnis gehuldigt, sondern ihn n u r als eine Modesache betrieben haben, und die ihn jetzt wegwerfen wie einen aus der Mode gekommenen Hut. An die Stelle der kräftigen Leibesübung tritt bei den Männern wieder die Kneipe, bei den Frauen der Kaffeeklatsch, und die Aufrüttelung ihrer Energie in fröhlicher Kraftbetätigung war nur eine Episode. Diese verweichlichten Klassen sind es, die jetzt hinter der Phrase vom Niedergang des Radsports ihre Deckung suchen. Aber es ist zu befürchten, daß nicht der Radsport, sondern daß sie selbst im Niedergang sind. Und sie dürfen sich nicht wundern, wenn das arbeitende Volk, zu dem der verachtete Sport sich gerettet hat, einst über sie hinwegschreitet.

Immerhin sind den Abgefallenen etliche mildernde Umstände zuzubilligen. So mannigfaltig die Vorteile sein mögen, die das Rad gewährt, der Radfahrer ist doch in hohem Grade abhängig von seiner

Maschine. Er muß sie so sorgfältig striegeln wie der Stallknecht das Pferd, und doch ist er auf seinen Touren vor Reifenschäden und anderen Unfällen, die Verdruß und Zeitopfer mit sich bringen, nicht gesichert, ja wenn es schlimm kommt, muß er wohl gar das Rad, das ihn tragen sollte, selbst auf die Schulter nehmen. Viele der schönsten Wege sind ihm auch verschlossen, und wer keine gute Natur hat, darf nach heißer Fahrt nicht einmal an kühler Raststätte verweilen, will er sich keine schwere Erkältung zuziehen. Unsere hastende Zeit hat kaum noch Verständnis für die Eile mit Weile und die gemächlichen Fußwanderungen unserer Großväter. Aber daß diese manches vor uns voraushatten und Genüsse pflückten, die dem jagenden Radler unwiederbringlich verloren sind, läßt sich nicht bestreiten. Und so kann man es auch verstehen, wenn mancher, den üble Erfahrungen gewitzigt haben, die unzuverlässigen Siebenmeilenstiefel des Radfahrers von sich wirft und zu der bescheidenen Freiheit des natürlichen Schrittes zurückkehrt.

Es kommt ferner in Betracht, daß die mit dem Radeln verbundenen Gefahren, denen nervöse Leute schon früher nicht gewachsen waren, durch die steigende Verbreitung des Automobilsports in den letzten Jahren außerordentlich erhöht worden sind. Daß das Kraftfahrwesen eine bedeutungsvolle Errungenschaft und ein großer, zukunftsicherer Fortschritt im modernen Verkehr ist, braucht ja kaum betont zu werden. Aber die Straßen der alten Zeit sind den neuen Verkehrsmitteln noch nicht angepaßt; sie sind zum großen Teil noch zu eng, als daß Wagen und Automobil, Reiter, Radler und Fußgänger sich auf ihnen friedlich nebeneinander bewegen könnten, und da das Automobil von allen Konkurrenten der stärkste ist, so muß seine fortschreitende Eroberung der Straßen immer mehr zu einer Verdrängung der schwächeren führen. Am schwächsten aber sind in diesem Kampfe die Radfahrer, die sich, wenn sie nicht zermalmt werden wollen, auf schmalen Fahrbahnen durch die heranbrausenden breitbäuchigen Ungetüme oft genug zum Abspringen oder zur Flucht in den Chausseegraben gezwungen sehen. Das Lästigste am Automobilverkehr ist jedoch die ungeheure Staubentwicklung, die er im Gefolge hat. Wenn bei trockenem Wetter mehrere Automobile hintereinander heranstürmen, so hüllt sich die Landschaft in undurchdringliche Staubwolken. In London wird bei starkem Nebel aller Wagenverkehr eingestellt, um Zusammenstößen vorzubeugen – aber der Automobilstaub ist schlimmer und darum noch gefährlicher als ein Londoner Nebel. Radfahrer, die in eine solche Wolke hineingeraten, müssen unbedingt absteigen, wenn ihnen ihr Leben lieb ist. Geschieht das aber oft, so ist es natürlich, wenn sie schließlich die Lust verlieren, ihren Weg mit dem Automobil zu teilen: Der Schwächere weicht der Übermacht des Stärkeren.

Indessen, zu einem Freispruch genügen die mildernden Umstände nicht. Es ist einer der Hauptvorzüge des Radsports, daß er nicht allein die leibliche Gesundheit fördert, sondern durch die Übung der Ausdauer, des Mutes, der Entschlossenheit auch den Charakter bildet und stählt. Das könnte er nicht, wenn das Fahrrad ein sicheres Ruhebett wäre; Anstrengung und Gefahr liegen in seinem Wesen, und wer davor zurückschreckt, verurteilt nicht das Rad, sondern sich selbst. Doch gilt es freilich, die Hindernisse hinwegzuräumen, die den Radsport selbst in Gefahr bringen. Wer das rechte Verständnis für seinen Wert und seine Würde besitzt und ihn als eine Kraftquelle der Nation erhalten wissen möchte, wird ihn deswegen verteidigen, anstatt ihn feig im Stich zu lassen. Die Verkehrsstraßen der alten Zeit genügen nicht mehr für die neuzeitlichen Verkehrsmittel. Deshalb handelt es sich heute darum, eine allgemeine Reform im Straßenbauwesen herbeizuführen. Dafür zu kämpfen, nicht nur freie, sondern auch angemessene Bahn für das Rad wie für den Kraftwagen zu schaffen, das ist jetzt in gleichem Maße die Aufgabe des Radlers wie des Automobilisten und der Behörden, die dem allgemeinen Wohl zu dienen haben. Wenn alle an diesem Werke mithelfen wollten, so würde man bald über dem Aufschwung des Radsports das Märchen von seinem Niedergang vergessen. Er ist zu gesund, um eines natürlichen Todes zu sterben; er könnte nur durch sträfliche Vernachlässigung hingemordet werden. Also schützen wir ihn!
Die Zeit. Wien, 26. Juni 1903, Nr. 266, Morgenblatt [S. 1-3].

Radsport und Wehrtüchtigkeit

Wie die Erziehung der Jugend zur Wehrhaftigkeit das Grundprinzip der antiken Gymnastik war, so muß sie auch in jedem modernen Staatswesen mit allgemeiner Wehrpflicht als notwendige Ergänzung der letzteren betrachtet werden; denn sie allein verbürgt, daß dem Staate Männer, welche ihre Wehrpflicht wirklich ausüben können, in hinreichender Zahl erwachsen. Wenn es sich darum handelte, Kinder zu Soldaten zu drillen, so würden schwerwiegende pädagogische Bedenken gegen die Bestrebungen des Wehrausschusses geltend gemacht werden können. Aber dieser sucht nur zu erreichen, was vordem schon Männer wie Arndt, Fichte, Gneisenau und GutsMuths im Auge hatten; weit entfernt, mit altbewährten Erziehungsgrundsätzen zu brechen, will er nichts als das theoretisch längst Anerkannte in die Praxis umsetzen. Gegen unpädagogische Übertreibungen hat bereits GutsMuths in seinem vorbildlichen *Turnbuch für die Söhne des Vaterlandes* Stellung genommen. Er sah ein, daß die freie Bewegung des Körpers und Geistes durch eine militärische Erziehung viel zu früh beengt, die freie Entwicklung und die Sonderheit der Individualität geschädigt und die fröhliche Zeit der Jugend gleichsam verfinstert werden würde. Gerade das, was die Erziehung zur Wehrhaftigkeit beabsichtigt, nämlich die allseitige Körperzucht, wäre nach seiner Ansicht durch die Einseitigkeit einer vorzeitigen militärischen Ausbildung verhindert worden. Im Grunde ist also das, was der Wehr-ausschuß heute in demselben Sinne erstrebt, nur die vollkommenste Entwicklung der physisch-geistigen Anlagen des jugendlichen Individuums, und das Ziel der Wehrkraft lediglich ihr idealer Maßstab. In diesem Ideal vereinigt sich mit dem kampfbereiten Verteidiger des Vaterlandes der Träger jeder bürgerlichen Tüchtigkeit im Frieden, und nichts ist darin enthalten, was nicht geeignet wäre, zugleich mit dem Gedeihen des Ganzen das eigene Wohl des wehrhaften Jünglings zu fördern.

Dennoch machte GutsMuths einen Unterschied zwischen der Gymnastik, die auf Menschenbildung im allgemeinen ausgeht, und der Turnkunst als Vorschule der rein kriegerischen Übungen. Den Wert der ersteren wußte niemand besser zu würdigen als er; aber die Not der Zeit lehrte ihn das Bedürfnis strafferer Zusammenfassung. Der Grundgedanke des Kampfes von Heer gegen Heer sollte auf die Leibesübungen übertragen werden, und so gelangte er dazu, Verein, Ordnung, Zeitmaß, Wink, Befehl als die Seele des Turnwesens zu betrachten.

Durch diese Forderungen war freilich der jugendlichen Körperausbildung eine Beschränkung auferlegt, die bei aller Anerkennung des vortrefflichen Zweckes dazu drängen mußte, im Laufe der Zeit über den GutsMuthsschen Versuch hinauszugehen und die gymnastische Erziehung mit Rücksicht auf den Charakter der Jugend reicher auszugestalten. Es ist unmöglich, daß der Zentral-Ausschuß für Volks- und Jugendspiele, der die Erkenntnis der nationalen Bedeutung von Spiel und Sport in ihrer bunten Mannigfaltigkeit durch sein emsiges Wirken verbreitet hat, etwas von seinen heilsamen Bestrebungen ablasse. Daß das Bessere der Feind des Guten sei, ist keineswegs notwendig, sondern was gut ist, bleibt auch gut, und was für den einen besser ist, das ist es darum noch nicht für alle. Man wird also wohltun, wenn man die mannigfaltigen Bedürfnisse der verschiedenen Volksschichten im Auge behält und sich nicht unterfängt, alle unter dieselbe Schablone zu legen. Anstatt nach einer unerreichbaren Vollkommenheit der Methode zu streben, wird man dankbar sein, wenn man sieht, daß unter Umständen auch weniger vollkommene Mittel zum Ziele führen. Und darum nimmt unser Wehrausschuß heute, soviel sich erkennen läßt, zwischen GutsMuths' Gymnastik und seiner disziplinierten Turnkunst eine vermittelnde Stellung ein.

Trotzdem ist die eine Leibesübung, die heutzutage die weitesten Kreise beherrscht, der Radsport, in den Leitsätzen des Ausschusses zur Förderung der Wehrkraft durch Erziehung unberücksichtigt geblieben, und es mag zu dieser Unterlassung die Erwägung beigetragen haben, daß er von allen Leibesübungen am wenigsten mit den Grundsätzen GutsMuths', mit Verein, Zeitmaß und Befehl verträglich, kurz, daß er der eigentlich individualistische und einsame Sport ist, der Sport für „Einlinge", denen die Fürsprecher des Turnens niemals sehr gewogen waren. Indessen ist sich die Leitung des Jahrbuches [*für*

Volks- und Jugendspiele] bewußt, daß auch dieser Sport unter den Leibesübungen, die unserem Volke neue Jugendkraft spenden, eine wichtige Rolle spielt und deswegen für die Erziehung zur Wehrtüchtigkeit nicht bedeutungslos sein kann, und so wurde mir der Auftrag zuteil, ihn hier in diesem Sinne zu würdigen.

Professor Konrad Koch sagt, daß sich seit Einführung des Radfahrens die Turnplätze, besonders in größeren Städten, nicht unerheblich entvölkert hätten. Ein solches Ergebnis ist sicher zu beklagen; denn wenn es auch wünschenswert scheint, daß alle Turner radfahren, so sollen sie darum doch nicht aufhören, die Turnkunst zu pflegen. Im Gegenteil, es wäre gut, wenn alle Radfahrer zugleich Turner wären, da die Überlegenheit des nach deutscher Art durchturnten jugendlichen Leibes über jeden in einseitigem Sport geübten, wie sie Du Bois-Reymond dargetan hat, heutzutage keinem Sachverständigen mehr zweifelhaft ist. Aber immerhin ist es besser, wenn frühere Turner heutzutage nur noch radeln, als wenn sie überhaupt keine Leibesübungen mehr betrieben. Und größer als alle Einbuße, die das Turnen erlitten haben mag, ist der Gewinn, daß viele Tausende, die sonst keiner Leibesübung zugänglich waren, durch das Fahrrad dem gesunden Sportbetrieb gewonnen worden sind. Diese wohltätige Wirkung erstreckt sich nicht nur auf ältere Personen und das weibliche Geschlecht. Bei dem letzteren, das die Mütter der künftigen Bürger und Vaterlandsverteidiger stellt, ist sie natürlich mit besonderer Freude zu begrüßen. Sie erstreckt sich auch auf einen großen Teil der der Schule entwachsenen männlichen Jugend; und wir werden noch sehen, welchen wichtigen Beruf das Fahrrad gerade in ihrem Dienste erfüllt.

In seiner Eigentümlichkeit, uns große Entfernungen spielend überwinden zu lassen, während doch die Muskeln eine gesunde Arbeit vollbringen, besitzt das Radfahren unbestreitbare Vorzüge vor dem Turnen und vor anderen Leibesübungen. Die alte deutsche Wanderlust, die im Zeitalter der Eisenbahnen schon lange nicht mehr zu ihrem Rechte kam, ist seit der Erfindung des Fahrrads in eine neue Jugend eingetreten. Dem Radler, den seine leichte Maschine in die freie Natur hinaus und von Stadt zu Stadt trägt, ist es zumute, als seien ihm Flügel gewachsen, das Märchen von den Siebenmeilenstiefeln scheint ihm verwirklicht, und ein Glücksgefühl durchdringt ihn, das keine andere Leibesübung gewährt, weil keine andere das Gefühl der Ermüdung so wenig aufkommen läßt. Und trotz alledem ist der Radsport ein Erziehungsmittel zugleich für den Leib und den Geist, da es sowohl als Dauer-, Gleichgewichts- und Schnelligkeitsübung wie auch als Aufmerksamkeitsübung wirkt. Tut es dies aber, so muß es auch der Wehrkraft förderlich sein.

Was den Einfluß des Radfahrens auf den Körper betrifft, so versetzt es eine große Anzahl von Muskeln in Tätigkeit. Am stärksten werden einige Beinmuskeln angestrengt, doch auch die Arm-, Brust- und Schultermuskeln, die Lungen, das Herz, das Nervensystem und die Sinnesorgane sind stark beteiligt. Das Wesentliche dabei ist die Arbeitsteilung unter vielen Muskeln, die bewirkt, daß das Maß der Anstrengung, das auf jeden einzelnen kommt, verhältnismäßig gering ist. Infolgedessen tritt die Ermüdung spät ein, die Übung kann also lange fortgesetzt werden und darum auch gründlich wirken. Durch die gleichzeitige Tätigkeit vieler Muskeln vollzieht sich ein lebhafter Stoffwechsel, die Herzarbeit wird vermehrt, durch das Gefäßsystem strömt eine größere Blutmenge, die Atmung wird tiefer und häufiger, die Lungen dehnen sich aus, und es wird ihnen viel sauerstoffreiche Luft zugeführt. Es leuchtet ohne weiteres ein, daß durch diese oft wiederholte und langandauernde Muskelübung und Lungengymnastik die allgemeine Gesundheit gekräftigt werden muß. Und da viele Muskeln zusammenarbeiten, so wird auch die Einseitigkeit und die in ihrem Gefolge auftretende Steifheit und Ungelenkigkeit einzelner Gliedmaßen wie die unverhältnismäßige Bevorzugung anderer vermieden. Das unförmige Radlerbein besteht daher auch nur in der Theorie der Feinde des Fahrrads. Die Armmuskeln werden freilich weniger geübt, und es wäre gut, wenn der Radfahrer sie durch Fecht- und Hantelübungen stärkte. Im ganzen aber wird durch das Balancieren, Steuern und das blitzschnelle Ausweichen, das beim Radfahren beständig anzuwenden ist, die Gewandtheit und Geschmeidigkeit aller Glieder entschieden gefördert.

Obwohl das Rad hier und da auch in geschlossenen Fahrbahnen getummelt wird, gehört es doch nach seiner Natur auf die Landstraße, und es ist ein unbestreitbarer Vorzug des Radfahrens vor dem Hallenturnen, den es mit den Bewegungsspielen, dem Wandern, Schwimmen, Rudern und Schlittschuhlaufen gemein hat, daß es zu den Freilichtübungen gehört. Nicht nur frische Luft und Sonne, auch Wind und Wetter sind dem Radler heilsam, weil sie ihn gegen Witterungseinflüsse abhärten und seine Gesundheit widerstandsfähiger machen. Dabei ist es besonders wertvoll, daß er sich die kräftige Bewegung in jeder freien Stunde verschaffen kann, ohne dabei auf die Mitwirkung der Kameraden angewiesen zu sein oder erst einen Turnplatz aufsuchen zu müssen. Er kann sich also ein reiches und wirklich ausreichendes Maß körperlicher Übung zumessen, während gerade dem Schulturnen der Vorwurf gemacht wird, daß es dem einzelnen oftmals nur in unzureichendem Maße zugute kommt.

Aber wenn man auch von dem Radsport in seiner Wirkung auf den Körper nicht behaupten darf, daß er dem richtig betriebenen Turnen und anderen gymnastischen Übungen überlegen sei, ja, wenn man sogar wünschen muß, daß er durch Turnen und Spiel ergänzt werde, so besitzt er dagegen als eine Aufmerksamkeitsübung in seiner Wirkung auf Geist und Charakter Vorzüge, in denen ihm kaum ein anderer Sport vergleichbar ist. Am nächsten kommt ihm darin noch die Fechtkunst, und dennoch steht auch sie ihm nach. Die Erhaltung des Gleichgewichts wird sehr bald automatisch, aber die sichere Steuerung des Rades durch den Straßenverkehr und alle Hindernisse, die ihm beständig auf seiner Bahn begegnen, erfordert eine fortgesetzte geistige Tätigkeit und kann niemals automatisch werden. Je nach der Beschaffenheit und Belebtheit der Wege kann sie natürlich leichter oder schwieriger sein. In einzelnen deutschen Landschaften sind die Straßen so vorzüglich und zugleich so verkehrsarm, daß ein Radler wohl stundenlang gemächlich auf ihnen dahinschlendern und dabei dichten oder philosophieren kann, wenn nicht Steigungen und Senkungen des Geländes physische Kraftanstrengungen von ihm erheischen. Aber solche wohlgepflegten Straßen bilden doch die Ausnahmen; die allermeisten dagegen sind keineswegs auf ein so empfindliches Fahrzeug wie das Zweirad berechnet und leiden zudem unter allzu langer Vernachlässigung, die um so störender wirkt, wenn sich bei anhaltender Dürre der schlecht gewalzte Bewurf in loses Geröll, nach starkem Regen der Staub in flüssigen Schlamm verwandelt. Dadurch werden sie für den Radler häufig nahezu unbefahrbar, und wenn er dann seine Zuflucht zu den schmalen Bankettstreifen nimmt, die sich zwischen dem sandigen Sommerweg, überhängenden Bäumen und den zu ihrem Schutz vorgebauten Steinen dahinschlängeln, so bedarf er angespannter Aufmerksamkeit, um sich durch diese Fährlichkeiten ohne Schaden hindurchzuwinden. So steht es schon auf menschenleerer Landstraße. Wie aber erst in der Nähe der Großstädte oder in ihnen selbst, wo doch die überwiegende Mehrzahl der Radler zu finden ist! Hier wird es für den Radfahrer geradezu lebensgefährlich, seinen Weg durch das Wagengewühl zu verfolgen, wenn er nicht zugleich mit großer körperlicher Gewandtheit auch die Fähigkeit straffer Gedanken- und Willenskonzentration und ein reichliches Maß von Kaltblütigkeit und Geistesgegenwart besitzt. Der Sachkundige wird deshalb immer wieder Freude und ehrliche Bewunderung empfinden, wenn er beobachtet, wie leicht und sicher die Jugend ihr Rößlein in diesem Getriebe tummelt; weiß er doch, daß hier beständig etwas Tüchtiges geleistet wird und daß diese Tüchtigkeit in der Schule der Gefahr gewonnen wurde und sich durch sie erhält. Und ihren Wert schlägt er nicht geringer, sondern höher an, weil sie eine alltägliche Erscheinung ist; denn gerade die Alltäglichkeit beweist, welche treffliche Zucht das Rad an weiten Kreisen des Volkes geübt hat, was wir ihm also verdanken. Wachsamkeit, Umsicht, schnelle Entschlossenheit, Mut, das sind die Charaktereigenschaften, die der Radsport entwickelt, und gerade sie sind es auch, deren der Jüngling am meisten bedarf, wenn er für das Vaterland die Waffe ergreift.

Nach alledem ist es natürlich, daß man auf dem Rade unter den gewöhnlichen Bedingungen nur an das denken kann, was der sicheren Fortbewegung dienlich ist, und selten eine längere Gedankenkette anderer Art zu spinnen vermag. Das wird von denen, die sich mit der Psychologie des Radsports beschäftigt haben, fast allgemein zugestanden. Eben in dieser Eigentümlichkeit, die Tätigkeit der produktiven Gehirnsphäre durch die der rezeptiven zeitweilig abzulösen, erblickt der übermüdete Geistesarbeiter den Wert des Radsports für die Hygiene des Gehirns. Es ist aber auch ein positiver Vorzug, daß die gerade von geistig Beschäftigen oft vernachlässigten Sinneszentren auf dem Rade zur Geltung gelangen und geübt werden; denn wer sich gewöhnt, die umgebende Welt scharf ins Auge zu fassen, wird auch fest im Leben stehen und nicht leicht die Fühlung mit der Wirklichkeit verlieren. Und besonders für die bildungsfähige Jugend, auch wenn sie es noch nicht nötig hat, sich von geistiger Überanstrengung auszuruhen, ist diese Seite von Wichtigkeit. Schon GutsMuths forderte für die Vorbildung zur Wehrtüchtigkeit praktische Sinnübungen, und es ist gewiß, daß der Radsport diese in ausgedehntestem Maße darbietet. Er gestattet keine Zerstreutheit, sondern er verlangt beständige Wachheit der Sinne, und dadurch erlangen Auge und Ohr eine Energie, die sich über das Aufnehmen zufälliger Eindrücke weit hinaus zur immer lebendigen Spürkraft steigert. Der Radfahrer gewinnt wieder etwas von der verlorenen Instinktschärfe des Naturmenschen.

Allerdings soll er noch etwas mehr sehen als die Steine auf seinem Wege, und darum darf er die Schnelligkeit seiner Fahrt nicht über das vernünftige Maß steigern. Schon bei mäßigem Tempo zieht ja die Landschaft so flüchtig an ihm vorüber, daß das Auge bei Einzelheiten selten verweilen kann. Er wird also, um den vollen Genuß des Schauens zu haben, seine Bewegung oftmals bis zum Schritt verlangsamen, häufig auch absteigen müssen. Es ist einer der größten Vorzüge des Rades, daß es uns auf unseren Kreuz- und Querfahrten allerlei weltferne Stätten erschließt und uns die verborgensten Reize der Heimat kennen lehrt. Je vertrauter wir mit ihr werden, um so lieber gewinnen wir sie, und dadurch ist das Rad so recht berufen, unserem Herzen das Vaterland immer näher zu bringen. Aber dieser Gewinn ist für den dahinrasenden Kilometerfresser verloren, und das Rad leistet nur, was es vermag, wenn es in der rechten Weise gebraucht wird.

Für die Wehrkraft unseres Volkes ist es aber auch von hoher Bedeutung, wenn die Jugend sich bis zum Mannesalter ihre Sittenreinheit erhält und ihre frische Kraft nicht im Taumel eines frühreifen Genußlebens verschwendet. Und auch in dieser Beziehung leistet das Rad uns wichtige Dienste. Es waltet wirklich still seines Amtes in der Jugendfürsorge und hat wohl schon manchen Jüngling vor dem Verderben bewahrt. Für die Schüler höherer Lehranstalten, soweit sie nicht vorzeitig ins bürgerliche Leben übertreten, ist durch den Turn- und Spielunterricht der Schule bis zur Reifeprüfung gesorgt; aber für die Lehrlinge in Werkstätten und Kaufläden sorgt niemand, wenn sie nicht der eigene Trieb zu gesunder Leibesübung veranlaßt. Vielen von diesen Unberatenen werden die Freistunden allzuleicht zu Stunden der Ausschweifung, und sorgenvoll erkennen wir heute, daß das wohlmeinende Gesetz, das ihnen unbeschränkte Feiertagsruhe gewährt, den Führerlosen und doch so Führungsbedürftigen eher zum Fluch als zum Segen wird. Doch hier ist das Fahrrad, das seit einem Jahrzehnt gerade unter der halbwüchsigen Jugend so begeisterte Anhänger gefunden hat, in die Bresche getreten. Es kam einem tatsächlichen Bedürfnis entgegen, und ihm ist es zu verdanken, wenn die sittliche Verwahrlosung unseres männlichen Nachwuchses in dieser Zeit nicht noch weiter um sich gegriffen hat. Nicht nur, daß es die jungen Burschen zu unschuldigem und dabei kräftigem, gesundheitsförderndem Sport in die freie Natur hinauslockt, es bewahrt sie auch vor dem Alkohol, mit dessen unmäßigem Genuß das Radfahren nicht verträglich ist. Nur schade, daß etliche Wintermonate bei den meisten fast ganz für das Radfahren ausfallen und daß die vielen kleinen Vereine in dieser Zeit ihre Mitglieder nicht anders als durch Frühschoppen und Abendschoppen zusammenzuhalten wissen.

Indessen darf nicht verkannt werden, daß mit dem Radfahren, wenn es in unverständiger Weise betrieben wird, auch große Gefahren, und zwar ganz besonders für die noch in der Entwicklung begriffene Jugend, verbunden sind. Dasselbe Mittel, das in richtiger Anwendung dem Körper zum Heile gereicht, kann bei unrichtiger als tödliches Gift wirken. Von außerordentlichen Unglücksfällen sehen wir dabei ab; denn sie können sich auch beim Turnen und bei jedem anderen Sport ereignen. Ein gewisses Maß von Gefahr ist eben, wie wir erkannten, ein treffliches Charakterbildungsmittel, und wenn wir die Jugend allzu ängstlich behüteten, würden wir nur charakterlose Schwächlinge heranziehen. Worauf es hier ankommt, ist die Tatsache, daß das Radfahren überhaupt nur bis zu einem bestimmten Grade für den menschlichen Organismus und besonders für die unreife Jugend taugt und daß es doch durch seine Eigenart allzuleicht dazu verführt, über diesen statthaften Grad hinauszugehen. Indem sich bei seiner Ausübung die Arbeitsleistung auf verschiedene Muskeln ziemlich gleichmäßig verteilt und für jeden einzelnen verhältnismäßig gering ist, wird das Ermüdungsgefühl, das bei einseitiger Muskelbetätigung als Warnungszeichen auftritt, länger, als gut ist, zurückgehalten, und dadurch kommt es zu Überanstrengungen, die häufig dauernde Schädigungen im Gefolge haben. Von diesen werden in erster Linie das Herz und die Lungen betroffen. Da nun das kindliche Alter leichtsinnig und urteilslos ist und die Erfolge der Meisterfahrer es zur Nacheiferung reizen, so muß das Radfahren der Knaben durchaus von Erwachsenen überwacht werden; sie dürfen keine großen Touren unternehmen, keine Wettrennen unter sich veranstalten und überhaupt ein mäßiges Tempo nicht überschreiten.

Ferner ist sehr darauf zu achten, daß sie eine gerade Haltung einnehmen, da der vornübergeneigte Sitz auf die Dauer zu Rückgratsverkrümmungen führen und auch den inneren Organen nachteilig werden kann. Knaben sollten daher keine Rennräder benutzen, obwohl gerade diese das Ziel ihres Ehrgeizes sind. Endlich ist auch eine falsche Sattelstellung, die leicht dauernde Erkrankungen der Unterleibsorgane verursachen kann, zu verhüten. Zudem ist das Gutachten eines Arztes einzuholen, ehe das Radfahren erlernt wird. Nur wenn alle diese Vorsichtsmaßnahmen eingehalten werden, dürfen Knaben etwa vom zwölften Jahre an mit dem Radeln beginnen. Aber auch reifere junge Leute dürfen in ihrer größeren Selbständigkeit keinen Freibrief zu sportlichen Übertreibungen erblicken; denn auch ihnen kann das Übermaß verderblich werden. Wir dürfen also nur das mäßige Radfahren als eine geeignete Vorschule der Wehrtüchtigkeit betrachten. Dagegen ist die Befürchtung nicht ungerechtfertigt, daß als Folge der durch das Beispiel des Rennsports geschürten Rekordwut die Herzkrankheiten zunehmen und der Wehrkraft Abbruch tun werden.

Das Rennwesen selbst wäre als Kraftprobc an und für sich nicht zu verurteilen; es ist sicher geeignet, die Ausdauer der Wettfahrer in hohem Grade zu entwickeln. Ohne Zweifel würden auch die Hellenen in Olympia Radrennen veranstaltet haben, wenn sie das Zweirad schon besessen hätten. Aber da es bekannt ist, wie oft berühmte Rennfahrer an Herzfehlern erkranken und vom Militärdienst zurückgewiesen werden, so wollen wir die Jünglinge, auf deren Wehrkraft das Vaterland hofft, lieber nicht den Triumphen des Geschäftssports zum Opfer bringen. Verkennen dürfen wir aber darum nicht, daß die radsportlichen Schauspiele viel zur Verbreitung des Fahrrads beigetragen und dadurch einer guten Sache genützt haben. An uns, den erfahrenen

Beratern der Jugend, ist es nun, dahin zu wirken, daß der Radsport allgemach von ungesunden Ausschreitungen gereinigt werde. Wenn uns das gelingt, so dürfen wir die Zuversicht hegen, daß unsere jungen Radler auch im Sattel zur Wehrtüchtigkeit heranreifen.

Jahrbuch für Volks- und Jugendspiele. 12. Jg. (1903), Leipzig, S. 53-62.

Anhang 2

Anmerkungen

Seite 9: *Geschichte des Fahrrads*: Einen Überblick bietet u.a. Karl Biesendahl. „Geschichte des Fahrrades“, in: *Der Radfahrsport in Bild und Wort*. Unter Mitwirkung zahlreicher Fach- und Sportsleute herausgegeben von Dr. Paul von Salvisberg. Mit einem Vorwort und Vorbemerkungen zur zweiten Neuauflage von Hans-Eberhard Lessing. Hildesheim 1998 (= Nachdruck der Ausgabe München 1897. Festgabe zum Radfahrkongreß), S. [7]-23 [im folgenden als: Salvisberg], wie auch J. Castner. „Das Fahrrad, seine Herstellung und seine Verwendung“, in: *Prometheus. Illustrirte Wochenschrift über die Fortschritte in Gewerbe, Industrie und Wissenschaft* 9 (1898), Heft 27 (= Nr. 443 der Gesamtzählung), [6. April 1898], S. 423-426 (I. Geschichtliches); Heft 28 (= Nr. 444), [13. April 1898], S. 436-442 (II. Der Fahrradbau); Heft 29 (= Nr. 445), [20. April 1898], S. 455-459; Heft 30 (= Nr. 446), [27. April 1898], S. 471-474 (III. Verwendung des Fahrrades). – „Studien zur Geschichte des Fahrrades“ publizierte Fritz Schlesinger in: *Rad-Welt. Zeitung für die Gesammt-Interessen des Radfahrens* 6 (1900), Nr. 123, 27. Juli, [S. 1-2], und Nr. 124, 28. Juli, [S. 1-2]; „Die technische Entwicklung des Fahrrades“ präsentierte eine Artikelserie von Rudolf Lerch in: ebd., Nr. 153, 155, 158-161, 163, 166, 167, 170, 171 (zwischen 31. August und 21. September).
Seite 10: *Pneumatic*: Vgl. dazu den mit vier Photos illustrierten Aufsatz „Die Herstellung der Pneumatiks“, in: *Mutter Erde. Eine Wochenschrift. Technik, Reisen und nützliche Naturbetrachtung in Haus und Familie* 1 (1899), Nr. 45, S. 369-373.
Seite 12: *Erdteilen ... Rassen*: Vgl. dazu „Das Fahrrad in China“, in: *Export. Organ des Centralvereins für Handelsgeographie und Förderung deutscher Interessen im Auslande* 21 (1899), Nr. 39, S. 479; „Das Radfahren in Japan“, in: *Ost-Asien. Monatsschrift für Handel, Industrie, Politik, Wissenschaft, Kunst etc.* 4 (1902), 12. Heft, März 1902, S. 559.
Seite 15: *Coventry*: Vgl. dazu Henry C. Wilkins. „All about Coventry Cycles“, in: *The Windsor Magazine* 2 (1895), July, S. 104-108, sowie „Cycles and Science; or, Coventry Awake. The Latest Development

of the Rudge-Whitworth Wheel“, in: *The Review of Reviews*, February 1903, S. 200-207.

Ebd.: *Touren*: Vgl. „Ueber das Tourenfahren“, in: *Rad-Welt* 1 (1895), Nr. 11, 14. April, [S. 1-2]; weiter August Geisser. „Das Tourenfahren“, in: Salvisberg, S. [57]-68, sowie „Das Reisen zu Rade“, in: *Die Umschau. Übersicht über die Fortschritte und Bewegungen auf dem Gesamtgebiet der Wissenschaft, Technik, Litteratur und Kunst* 29 (1898), Nr. 29, 16. Juli 1898, S. 503-507. – H. Ursicors stimmungsvoller Bericht „Ein Herbstausflug auf dem Zweirad“ stand in *Allgemeine konservative Monatsschrift für das christliche Deutschland* 55 (1898), Februar, S. [183]-188. – Eine Tour besonderer Art führte Heinrich Horstmann durch: vgl. seine Aufzeichnungen *Meine Radreise um die Erde vom 2. Mai 1895 bis 16. August 1897*. Herausgegeben und kommentiert von Hans-Erhard Lessing. Leipzig 2000.

Seite 18: *Reklame-Apparat*: Vgl. z.B. das ab 1895 in Berlin erscheinende 24seitige monatliche Mitteilungsblatt *Fahrrad-Export. Zeitschrift der internationalen Fahrrad- und Automobilindustrie*, dessen „[g]arantierte Auflage 21’000 Exemplare“ viersprachig (dt., engl., frz., russ.) für Absatz und Akzeptanz des Zweirades sorgen sollte.

Seite 21: *Zeit ist Geld*: Benjamin Franklin prägte diesen Ausdruck 1748 in seinem „Advice to a Young Tradesman“.

Ebd.: *Radfahrertruppen*: Vgl. z.B. folgende Artikel: „Der Radfahrer im diesjährigen Kaisermanöver“, in: *Der Hausdoktor. Wochenschrift für naturgemäße Lebens- und Heilweise* 8 (1896/97), Nr. 51, 19. September 1897, S. 510-511. – „Die neuesten Erfahrungen in der militärischen Verwendung des Fahrrads und des Drachenballons“, in: *Die Umschau* 2 (1898), Nr. 6, 5. Februar 1898, S. 95-98, und ebd., Nr. 7, 12. Februar 1898, S. 113-117. – Julius Burckart. „Das Rad im Dienste der Wehrkraft“, in: Salvisberg, S. [137]-156; ders. „Die Radfahrtruppe der Zukunft“, in: *Kriegstechnische Zeitschrift. Für Offiziere aller Waffen. Zugleich Organ für kriegstechnische Erfindungen und Entdeckungen auf allen militärischen Gebieten* 2 (1899), 5. Heft, S. [193]-206 (I: Zur Einführung); 6. Heft, S. 247-261 (II. Hie Klapprad, hie Kriegsrad); 7. Heft, S. 300-316 (III. Wozu Radfahrtruppen?) [mit 13 Abb.]. – Major H. v. Sch. „Einiges über den Gebrauch der Militärradfahrer bei den deutschen Kaisermanövern“,

in: *Jahrbücher für die deutsche Armee und Marine*, Band 106, Heft 1, Nr. 316, Januar 1898, S. 74-76. – „Vélocipédie militaire", in: *Internationale Revue für die gesammten Armeen und Flotten* 16 (1897/1898), 1. Heft, Oktober 1897, S. 33-44; „Radfahrerabteilungen", in: ebd., 8. Heft, Mai 1898; S. 674-681; „Frankreich, Radfahrwesen", in: ebd. 17 (1898/1899), 2. Heft, November 1898, S. 152-154. – Hauptmann Zernin. „Kämpfende Radfahrer", in: *Neue Militärische Blätter. Monatsschrift für Armee und Marine* 28. Jg., 55. Band, Heft 3, September 1899, S. [261]-270. – „Ein neues Fahrrad für militärische Zwecke", in: *Mutter Erde* 1 (1899), Nr. 33, S. [135]. – „Die Bedeutung und Verwendung des Fahrrades im Krieg. Von einem Fachmann", in: *Rad-Welt* 5 (1899), Nr. 188-190, 1., 4. und 8. November, jeweils 2. Blatt, [S. 5].
Seite 24: *Salubrität*: Klimaverträglichkeit; gesunde Beschaffenheit
Seite 25: *Laßt alle Hoffnung draußen*: Anspielung auf „Laßt, die ihr eintretet, alle Hoffnung fahren" (Lasciate ogni speranza, voi ch'entrate – Dante Alighieri. *Die Göttliche Komödie*, Inferno III, 9 [Höllentor]).
Seite 26: *sozialpolitische Bedeutung*: Vgl. „Das Radfahren als socialpolitischer Factor", in: *Rad-Welt* 1 (1895), Nr. 30, 8. Mai, [S. 1-2], und Nr. 31, 9. Mai, [S. 2], sowie „Socialpolitisches vom Radfahren. Eine Beitrag zur Würdigung des Radfahrsportes", in: ebd. 3 (1897), Nr. 18, 6. März, Drittes Blatt, [S. 9].
Seite 32: *Décadence*: Weltschmerzliche Zerrissenheit, Pessimismus, verfeinerte psychologische Darstellung gelten als Charakteristika; zu den Hauptvertretern zählen Baudelaire, Čechov, Hofmannsthal, Rilke, Rimbaud, Schnitzler, Wedekind, Wilde.
Seite 33: *das englische Sprichwort*: to burn the candle at both ends
Seite 38: *Stoiker*: Angehöriger der Stoa, der griechischen Philosophenschule von ca. 300 v.u.Z. bis ca. 250 n.u.Z., deren oberste Maxime der Ethik darin bestand, in Übereinstimung mit sich selbst und der Natur zu leben und Neigungen und Affekte als der Einsicht hinderlich zu bekämpfen.
Seite 41: *Heloten*: Staatssklaven in Sparta
Ebd.: *Kalokagathia*: Wörtl.: Schön- und Gutheit; Ausdruck körperlicher, geistiger und moralischer Vollkommenheit
Seite 42: *Stadien*: altgriechisches Längenmaß; ein Stadion = 184,98 m

Ebd.: *Steher- und Fliegerkonkurrenzen*: Steher: Radrennfahrer über lange Distanz mit Schrittmacher; Flieger: Radrennfahrer über kurze Distanz ohne Schrittmacher (Sprinter).
Ebd.: *Epheben*: Athener Jungbürger vom 18. bis zum 20. Lebensjahr, die den zwei Jahre dauernden Wehrdienst ableisten.
Seite 44: *Orandum est ...*: Man muß darum beten, daß ein gesunder Geist im gesunden Körper wohne. (Juvenal. *Saturae, X, 356*)
Ebd.: *Palästren und Gymnasien*: Palästra: Übungsplatz der Ringer; Gymnasium: Übungs- und Wettkampfanlage zur körperlichen Erziehung und vormilitärischen Ausbildung der Jugend.
Seite 46: *Romanismus*: papst- bzw. kirchenfreundliche Einstellung
Ebd.: *Scholastik*: die auf die antike Philosophie gestützte, christliche Dogmen verarbeitende Philosophie und Theologie des Mittelalters (etwa 9.-14. Jh.), hier gebraucht im Sinne von: engstirnige, dogmatische Schulweisheit.
Seite 47: *Philanthropisten*: Anhänger einer am Ende des 18. Jh. einsetzenden, von Johann Bernhard Basedow (1724-1790) begründeten Bewegung, die eine natur- und vernunftgemäße Erziehung auf der Grundlage der Ideen Lockes und Rousseaus anstrebte.
Seite 48: *was der Korse ihr im Kriege*: Anspielung auf Napoleon I. und dessen Sieg über Preußen bei Jena und Auerstedt 1806.
Seite 50: *Wintern*: Über „Das Radfahren im Winter" klärte E. Wegener auf in *Der Hausdoktor* 8 (1896/97), Nr. 22, 28 Februar 1897, S. 213-214.
Seite 58: *Heiligkeit der Gesundheit*: Der Berliner Arzt und Sexualwissenschaftler Magnus Hirschfeld fragte „Für wen und wie ist Radfahren gesund?", in: ebd. 8 (1896/97), Nr. 50, 12. September 1897, S. [489]-490 (Teil I); Nr. 51, 19. September 1897, S. [499]-500 (Teil II); Nr. 52, 26. September 1897, S. 511-513 (Teil III).
Ebd.: *Lawn Tennis*: Rasentennis.
Seite 59: *Unfälle*: Vgl. dazu „Erste Hilfe bei Radfahr-Unfällen", in: ebd. 10 (1898/99), Nr. 15, 8. Januar 1899, S. 172-174, und „Unglücksfälle beim Radfahren", in: *Rad-Welt* 2 (1896), Nr. 193, 18. November, [S. 2], und Nr. 194, 21. November, [S. 1-2].

Ebd.: *seine Vorteile ... seine Nachteile*: Einige Überlegungen formulierte G. in „Vor- und Nachteile des Radfahrens“, in: *Der Hausdoktor* 10 (1898/99), Nr. 31, 30. April 1899, S. [361]-363.
Ebd.: *Hygiene des Radsports*: Vgl. dazu u.a. A. Remlad. „Der Einfluß des Radfahrens auf den menschlichen Körper“, in: ebd. 8 (1896/97), Nr. 5, 1. November 1896, S. 43-44; W.H. „Der Fahrradsitz. Ein Kapitel aus der Hygiene der Radfahrer“, in: ebd. 9 (1897/98), Nr. 50, 11. September 1898, S. [491]-493, sowie Oberst a.D. Spohr. „Einige Betrachtungen über die hygieinischen Wirkungen des Radfahr- und Automobil-Sports“, in: ebd. 13 (1901), Nr. 1, 6. Oktober 1901, S. [1]-3 (Teil I); Nr. 2, 13. Oktober 1901, S. 12-14 (Teil II). – Siehe auch Sigmund Merkel. „Hygiene des Radfahrens“, in: *Deutsche Vierteljahrsschrift für öffentliche Gesundheitspflege* 33 (1901). Erstes Heft, Nr. 40, S 119-132, sowie Dr. med. Proelss. „Ueber die sanitätspolizeiliche Ueberwachung des Radelns, besonders bezüglich der Geschäftsdreiräder für halberwachsene junge Leute“, in: ebd. Drittes Heft, S. 401-443. – Paul Schiefferdeckers 1900 erschienenes Werk *Das Radfahren und seine Hygiene* (Nachdruck herausgegeben von Hans-Erhard Lessing als *Fahrradkultur 1: Der Höhepunkt um 1900*. Reinbek bei Hamburg 1982) behandelt vorrangig Fahrradtechnik; ausschließlich um physiologische Aspekte geht es in Sch.s „Indikationen und Contraindikationen des Radfahrens“, in: *Schmidt's Jahrbücher der in- und ausländischen gesammten Medicin* Jg. 1901, Bd. 270, Heft 2, S. [113]-137. – Siehe auch Siegfried [im Namenregister].
Seite 62: *Amanuensis*: Gehilfe, Schreiber, Sekretär eines Gelehrten.
Seite 63: *Freund und Arzt*: Heinrich Rehfeldt (1851-1910), ab 1882 Erster Krankenhausarzt in Frankfurt/Oder. – Vgl. Wulfhard Stahl. „Eduard Bertz. Erste Briefe. Ansätze zu einer Bio-Bibliographie“, in: *Zeitschrift für Germanistik. Neue Folge* VI, Heft 2/1996, S. 414-427.
Seite 68: *Satyriasis*: krankhaft gesteigerter männlicher Geschlechtstrieb.
Seite 69: *Adduktoren*: Muskeln, die das Heranziehen eines Gliedes (zur Mittelinie des Körpers) bewirken.
Seite 70: *Apoplektiker*: zu Schlaganfällen neigende Menschen.
Ebd.: *Radfahrens der Kinder*: Vgl. u.a. „Sollen Kinder radfahren?“, in: *Die Gartenlaube. Illustrirtes Familienblatt* 1895, Nr. 19, S. 324;

„Soll die Schuljugend radeln oder nicht? Eine pädagogische Plauderei von Oberlehrer Dr. W.“, in: *Rad-Welt* 5 (1899), Nr. 185, 21. Oktober, [S. 2], sowie Sigmund Merkel. „Gesundheitsmäßige Ausübung des Radfahrens für die Jugend“, in: *Monatsblätter für öffentliche Gesundheitspflege* 10 (1902), S. 188-194.

Seite 77: *Pro patria est ...*: Es gilt dem Vaterland, wenn wir auch nur zu spielen scheinen. [zugeschrieben Theoderich dem Großen (454-526), König der Ostgoten]

Seite 79: *Plutokratie*: Wörtl.: Geldherrschaft; Staatsform, in der allein der Besitz politische Macht garantiert.

Seite 80: *unersättliche Schnelligkeitsgier*: Sie konnte wohl nur durch Zufall unterlaufen werden, wie eine Meldung in *Frankfurter Zeitung und Handelsblatt* 44. Jg., Nr. 292, Zweites Morgenblatt, Samstag, 21. October 1899, S. [1], Sp. 3 und 4, beispielhaft zeigt:

Kleines Feuilleton. Frankfurt. 20. October
[Der Wettfahrer wider Willen]. Der Pariser Schriftsteller P. Lafitte erzählt, wie wir den Hamburger Korrespondenten entnehmen, folgende Geschichte: Ich habe einen Freund, der in Paris-Plage seine Villegiatur hielt und sich fest vorgenommen hatte, während dieser Zeit keine Zeitung zu lesen. Er wußte also auch nichts von einer gerade veranstalteten Wettfahrt, als er einen Radausflug nach Boulogne unternahm und hierbei denselben Weg verfolgte wie die Theilnehmer an der Fahrt. Aber die ungewöhnliche Belebtheit der Strecke brachte ihn alsbald zu der Ueberzeugung, daß eine sportliche Veranstaltung im Gange sei, und er vergrößerte daher sein Tempo, um bei der Ankunft des Siegers an Ort und Stelle sein zu können. Es mochte halb zwei Uhr Nachmittags sein und man erwartete den Ersten gegen 2 Uhr. Je mehr mein Freund sich der Stadt Boulogne näherte, auf desto größere Ansammlungen von Neugierigen stieß er. Plötzlich, als er in ein Dorf einfuhr, schwenkte man fünf rote Fahnen vor ihm. „Kontrolle! Kontrolle!“ schrien ihm Alle entgegen. „Geben Sie Ihre Nummer an.“ „9647!“ rief mein Freund, ohne anzuhalten. Es war die Fabriknummer seines Rads. Daraufhin suchten die Herren, die ihre Kontrolle besetzt hielten, emsig in der Liste nach der imposanten Nummer, ohne sie natürlich zu finden. Etwas weiterhin hielt mein Freund, um einen Reifen zu repariren; eine Alte kommt herbei und bringt ihm eine Tasse Bouillon. Er will sprechen: „Seien Sie stille!“ so ruft man ihm von allen Seiten zu. „Ruhen Sie sich aus, Sie werden es nöthig haben!“ Man ruft ihm zu, man applaudirt. Zehn Kilometer weiterhin muß er halten, um ein Bouquet in Empfang zu nehmen, das ihm ein reizendes,

kleines Mädchen namens des Gemeiderathes überreicht. Die Ovationen werden stärker, die Taschentücher wehen, die Zurufe vervielfachen sich. Mein Freund verdoppelt sein Tempo, um diesen frenetischen Beifalllsbezeugungen zu entgehen, die ihm sehr unangenehm sind. Er will links auf eine Seitenstraße ab- / biegen. Man verstellt ihm den Weg. „Dorthin, dorthin müssen Sie fahren!" … Uebrigens ist es zu spät. Ein Trompetensignal ertönt, dann ein zweites und ein drittes. Ein Musikkorps spielt die Marseillaise … und hört damit erst dann auf, als mein Freund endlich in der Lage ist, die Sache dahin aufzuklären, daß ein Irrthum vorliege und daß der Sieger noch nicht angekommen ist.

Den neuesten Forschungsstand zu diesem Thema reflektiert das reich illustrierte Buch von Andrew Ritchie. *Quest for Speed. A History of Bicycle Racing 1868-1903*. El Cerrito, CA 2011, 496 S. / Selbstverlag. ISBN 978-1-61364-264-1

Seite 81: *Boma*: befestigte Siedlung.

Seite 84: *Bol d'Or*: Goldpokal (Vase im Wert von 5000 Francs), gestiftet für das im Juni 1894 zum erstenmal durchgeführte 24-Stunden-Rennen der Berufs-Steher (der Sieger legte 756 km zurück).

Seite 89: *Barlauf*: Lauf- und Fangspiel für zwei Mannschaften.

Seite 92: *brutale Gewaltpolitik*: Anspielung auf den im Oktober 1899 im südlichen Afrika begonnenen Burenkrieg.

Seite 96: *la santé du grand air*: die gesunde, frische Luft.

Seite 98: *omnis motus …*: Alle Bewegung ist umso wirksamere Bewegung, je schneller sie ist (nach: *Schopenhauers Aphorismen zur Lebensweisheit*. 11.-16. Tsd. Leipzig: Insel 1918. [Vorwort und Erläuterungen von Max Brahn.] [Kapitel II. Von dem, was einer ist], S. 27 bzw. 224).

Seite 105: *griserie allègre …*: der fröhliche Rausch der Schnelligkeit.

Ebd.: *Pédards … Scorchers*: P. ist eine Verkürzung von vélocipédard = Radfahrer (vgl. dazu die ausführliche Fußnote bei Ortloff. *Das Radfahren*, S. 13f.); S. ist abgeleitet von to scorch = versengen, verbrennen, im verkehrstechnischen Sinn: rasen. „Rüpel" ist in beiden Fällen die deutsche Entsprechung – siehe dazu Franz Cresper. „Die Radflegel. Geschichte einer Massenbekehrung", in: *Rad-Welt* 4 (1898), Nr. 3, 12. Januar, 3. Blatt, [S. 9], und Nr. 4, 15. Januar, 3. Blatt, [S. 9].

Seite 106: *He rides a Hampden …*: Er fährt ein Hampden und hat keine Angst.

Seite 108: *mutatis mutandis*: mit den nötigen Abänderungen.
Seite 110: *Wind*: vgl. u.a. „Der Radfahrer und der Wind“, in: *Die Gartenlaube* 1897, Nr. 49, S. 820.
Seite 119: *Für das weibliche Geschlecht*: Einen Überblick lieferte Amalie Rother mit „Das Damenfahren“, in: Salvisberg, S. [111]-136. – Vgl. auch die Anthologie von Gudrun Maierhof/ Katinka Schröder. *„Sie radeln wie ein Mann, Madame.“ Als die Frauen das Rad eroberten.* Zumikon/ Dortmund ²1993.
Seite 120: *vice versa*: umgekehrt.
Seite 127: *Rational Boston Dress*: Diese Kleidungsart beschrieb Hattie C. Flower in ihrem illustrierten Aufsatz „The Rational Dress Movement. A Symposium“, in: *The Arena* 9 (1894), No. 51, February, S. 305-326. – Zur Diskussion über „vernünftige Kleidung“ vgl. auch: Wilhelm F. Brand. „Das rationelle Kleid“, in: *Die Gartenlaube* 1888, Nr. 6, S. 93-94. – Die Rational Dress Society wurde 1881 in London gegründet.
Seite 128: *überzähligen Mädchen*: George Gissing literarisierte dieses gesellschaftliche Problem in seinem Roman *The Odd Women* (London 1893 / deutsch als *Die überzähligen Frauen* 1997 bzw. 1999).
Seite 130: *Versorgungsanstalt*: Ein Werk gleichen Titels [nicht nachgewiesen] zeigte Bertz bereits in *Kürschners Deutscher Literatur-Kalender* 21 (1899) an; die damit gemeinte Auffassung von Ehe thematisierte er im Roman *Der blinde Eros* (Dresden/ Leipzig 1901).
Ebd.: *Sinecure*: Wörtl.: ohne Sorge; müheloses, einträgliches Amt.
Seite 131: *Frau auf dem Rade*: Was die Kapitelvignette S. [118] wortlos ausdrückt, beschreibt ausführlicher Beth Muellner in ihrem illustrierten Aufsatz „The Photographic Enactment of the Early New Woman in 1890s German Women's Bicycle Magazines“, in: *Women in German Yearbook. Feminist Studies in German Literature & Culture* 22 (2006), S. 167-188. – Reichhaltiges großformatiges Anschauungsmaterial birgt dazu der Band *100 Jahre Fahrrad-Plakate. Eine Sammlung von 96 Reproduktionen.* Zusammengestellt und kommentiert von Jack Rennert. Berlin 1974.
Seite 132: *Zolas Wort von der „Emanzipation ...“* (siehe Emile Zola. *Paris*. Leipzig 1991, S. 377): In ihrem Aufsatz „Warum Frauen aufhö-

ren zu heiraten" bemerkte Ellen Hepworth-Dixon dazu trocken: „Irgendwer hat keck erklärt, dass es das Bicycle ist, das die Frau endgiltig emancipirt hat, aber sicherlich wirken hier noch andere Factoren ausser dem so nützlichen und angenehmen Rad." (*Dokument der Frauen*, Band I, No. 13, 15. September 1899, S. 331). Öffentliches Fragenstellen gehörte dazu, wie z.B. in einer Sommer-Serie von Leserinnenbriefen: „Welchen Einfluß hat das Radfahren der Herren, der Gatten, Brüder, Freunde etc. auf das Familienleben und auf die sonstigen Beziehungen?", in: *Rad-Welt* 5 (1899), Nr. 87, 100, 108, 110, 113, 133, 169.
Seite 133: *Une femme ne vaut ...*: Eine Frau kann es dabei niemals mit einem Mann aufnehmen. (Emile Zola. *Paris*, S. 376)
Ebd.: *ästhetische Seite*: Einige Überlegungen stellte dazu u.a. Oskar Bie an in seinem Beitrag „Fahrrad-Aesthetik", in: *Der Kunstwart. Rundschau über alle Gebiete des Schönen* 10 (1897), 22. Heft, Zweites Augustheft, S. 339-340.
Seite 135: *Hetären*: Wörtl.: Gefährtin; in der Antike Freundin, Geliebte bedeutender Männer, auch: Prostituierte.
Seite 140: *Naturam expelles furca ...*: (vgl. auch S. 45) Natur magst du austreiben mit der Heugabel: Natur kehrt beharrlich zurück. (Horaz. Epistularum liber I 10, 24, in: ders. *Sämtliche Werke*. Lateinisch und deutsch. München [11]1993 [= Sammlung Tusculum], S. 456 lat./ 457 dt.).
Seite 143: *„Es ist nichts weder ..."*: William Shakespeare. *Hamlet*, II, 2: „There is nothing either good or bad, but thinking makes it so".
Seite 146: *Gigerln*: Wienerische Bezeichnung für Geck, Modenarr.
Seite 146: *incroyables*: Stutzerhafte Träger eines großen Zweispitzes.
Seite 146: *Sansculottes*: Proletarische Revolutionäre in Paris 1789.
Seite 149: *Atavismus*: Hier verstanden als Rückfall in primitives Verhalten.
Seite 151: *Das Reich Gottes kommt nicht mit äußerlichen Gebärden*: Lukas 17,20
Seite 161: *„Fahrrad-Vorschrift" für Militär-Radfahrer*: Vgl. dazu „Le nouveau règlement vélocipédique allemand", in: *Internationale Revue über die gesammten Armeen und Flotten (Revue internationale)* 17 (1899), 4. Band. Supplément 6. Septembre 1899, S. 126-128.
Seite 163: *Sprengwagen ... Bakteriengefahr*: Vgl. E. Dietrich. „Das Besprengen chaussirter Strassen mit Roh-Petroleum", in: *Deutsche Bau-*

zeitung. Organ des Verbandes Deutscher Architekten- und Ingenieur-Vereine 36 (1902), Nr. 22, 15. März 1902, S. 143, sowie „Die Bakteriengefahr für Radfahrer“, in: *Mutter Erde* 1 (1899), Erster Band, Nr. 10, S. 196.
Seite 169: *nationale Industrie*: Wie bedeutend diese war, belegen u.a. folgende Notizen: „Die deutsche Fahrradindustie“, in: *Über Land und Meer. Deutsche illustrirte Zeitung* 82. Band, 41. Jg., Nr. 42, S. 684 (C.J.); „Deutsche Fahrrad-Industrie“, in: *Export* 20 (1898), Nr, 7, 17. Februar 1898, S. 82-83; „Fahrradindustrie in den Vereinigten Staaten“, in: ebd., Nr. 20, 9. Mai 1898, S. 251; „Die Zunahme des deutschen Fahrradexports“, in: ebd., Nr. 28, 14. Juli 1898, S. 351; „Die Entwickelung der deutschen Fahrradindustrie“, in: ebd., Nr. 36, 8. September 1898, S. 452f.; „Deutschlands Fahrradhandel“, in: ebd. 21 (1899), Nr. 39, 28. September 1899, S. 478-479; „Ausfuhr von Fahrrädern nach Asien“, in: *Asien. Organ der Deutsch-Asiatischen Gesellschaft und der Münchner Orientalischen Gesellschaft* 1 (1902), Heft 12, S. 193-194. – Über billige Fahrräder, Preisreduktionen und Konkurrenz der Händler berichtete „Blinder Lärm“, in: *Rad-Welt* 3 (1897), Nr. 112, 15. Juli, [S. 1-2]
Seite 173: *factory riots*: Fabrikkrawalle, eine Anspielung auf die Ludditenbewegung („Maschinenstürmer“) in Mittelengland, 1811-1814.
Seite 175: *Radfahrer-Steuer*: Vgl. dazu Ortloff [im Namenregister] sowie *Finanz-Archiv. Zeitschrift für das gesamte Finanzwesen* 10 (1893). Zweiter Band, S. 216-217 (Maurice Harbulot. „Das Budget Frankreichs für das Jahr 1893 und die Rechnung von 1891.“ Abschnitt II.1. Die Velocipedsteuer); ebd. 15 (1898). Erster Band, S. 477-481 (C. Mühling. „Das italienische Gesetz über dic Velocipedsteuer. Vom 22. Juli 1897“); ebd. 20 (1903). Zweiter Band, S. 383-401 (Gustav Sodoffsky. „Russisches Gesetz vom 20. Januar 1903 [a.St.] über die Einführung einer Steuer von den Velocipeden und Automobilen zu Gunsten der Städte“). – Siehe zudem „Die Fahrradsteuer in Frankreich“, in: *Statistische Korrespondenz* 25 (1899), Nr. 4, 28. Januar 1899, S. 2. – Über die vor einem Verwaltungsgericht erhobene Klage gegen die Radfahrsteuer berichtet die *Rad-Welt* 3 (1897), Nr. 179, 28. September.
Seite 176: *Radfahrerwege*: Vgl. „Radfahrer-Wege“, in: ebd., Nr. 189, 6. November, [S. 1-2], und Nr. 190, 10. November, [S. 1-2]; P. Haag.

„Radfahrwege. Ein Mittel zum sozialen Fortschritt“, in: *Gemeinnützige Blätter für Groß-Frankfurt. Zeitschrift für soziale Heimatkunde* 2 (1900), Nr. 9, 1. September 1900, S. 211-213; Oehmcke. „Ueber Radfahrwege“, in: *Deutsche Bauzeitung* 36 (1902), Nr. 22, S. 142-143. – Grundsätzliche Erwägungen zum Thema Recht und Radfahren finden sich u.a. bei Johannes Schumacher. *Das Recht des Radfahrers* [im Anhang zu: Schiefferdecker, S. 477-538], sowie Philipp Frühwein. *Rechtskunde und Radfahren. Eine Betrachtung für Jünger und Meister des Fahrrades (über Rechte und Pflichten des Radfahrers)*. Stuttgart 1897, rezensiert in: *Rad-Welt* 3 (1897), Nr. 193, 20. November, [S. 2].
Seite 196: *volkswirtschaftlichen Interessen*: Vgl. u.a. Rudolf Lerch. „Das Fahrrad und seine Bedeutung für die Volkswirtschaft“, in: *Jahrbuch für die Gesetzgebung, Verwaltung und Volkswirtschaft im Deutschen Reich* 24 (1900). Erstes Heft, S. [297]-358. – Siehe auch R.[upert] Ritter von Paller. „Die Fahrradindustrie und die zugewandten Geschäftszweige in den Ländern deutscher Zunge“, in: Salvisberg, S. [213]-223.
Seite 205: *Vorschriften für den Fahrradverkehr*: Vgl. z.B. *Finanz-Archiv* 17 (1900). Erster Band, S. 441-445 („Hessische Verordnung die Fahrräder und Automobile betreffend. Vom 10. Oktober 1899.“). – Siehe auch Von Schimmelpfennig. „Recht und Gesetz im Radfahrwesen“, in: Salvisberg, S. [171]-177.
Seite 206: *Radfahrer-Karten*: Vgl. *Finanz-Archiv* 17 (1900). Erster Band, bes. S. 270f. (C. Glässing. „Die Neugestaltung der direkten Staatsbesteuerung im Grossherzogtum Hessen [1899]“).
Seite 213: *diskretionär*: dem Ermessen des Partners anheimstellend.
Seite 219: *Swendals Hengst*: Verweis auf das dänische Swendallied (vgl. Karl Simrock. *Handbuch der Deutschen Mythologie mit Einschluß der nordischen*. Dritte sehr vermehrte Auflage. Bonn 1869, S. 64: „[der] Hengst, der niemals müde wird“).
Seite 221: *Wunschmantel der Faustsage*: Er dient dazu, in kürzester Zeit weite Räume zu durchmessen (vgl. ebd., S. 178).
Ebd.: *„Wenn ich ein Vöglein wär ...“*: Worte nach: Johann Gottfried Herder. *Stimmen der Völker in Liedern* (1778); Weise: vermutlich Johann Friedrich Reichardt (um 1800).

Zeitgenössische Rezensionen

Aus Platzgründen können die zeitgenössischen Rezensionen der *Philosophie des Fahrrads* nicht abgedruckt werden. Den folgenden Angaben gehe deshalb nach, wer wissen will, wie dieses Buch seinerzeit aufgenommen wurde:

- *Leipziger Tageblatt und Anzeiger.* 94. Jg., Nr. 241, 13. Mai 1900, 1. Beilage, S. 3935 (anonym).
- *Die Umschau. Übersicht über die Fortschritte und Bewegungen auf dem Gesamtgebiet der Wissenschaft, Technik, Litteratur und Kunst.* 4. Jg., Nr. 21, 19. Mai 1900, S. 401-403 („Zweirad und Naturgenuß") (anonym).
- *Wiener Abendpost. Beilage zur Wiener Zeitung.* Nr. 122, 28. Mai 1900, S. 1-2 (e.l.).
- *Das litterarische Echo. Halbmonatsschrift für Litteraturfreunde.* 2. Jg., Heft 18, 15. Juni 1900, Sp. 1249-1254 (Wilhelm Bölsche).
- *Die Zeit. Wiener Wochenschrift für Politik, Volkswirtschaft, Wissenschaft und Kunst.* 23. Band, Nr. 300, 30. Juni 1900, S. 200-203 (Max Burckhard).
- *Velhagen & Klasings Monatshefte.* 14. Jg., 2. Band, Heft 11, Juli 1900, S. 566 (= Neues vom Büchertisch) (Heinrich Hart).
- *Allgemeine Deutsche Universitäts-Zeitung. Zeitschrift für geistige Bestrebungen.* 14. Jg., Nr. 16, 15. August 1900, S. 158 (Karl Quenzel).
- *Literarisches Centralblatt für Deutschland.* 51. Jg., Nr. 41, 13. Oktober 1900, Sp. 1711 (anonym).
- *Westermanns Illustrierte Deutsche Monatshefte. Ein Familienbuch für das gesamte geistige Leben der Gegenwart.* 98. Band, Oktober 1900, S. 152 (G.).
- *Zeitschrift für Turnen und Jugendspiel.* 9. Jg., Heft 20, 29. Dezember 1900, S. 313 (Prof. Dr. Junker).
- *Beilage zur Allgemeinen Zeitung* (München). Jg. 1901, Nr. 189, 20. August 1901, S. 6-7 (Heyck).

Abbildungsverzeichnis

mit einem Presto-Rad] (ca. 1906), aus: Jack Rennert. *100 Jahre Fahrrad-Plakate*. Mit 64 mehrfarbigen und 32 einfarbigen Abbildungen. Berlin 1974, S. 85 [Originalgröße 82x60 cm].

Seite [169]: aus: Rüdiger Rabenstein. *Radsport und Gesellschaft*. Hildesheim 1991, S. 105 („Gefährliches Überholen! Die erbitterten Gegner: Kutscher und Velocipedisten!" [Archiv Gronen, Binningen]).

Seite [192]: Emil Kneiss. „Zukunftsstrassenbild: Velociped-Rennstrassen mit erhöhten Curven", aus: *Jugend. Münchner Illustrierte Wochenschrift für Kunst und Leben* 1 (1896), Nr. 35, 29. August, S. 569.

Innenklappe vorne: Eduard Bertz – Gravur, nach einem Photo [ca. 1895], Teil einer Anzeige des „Vereins der Bücherfreunde", im Anhang zu: Eduard Bertz. *Das Sabinergut*. Roman. Berlin: Verein der Bücherfreunde 1896.

Editorische Notiz

Textgrundlage dieser Neuausgabe der *Philosophie des Fahrrads* ist das im April 1900 in einmaliger Auflage unbekannter Höhe bei Carl Reißner in Dresden und Leipzig erschienene, 254 Seiten umfassende Originalwerk. 1984 verlegte Reinhard Kuballe, Osnabrück, einen photomechanischen Nachdruck in 50 Exemplaren. Die erweiterte Neuausgabe im Snayder Verlag, Paderborn 1997, von der der Aufbau der jetzigen Ausgabe übernommen wurde, war mit ihren 350 Exemplaren schon bald nach dem Erscheinen vergriffen.

Das Manuskript muß ebenso wie das Tagebuch, aus dem Bertz auf den Seiten 99f. zitiert, als verschollen gelten.

Die vorliegende Ausgabe macht einen historischen Text der Fahrradliteratur wieder zugänglich und präsentiert ihn zugleich in einer Form, die heutigen Lesegewohnheiten und -bedürfnissen entgegenkommt. Das bedeutet einerseits Wahrung Bertzscher sprachlicher Eigenheiten einschließlich seiner Art, Begriffe, Ausdrücke, fremdsprachliche Zitate oder Namen hervorzuheben; andererseits aber auch die Notwendigkeit, offensichtliche satztechnische Unregelmäßigkeiten des Originaltextes zu korrigieren.

Konkret heißt das: Bertz' Sprache – Wortwahl wie Satzbau – blieb unangetastet; hingegen wurden die Schreibweise und in einigen wenigen Fällen die Interpunktion vorsichtig nach heute üblichen Regeln modernisiert, hierin insofern dem Autor folgend, als der seinerseits manches Zitat entsprechend anpaßte. Beispiele mögen den Unterschied zwischen Original und Neuausgabe illustrieren: Thränen, thatsächlich, notthun wurde zu: Tränen, tatsächlich, not tun; auf Grund, zu Grunde, zu Tage, Halt machen zu: aufgrund, zugrunde, zutage, haltmachen; giebt zu: gibt; Sonntags, auf Seiten zu: sonntags, auf seiten; Civilisation, Stoicismus, Velociped zu: Zivilisation, Stoizismus, Veloziped (es bleibt die Ausnahme: Cyclisation); Sanscülotte, Büreaukratie zu: Sansculotte, Bureaukratie. Beibehalten wurden hingegen Anglizismen, deren Gebrauch schon damals diskutiert wurde, wie Records, Professionals, Amateurs, Distance, Sportsman/-men. In wenigen Fällen wurden offensichtlich fehlende Wörter ergänzt und mit [...] markiert.

Hervorhebungen des in Fraktur gesetzten Originals wurden wie folgt gewahrt: In Anführungszeichen sowie in Antiqua gesetzte selbständige Veröffentlichungen (Monographien, Periodika) werden durchgehend kursiviert, unselbständige Zeitungs- oder Zeitschriftenbeiträge bleiben unverändert in Anführungszeichen; einst in Antiqua gesetzte fremdsprachliche Begriffe und Redewendungen stehen neu in Futura. Gesperrtes bleibt gesperrt – mit der Ausnahme von Eigennamen, die im Original uneinheitlich hervorgehoben waren und jetzt durchgehend in der Grundschrift stehen, da sie im Namenregister zu finden sind.

Stillschweigend korrigiert wurde die von Bertz fälschlich übernommene Schreibweise dreier Namen: jetzt Rocheblave statt Rocheblaves, Tissié statt Tissier, Vevers statt Ververs.

Das Namenregister mit Angaben zu den Personen und ihren Werken möge einem besseren Lektüreverständnis der *Philosophie des Fahrrads* dienen, dessen Benutzung als historisches Dokument erleichtern sowie durch Zitatnachweise das geistes- und fahrradgeschichtliche Umfeld erhellen, in dem Bertz sich bewegte.

Zum erstenmal in Buchform erscheinen im Anhang vier Artikel über das Fahrrad, die der Autor bald nach dem Erscheinen seiner *Philosophie* veröffentlichte. Sie sind im Register berücksichtigt und runden diese Ausgabe insofern ab, als keine weiteren Texte aus Bertz' Feder zum besagten Thema nachgewiesen sind.

Lebensdaten zu Eduard Bertz

1853 geboren am 8. März in Potsdam
1871/72 erste Veröffentlichung: sechs Gedichte in *Jahreszeiten*
1875 Sommersemester: Studium der Kameralwissenschaft in Leipzig
1876 ab Oktober Militärdienst als Einjährig-Freiwilliger in Tübingen; Bekanntschaft u.a. mit Albert Dulk, Friedrich Theodor Vischer und Ottilie Wildermuth; Organisation eines Protestschreibens Tübinger Studenten zugunsten des aus der Berliner Universität entlassenen Professors Eugen Dühring; ab Dezember mehrere Artikel für Johann Mosts linkssozialistische *Berliner Freie Presse*
1877 im Herbst Rückkehr nach Potsdam, Umzug nach Berlin
1878 mit Jahresbeginn Aufenthalt in Paris; im Frühjahr ordnungsgemäße Abmeldung aus Preußen; im Herbst Verurteilung in Abwesenheit zu fünf Monaten Gefängnis wegen Beleidigung des preußischen Militärs in einem *B.F.P.*-Artikel; ab Ende des Jahres in London
1879 Freundschaft mit dem Schriftsteller George Gissing; erste Rezensionen; Tätigkeit als Lehrer; Studien mit dem Ziel einer Dissertation bei Richard Avenarius in Zürich; private Kontakte mit Johann Most und Karl Höchberg, einem Financier der SPD
1881 im Sommer Überfahrt in die USA; in Rugby, Tennessee, Beteiligung an einer Agrarkolonie (gegründet von Thomas Hughes) sowie Aufbau und Leitung der dortigen Bibliothek
1883 Beginn einer Montesquieu-Übersetzung; im Sommer Rückkehr nach London, Arbeit u.a. in der London Library
1884 Rückkehr nach Deutschland, kurzer Wohnaufenthalt in Ilmenau, danach in Stuttgart; erste Buchveröffentlichung: *The French Prisoners. A Story for Boys* ([2]1902)
1885 Publikation der Montesquieu-Übersetzung *Persische Briefe*
1886 Wohnaufenthalt wieder in Potsdam
1888 Mitglied im Verein Berliner Presse; Mitglied im Deutschen Schriftstellerverband, Wahl zu dessen Sekretär, Einsitz im Schiedsgericht, erste Veröffentlichungen im Verbandsorgan *Deutsche Presse*
1890 im Frühjahr Wiederherstellung seiner Bürgerrechte

1891 Beiträge in Ottmanns *Litterarisches Echo*; Publikation des ersten Romans *Glück und Glas* ([2]1893) und der Übersetzung einer Kurzgeschichte Gissings in *Aus fremden Zungen*
1892 Mitglied im „Verein für die Geschichte Berlins“ und im „Verein Brandenburgia“
1896 Publikation des Romans *Das Sabinergut* ([2]1902; [3]1909 als *Amerika, du hast es besser!*), angesiedelt in Rugby, Tenn.
1898 Beginn der Mitarbeit in Magnus Hirschfelds Wissenschaftlich-humanitärem Komitee
1899 erste Rezensionen für Ettlingers *Das litterarische Echo*
1900 Veröffentlichung der *Philosophie des Fahrrads*; vier weitere Artikel über das Radfahren folgen in den nächsten Jahren
1901 *Der blinde Eros.* Roman; Mitherausgeber von *Spemanns goldenes Buch der Weltlitteratur* (Nachdruck 1904, erweitert 1912)
1905 briefliches Bekenntnis der eigenen Homosexualität. – Mit „Walt Whitman. Ein Charakterbild“ in Hirschfelds *Jahrbuch für sexuelle Zwischenstufen* lanciert Bertz eine öffentliche Auseinandersetzung über W.s vermutete Homosexualität, der weitere Veröffentlichungen und Vorträge bis 1914 folgen.
1906 *Der Yankee-Heiland. Ein Beitrag zu einer modernen Religionsgeschichte*; Beginn eines intensiven Briefwechsels mit dem schweizerischen Schriftsteller und Feuilletonredakteur Josef Viktor Widmann und dem englischen Sexualwissenschaftler Edward Carpenter
1907 *Whitman-Mysterien. Eine Abrechnung mit Johannes Schlaf*
1908 *Die Weltharmonie. Monistische Betrachtungen*
1909 *Harmonische Bildung. Ein Buch für die Zeit*
1910 *Theodor Storm in Potsdam*, ein Vortrag für den „Verein für die Geschichte Potsdams“; Wahl zum Obmann im Wissenschaftlich-humanitären Komitee
1911 Übersetzung eines sexualwissenschaftlich-soziologischen Aufsatzes von E. Carpenter
1922 letzte bisher nachgewiesene Veröffentlichung – über Whitman
1928 Testament (verändert 1930)
1931 gestorben am 10. Dezember in Potsdam

Nachwort

Mit dem hier wiederveröffentlichten Text, dem Hauptwerk von Bertz' schmalem Œuvre, liegt ein Buch vor, das in der kaum noch zu überblickenden Literatur zum Fahrrad eine eigenartige Stellung einnimmt. Es paßt nicht zu den Anthologien, wie sie Peter Francke mit *Lob des Fahrrads* (1974) oder Hans-Erhard Lessing mit *Ich fahr' so gerne Rad. Geschichten von der Lust, auf dem eisernen Rosse dahinzujagen* (1995) veranstaltet haben; es konzentriert sich nicht auf einen Schwerpunkt, wie das musterhaft Paul Schiefferdecker bereits 1900 mit seiner Technikbibel *Der Radfahrer und seine Hygiene* vorführte [siehe Anm. zu S. 59]. Auch nimmt uns Bertz nicht auf einen heiteren Bummel in der Nachfolge von Jerome K. Jerome mit, denn ein solcher entspräche weder seinem Temperament noch seinem Anliegen. Seine Gedanken zum Zweirad sind statt dessen eine besondere, wörtlich zu nehmende Philosophie – „er bietet uns nicht aphoristische Bemerkungen über den Radsport, sondern eine ernste Welt- und Lebensanschauung": so Max Burckhard in *Die Zeit*. Es ist schlicht Liebe zum Wissen über all das, was das Fahrradwesen gegen Ende des 19. Jahrhunderts ausmachte und wie es diverse Fachliteraturen aufnahmen und reflektierten; sie erlaubte ihm kein Schreiben *en passant*, sondern nötigte ihn zu einem gründlichen, allseitigen Blick auf den Gegenstand seines Interesses. Die *Philosophie des Fahrrads* ist, kurzum, eine den Zeitgeist reflektierende Bestandsaufnahme. Wilhelm Bölsche sah in seiner Besprechung in *Das litterarische Echo* darin „die Weltanschauung einer unbefangen denkenden, echt freiheitlichen und überhaupt echten Natur" und pries Bertz' Ausführungen als „Rede eines nüchternen, aber völlig unabhängigen und mutigen Kopfes." Diese Charakterisierung mag miterklären, weshalb das Werk wiederholt zitiert wird in Gesamtdarstellungen zur Sozial-, Medizin- und Mentalitätsgeschichte des Wilhelminischen Zeitalters wie z.B. Joachim Radkaus Studie über *Das Zeitalter der Nervosität* (1998), aber auch in speziellen wie z.B. Rüdiger Rabensteins *Radsport und Gesellschaft* (^{2}1996) oder Anne-Katrin Eberts *Radelnde Nationen* (2010).

Daß „kein Duft über dem Buche“ sei und man „Chaussee-Staub“ bei dessen Lektüre einatme, wie Bölsche sein Lob glaubte relativieren zu müssen, ist eine mögliche Sicht und den Staub betreffend auch gar nicht falsch, denn der belästigte die Radler allemal auf ernstzunehmende Weise. Für die Würdigung und Wirkung von Bertz’ Ausführungen zählt da weitaus mehr die geistige Haltung, wie sie sich ausdrückt in der zitierten Zolaschen Leichtigkeit beim Dahinfliegen auf dem Rad oder in des Verfassers geradezu jugendlich-lustvoller Auseinandersetzung mit dem etablierten Juristen Ortloff. Mehr noch: Bertz’ gelegentliche Polemik, sein gelegentliches Abschweifen – so als wolle er Atem holen – sind das Antidot zu den vielen herangezogenen Monographien und Artikeln und oft genug ausführlichen Zitaten, mit denen er seine Argumentation stützt. Die Belesenheit, die darin aufscheint, kennzeichnet sein schriftstellerisches Leben. Was im vorliegenden Fall vor allem die große Zahl verwerteter ausländischer Zeitungs- oder Zeitschriftenartikel betrifft, so dürfte Bertz den erleichterten Zugang dazu vorrangig seiner Tätigkeit als Schriftleiter der *Deutschen Presse. Organ des Schriftsteller-Verbandes* ab 1888 zu verdanken haben. Er war damit auch zuständig für den Rezensionsteil des Blattes, so u.a. für die Rubrik Zeitschriftenschau. Die angenommene Kenntnis – denn er zitiert aus Martin Siegfrieds Beitrag – des materialreichen Sammelbandes *Der Radsport in Wort und Bild* [siehe Anm. zu S. 9], den Paul von Salvisberg nach dem 1897 in München durchgeführten Radfahrkongreß herausgab, könnte Bertz in seinem Vorhaben nur bestärkt haben, das Fahrrad von einer höheren als der Alltagswarte zu betrachten.

Am 24. April 1895 veröffentlichte die gerade achtzehn Nummern alte Berliner Tageszeitung *Rad-Welt* den Artikel „Zur Philosophie des Radfahrens“:

„Von einer Philosophie des Radfahrens reden zu hören wird gewiß manchem befremdlich, ja vielleicht sogar komisch erscheinen. Eine solche Philosophie ist allerdings auch noch in kein System gebracht worden, und unter all den tausenden Radlern, die in Deutschland und außerhalb unserer Grenzen auf ihren Stahlrossen die Chausseen entlangrollen, hat noch niemand ein derartiges Verdienst für sich in Anspruch nehmen können. (...) Sie fehlt heute noch, aber das Bedürfniss nach ihr ist vorhanden, und wenn sie einmal kommt, so werden ihre werthvollen Früchte auch nicht ausbleiben."

Eduard Bertz, der in der Literaturgeschichte zu den Sternen dritter Grösse zu zählende Potsdamer Schriftsteller, muß sich von diesem Aufruf angesprochen gefühlt und entsprechend reagiert haben, und so darf er mit Fug und Recht jenes Verdienst in Anspruch nehmen: Fünf Jahre nach der Artikelveröffentlichung erschien sein Fahrradbuch und fand sogleich große Beachtung unter den Kritikern. Es ist offensichtlich, daß Bertz diese Sport- und Fachzeitung für sein Vorhaben benutzt hatte. Themen wie „Das Radfahren als socialpolitischer Faktor", „Versuch einer anatomisch-physiologischen Betrachtung des Radfahrens", „Zum Capitel Radfahrer-Chicane", „Die Freigabe der Straßen in Berlin für das Zweirad", „Sport und Industrie", „Radfahrer und Polizei" lagen buchstäblich auf der Straße bzw. wurden in jener Zeitung behandelt. Er mußte sie nur aufgreifen und mit der ihm eigenen Gründlichkeit verarbeiten, und er mußte sie in ein System bringen. Seines hieß – von ihm nicht erfunden, aber konsequent verfolgt – „Harmonische Bildung", nach der er neun Jahre später sein letztes, die bis dahin veröffentlichten philosophischen Schriften aufhebendes Buch betitelte. Es geht dabei, wie er im Vorwort notierte, um eine Erziehung mit dem „Zweck, für die Erhaltung eines gesunden Gleichgewichts zwischen Leib und Seele zu wirken."

Aus dem Herzen gesprochen haben dürfte Bertz darüber hinaus der Tenor, mit dem Eugen Sierke seinen Artikel „Philosophie und Radfahren. Eine ethische Plauderei" verfaßte, publiziert in *Rad-Welt* am 23. Mai 1896. Dessen Kernfrage „Woher diese allgemeine Verbissenheit gegen das Fahrrad?" beantwortete der Autor mit „Unabhängigkeit und Schnelligkeit der Radfahrer", vor allem aber mit dem Neid, der ihnen entgegenschlage – der sei „eine in der Welt weit mächtigere Triebfeder als die Liebe und wer noch nicht Neigung zur pessimistischen Philosophie hatte, der gewinnt sie als Radfahrer." Sierke schloß ganz im Bertzschen Sinne, wenn er nach einem „allgemeinen Gruss-Comment [ruft, um] zu beweisen, dass das Radfahren auch die Sitten *veredelt* und die Menschen einander näher bringt. Denn auch dies ist eine Consequenz des Pessimismus!" [Hervorhebung d. Hrsg.]

Die *Philosophie des Fahrrads* ist Ausdruck weniger von Bertz' Interesse an der technischen Entwicklung des Zweirads als vielmehr seines philosophischen Anliegens, „unter kulturgeschichtlichen, pädagogischen, ethischen und sozialen Gesichtspunkten die grundlegende Bedeutung der Körperzucht für die harmonische Entwicklung" nachzuweisen. Das Fahrrad als damals modernstes, sich rapide durchsetzendes Massenverkehrsmittel diente Bertz buchstäblich und in bestem Sinne als Vehikel bei seinen Bemühungen um „Veredlung", um Höherentwicklung des menschlichen Geschlechts – ein Anliegen, das ihn sein Leben lang beschäftigte. „His favourite work, – education.": George Gissings Charakterisierung seines deutschen Freundes könnte in der Tat nicht treffender sein.

Schon die wenigen ausführlichen Briefe, die Bertz seinem Schulfreund Heinrich Rehfeldt im Sommer 1880 aus dem Londoner Exil schickte [vgl. Stahl, in: *Zeitschrift für Germanistik. Neue Folge* VI, Heft 2/1996], bezeugen vor allem, neben ersten Gehversuchen als Rezensent und Märchenschreiber, seine Anteilnahme an der Erziehung seines Halbbruders, der in Potsdam bei der gemeinsamen Mutter und deren Mann lebt. Aus der Ferne ist das ein so gut wie zum Scheitern verurteiltes Unterfangen, das Bertz wütend-hilflos macht, zumal er dem pädagogischen Geschick der Mutter nicht vertraut. In denselben Briefen berichtet er dem Freund aus Frankfurt/Oder, daß er sein Teil zu Gissings Romanerstling *Workers in the Dawn* beigetragen habe. Im Druck betitelt mit „Mind-Growth", ist dieses Kapitel wesentlich eine Erziehungs-, besser: Bildungsgeschichte. Mit der Kenntnis von Bertz' Lebensdaten und -umständen liest man diesen Abschnitt als zwischen realer Biographie und intellektueller Wunschbiographie changierend und kann nachvollziehen, woher seine literarischen und philosophischen Projekte rühren. Worum geht es in diesem innerhalb des Romangefüges stilistisch auffallenden Kapitel? Die sich über zwei Jahre erstreckenden Tagebucheintragungen der Heldin spiegeln einzig und allein deren geistige Bewußtwerdung und Erhöhung, kurz: ihre „Veredlung" wider. Bertz läßt die junge Frau in Tübingen Philosophie studieren, dabei explizit mit Schopenhauer, Comte, Darwin und Haeckel in Berührung kommen und sie so in seinem Sinne sittlich reifen; die zu Beginn des Studiums nur gefühlsbetonte Lektüre des Romantikers

Shelley erlaubt am Ende eine tiefere Durchdringung seiner Werke und einen stärker nachhaltigen intellektuellen Genuß.

Als von einem erzieherisch-aufklärerischen Impetus getragen darf in diesem Zusammenhang das Material über die deutsche Sozialdemokratische Partei gesehen werden, das Bertz dem vier Jahre jüngeren Gissing lieferte; der verarbeitete es zur Artikelserie „Notes on Social Democracy", Anfang September 1880 erschienen in der *Pall Mall Gazette*. Die Vermutung liegt nahe, daß Bertz sich damit Gissings als Sprachrohr bediente für seine eigene Kritik an der Entwicklung, die die Partei zu nehmen drohte, und für die er, dieser inzwischen entfremdet, selber keinen Platz zur Veröffentlichung finden konnte. Die Schlußzeilen, wiewohl von Gissing verfaßt bzw. seinen Namen tragend, sind durchdrungen vom Bertzschen Geist, einer für ihn typischen Mischung aus Aufgeklärtheit und Idealismus:

> „Before the Socialist state is possible, the masses must be *taught* what they really need, why they need it, and how they must act to obtain it; in other words, it is not enough to agitate them with vague ideals: they must be, in every sense of the word, *educated* to progress... [and enabled] ...for the reception of intellectual and moral truths." [Hervorhebungen d. Hrsg.].

Nahezu zeitgleich mit der Publikation dieser Zeilen skizzierte Bertz in einem Brief an Heinrich Rehfeldt seine neugewonnene Position – es ist eine Schlüsselstelle, bestimmend für sein weiteres Leben:

> „Obwohl ich ganz objectiv und von allem Parteitreiben fern bin, ist rein persönlicher Verkehr mit einzelnen hervorragenden Socialdemokraten noch immer im Gange. So z.B. sucht [Johann] Most mich manchmal in meiner Tottenhamer Einsamkeit auf, weil es ihm ein Bedürfniß sei, seine Taktik einer ruhig prüfenden Kritik zu unterverwerfen. (...) ich bin neutral, und ich will nicht so dumm sein, in fruchtloser Opposition aufzutreten; denn wenn gereizt, war die Partei von je eine wüthende Meute. (...) *meine Aufgabe betrachte ich als eine sittliche, weil ich eine sociale Reform für unmöglich halte ohne eine sittliche Wiedergeburt*. Die Schäden liegen in der Herrschaft der Corruption, von der alle Stände angefressen sind, und wenn sie Lumpen bleiben wollen, so interessirt mich ihre sociale Revolution nicht, weil sie dann nur formell sein wird. Soweit es die leider allzu berechtigte Skepsis zuläßt (...) bin ich radikal auf dem Felde der öffentlichen Moral." [Hervorhebung d. Hrsg.]

Dieser sittlichen Aufgabe verschrieb sich Bertz hinfort tatsächlich und auch tatkräftig: Elf Monate nach jenem Brief und gut vorbereitet ging er nach Tennessee, um dort mitzuhelfen beim Aufbau einer Agrarkolonie: Diese hatte der Jugendbuchschriftsteller und Parlamentarier Thomas Hughes mit dem Ziel gegründet, englischen Söhnen aus „alten Familien", „die durch Stand und durch Sitte, durch Mißstand und durch Unsitte verdammt sind, ihre blühende Kraft in eitlem Müßiggange zu vergeuden", zu einer sinnvollen Arbeit zu verhelfen. Es galt, sich der „sozialen Frage der Gebildeten (…) der Überflüssigen, der verfehlten Existenzen" – so Bertz in seinem US-Roman *Das Sabinergut* – zu widmen. Der Potsdamer Autor tat das auf seine Weise: Er gründete und leitete die noch heute bestehende Bibliothek, erwarb und katalogisierte Bücher.

Noch vor seiner Rückkehr aus Tennessee im Sommer 1883 übernahm Bertz von seinem Freund Robert Habs die Aufgabe, dessen begonnene Übersetzung von Montesquieus *Lettres persanes* weiterzuführen und zu beenden. Im Nachwort vom November 1884 hielt Bertz fest: „Aus Montesquieu sprach das Gewissen der Menschheit (...) Eine *entsittlichte* Gesellschaft war es, der er (…) den Spiegel vorhielt, und die er mit ihren eignen Waffen bekämpfte." [Hervorhebung d. Hrsg.] Ging Bertz bei der Beendigung der Übersetzung auf Distanz zur eigenen Arbeit? „Als ein historisches Denkmal haben wir hier die ‚Persischen Briefe' wieder übersetzt, nicht als eine für unsere Zeit maßgebliche Richtschnur für die Beurteilung sozialpolitischer Zustände." Mit diesem Nachsatz nahm er eine taktische Haltung ein, war er doch, obgleich wieder in Deutschland lebend, noch immer ohne Bürgerrechte, die er unter den Bismarckschen „Sozialistengesetzen" verloren hatte. Kommt hinzu, daß nur einen Monat vorher in London sein *The French Prisoners. A Story for Boys* aus der Zeit des Deutsch-Französischen Krieges 1870/71 erschienen war. Darin hielt er seinen Landsleuten den Spiegel vor und prangerte ihren engen preußisch-deutschen Horizont, ihren verhunzten Begriff von nationaler Ehre an. Selbstverständlich gibt es in dieser Jugendgeschichte auch gute Deutsche, christlich inspirierte und hilfsbereite, zur Nächstenliebe auch dem offiziellen Feind gegenüber fähige Menschen: Bertz' sittlich-erzieherische Absicht können wir nicht überlesen.

„Eine *ethische* Wiedergeburt der Gesellschaft oder keine.“: Diese Worte können als Maxime über Bertz’ gesamtem literarisch-philosophischen Schaffen stehen. Geäußert werden sie am Ende einer langen Auseinandersetzung über die Möglichkeiten gesellschaftlicher Entwicklung in Bertz’ erstem Roman *Glück und Glas* 1891, und sie werden gesprochen nicht von der Hauptperson, die autobiographische Züge trägt, sondern von deren intellektuellem Alter ego – die oben angedeutete Spannung zwischen realer und Wunschbiographie tritt damit ein weiteres Mal zutage.

Auch beruflich – und vorrangig aus finanziellen Gründen – wandte sich Bertz der Erziehung zu. Anfangs, 1879,war er für zwei Monate Lehrer an einer Mädchenschule in Südengland; später, 1883, nach seinem Aufenthalt in Tennessee, wirkte er in London als Vorstandsmitglied einer Abendschule für Lehrlinge und hielt daselbst Vorträge über englische Literatur. Wenn dann der Held in Bertz’ drittem, ebenfalls autobiographisch grundierten Roman *Der blinde Eros* zwecks Gelderwerb Schulunterricht erteilen muß, um der „Versorgungsanstalt“ Ehe zu dienen, so schließt sich noch einmal ein Kreis. Als Lehrer zu wirken gehört nicht gerade zu den liebsten Tätigkeiten der männlichen Hauptfigur, die ihre Kraft lieber der Philosophie und der damit verbundenen häuslichen Schreibtischarbeit widmet. Wie der Protagonist dieses Romans verlegte sich Bertz mit den Jahren immer nachdrücklicher auf eine Tätigkeit als philosophierender Schriftsteller, wie jener wollte er darin reüssieren und konnte das letztlich wie jener nur in eingeschränktem Maße und unter großen Entbehrungen.

Das Streben nach leibseelischer Harmonie, nach ganzheitlicher Gesundheit war Bertz’ großes Thema. Er hatte offenbar keine allzu starke Konstitution; schon seit Ende der 1880er betonte er wiederholt verschiedenen Briefpartnern gegenüber, er hoffe, ihm möge „noch einige Zeit gegeben“ sein, um all seine Projekte verwirklichen zu können. Eingestandenermaßen tat ihm das Schreiben nicht immer gut, diesem aber fühlte er sich mit Leib und Seele verpflichtet. „Philosophie ist die Leidenschaft meines Lebens“, bekannte er Ende 1906 in einem bewegenden Brief an den Berner Schriftsteller Josef Viktor Widmann. Der Beengungen seines Daseins als Wortschmied und der

Notwendigkeit eines anderen, gesünderen Lebens war sich Bertz bewußt, doch konnte er die ihm daraus erwachsenden Anforderungen nicht in Einklang bringen mit der als notwendig erachteten sittlichen Erziehung seiner Mitmenschen, der er sich sich verschrieben hatte. Der Konflikt, in dem sich Bertz befand und der verallgemeinernd heute noch immer virulent ist, ist unschwer zwischen den Zeilen seines Fahrradbuches zu lesen.

„Wird schon genügend viel Rad gefahren?" Die von Heinrich Pudor am 8. September 1900 in *Rad-Welt* gestellte Frage muß von jeder Generation neu beantwortet werden im Nachdenken über individuell gewünschte und gesellschaftlich notwendige Mobilität und ihre ökologischen Folgekosten. Letztere konnten von Bertz noch nicht formuliert werden in dem Sinne, wie das 112 Jahre nach Erscheinen seines Werkes Usance ist. Daß sich aus der Differenz zwischen damaligen Auffassungen und heutigen Anforderungen Funken schlagen ließen, legte 2002 eine Ringvorlesung zu „Herausforderungen der Bildungsgesellschaft" nahe [www.uni-erfurt.de/archiv/2002/0037/court_1.html]. Mit Blick auf den Schulsport an Regelschulen wurde ein fächerübergreifendes Unterrichtsprojekt vorgeschlagen, das die praktische Seite des Radfahrens und die theoretische der Reflexion miteinander verbände; Bertz' *Philosophie des Fahrrads*, so Jürgen Court, böte genügend Anregungen zu Diskussionen über Mode, Emanzipation, Gesundheit, Fairness und Sozialpolitik. Das Einüben mentaler Qualitäten, die Richardson in seinem [im Namenregister] erstzitierten Artikel nennt – „courage, attention, decision, presence of mind, endurance" –, darf dem hinzufügt werden. Die Schlußworte aus Prof. Junkers Bertz-Rezension in der *Zeitschrift für Turnen und Jugendspiel* 1900 haben hinsichtlich der Lektüre selbst nichts von ihrer Geltung verloren: „[Das Buch] ist in verständlichem, gutem Deutsch und keineswegs schwer geschrieben, und durchweg so interessant, daß wir ihm die weiteste Verbreitung wünschen möchten."

Wulfhard Stahl　　　　　　　　　　Bern, im März 2012

für

Zofia Laura und Florian Kamil

Namenregister

Friedrich der Große, d.i. Friedrich II. (1712-1786), König von Preußen. Mit seinem „Wort“, tatsächlich eine schriftliche Randnotiz, trat F. für die Toleranz aller Religionen ein. – 150

Frühwein, Philipp – 264

Galenos, Claudius (131-ca. 200), römischer Arzt griechischer Herkunft und philosophischer Schriftsteller. – 44, 90

Die Gartenlaube. *Illustrirtes Familienblatt* (Leipzig/ Berlin 1853-1937) – 258, 261

Gemeinnützige Blätter für Groß-Frankfurt. *Zeitschrift für soziale Heimatkunde* (Frankfurt/M. 1899-1901) – 264

Genesis, das erste der fünf Bücher Moses (Altes Testament). Das nachfolgende Zitat stammt aus ebd. 3, 19. – 8

Geisser, August – 255

Gissing, George Robert (1857-1903), englischer Schriftsteller. – 261, 270f., 275f.

Glässing, C. – 264

Gneisenau, August Wilhelm (1760-1831), preußischer Generalfeldmarschall. – 243

Goethe, Johann Wolfgang von (1749-1832), Großschriftsteller. Das Zitat auf S. 39 stammt aus *Faust. Eine Tragödie*. Prolog im Himmel, Vers 340-341; das Zitat auf S. 159 (korrekt: „Was ich nicht erlernt hab / Das hab ich erwandert.“) ist das Motto zu Band 1 von G.s Zeitschrift *Zur Naturwissenschaft überhaupt, besonders zur Morphologie* (1817-1824). – 39, 50, 159

Guhl, Ernst (1819-1862), Kunsthistoriker; zusammen mit Wilhelm Koner Verfasser von *Das Leben der Griechen und Römer. Nach antiken Bildwerken dargestellt* (Zweite, verbesserte und vermehrte Auflage 1864). Bertz erwarb dieses Buch 1881 in London. – 42

Gutsmuths (auch Guthsmuths und GuthsMuths), Johann Christoph Friedrich (1759-1839), Pädagoge; begründete die philanthropisch orientierte Leibeserziehung; seine *Gymnastik für die Jugend* erschien 1793, das *Turnbuch für die Söhne des Vaterlandes* 1817. – 47, 243f., 249

Haag, P. – 263

Habs, Robert (1858-?), Schriftsteller und Übersetzer. – 277

Juvenal(is), Decimus Junius (ca. 60-140), römischer Dichter. – 44, 120, 257

Kant, Immanuel (1724-1804), Philosoph. Seine *Anthropologie in pragmatischer Hinsicht* erschien 1798. – 39, 71, 158, 182

Klopstock, Friedrich Gottlieb (1724-1803), Schriftsteller. Bertz spielt an auf K.s fünfzehnstrophiges Gedicht „Der Eislauf" (1764). – 50

Kneiss, Emil (1867-?) – 267

Koch, Konrad (1846-1911), Gymnasialprofessor; führte in Deutschland 1872 die Schulspiele und 1874 den englischen Fußball und das Scheibenwerfen ein; seine *Geschichte des Fußballspiels* erschien 1895. Bertz bezieht sich in seiner kurzen Erwähnung K.s auf dessen 1900 publiziertes Werk *Die Erziehung zum Mute durch Turnen, Spiel und Sport. Die geistige Seite der Leibesübungen* (vgl. ebd. S. 109). Dem Radfahren als Dauerübung ist das kurze Unterkapitel V.2.i gewidmet. – 245

Koheleth (hebräisch; griechisch „Ekklesiastes", Prediger), Buch des Alten Testamentes aus dem 4. oder 3. Jh. v.u.Z., das Salomo als Weisheitslehrer auftreten läßt (daher „Prediger Salomo"). Bertz zitiert nach ebd. 4, 1. – 215

Koner, Wilhelm (1817-1887), Universitätsbibliothekar. – 42

Kriegstechnische Zeitschrift. *Für Offiziere aller Waffen. Zugleich Organ für kriegstechnische Erfindungen und Enrdeckungen auf allen militärischen Gebieten* (Berlin 1898-1919) – 255

Krikl, Andreas – 266

Kuballe, Reinhard – 268

Kürschners Deutscher Literatur-Kalender (Leipzig/ Berlin 1883-) – 261

Der Kunstwart. *Rundschau über alle Gebiete des Schönen* (Dresden/ München 1887-1932) – 262

Lades, Wettläufer aus Sparta. – 42

Lafitte, Pierre (1872-1938) – 259

Lange, Friedrich Albert (1828-1875), Pädagoge, Philosoph, Ökonom. Der Hinweis auf die Wohnverhältnisse stammt aus seinem Werk *Die Arbeiterfrage. Ihre Bedeutung für Gegenwart und Zukunft*. Winterthur ^{5}1894. Viertes Kapitel: Die Lebenshaltung (standard of life), S. 192. – 23

cet and other writers (London 1798, deutsch als *Eine Abhandlung über das Bevölkerungsgesetz; oder eine Untersuchung seiner Bedeutung für die menschliche Wohlfahrt in Vergangenheit und Zukunft, nebst einer Prüfung unserer Aussichten auf eine künftige Beseitigung der Übel, die es verursacht* [nach der Ausgabe letzter Hand [6]1826] Jena 1905) regte Darwin an zur Idee vom Kampf ums Dasein. – 37

Mancini, Ernesto, italienischer Ingenieur (siehe *Nuova Antologia*); 1881 Sekretär der Reale Accademia dei Lincei, Rom, 1920-1926 deren Kanzler. – 97, 105

Marx, Karl (1818-1883), Nationalökonom, Philosoph. Bertz zitiert aus *Das Kapital*, 1. Buch, 4. Abschnitt, 13. Kapitel, Unterkapitel 5: Kampf zwischen Arbeiter und Maschine. Vgl. die Ausgabe Berlin/DDR 1972 (= *Marx Engels Werke*, Band 23), S. 454. – 173

Mendelsohn, Martin (1860-1930), Arzt, Privatdozent, Hochschullehrer für Krankenpflege. Sein Vortrag vom 16.12.1895 und 13.1.1896 vor dem Verein für Innere Medizin zu Berlin „Ist das Radfahren als eine gesundheitsgemäße Übung anzusehen und aus ärztlichen Gesichtspunkten zu empfehlen?“ erschien, nach eingehender Diskussion in *Vereins-Beilage der Deutschen Medicinischen Wochenschrift* 22 (1896), Nr. 10, 2.4.1896, S. [61]-64, und Nr. 11, 9.4. 1896, S. [69]-71), in *D.M.W* 22 (1896), Nr. 18, 19, 21, 23-25, dann im selben Jahr, mit einem Vorwort, in Buchform unter dem von Bertz genannten Titel *Der Einfluß des Radfahrens auf den menschlichen Organismus.* – 67-70, 110

Merkel, Sigmund (1865-1923), Arzt, Hygieniker. – 258f.

Merkur, römischer Schutzgott der Kaufleute und des Handels. – 219

Meyer-Förster, Wilhelm (1862-1934), Schriftsteller. – 229, 231f.

Michaux, Pierre (1813-1883), französischer Mechaniker; von ihm stammte die Idee, durch Befestigung zweier Tretkurbeln an der Vorderachse die Draissche Laufmaschine zu einer Fahrmaschine weiterzuentwickeln; sein Sohn Ernest (1842-1882) realisierte sie 1861. – 10f., 18

Mill, John Stuart (1806-1873), englischer Philosoph und Nationalökonom. – 197

Mills, George Pilkington (1866-1946), englischer Radrennfahrer; gewann das am 23. Mai 1891 zum erstenmal ausgetragene Straßenrennen Bordeaux–Paris (572 km in 26:34:57); *The Review of Reviews* nannte ihn in einer „List of Champions“: „George Pilkington Mills, 25, 5 ft 10½ in., 11 st. 4 lb., long distance road-riding tricyclist, 298½ miles in 24 hours; rode from Land’s End to John O’Groat’s House in 4 days 11½ hours.“ (June 1892, No. 30, S. 579). – 84

Möser, Justus (1720-1794), Publizist und Historiker; seine *Patriotischen Phantasien* erschienen 1774-1776. – 37

Monatsblätter für die öffentliche Gesundheitspflege (Braunschweig 1893-?) – 259

Montesquieu, Charles de Secondat (1689-1755), französischer philosophisch-politischer Schriftsteller. Das Zitat stammt aus dessen *Vom Geist der Gesetze*. – 211, 270, 277

Most, Johann (1846-1906), Sozialdemokrat, Anarchist. – 270, 276

Mühling, C. – 263

Muellner, Beth – 261

Münchener Allgemeine Zeitung, d.i. *Allgemeine Zeitung* (München 1798-1925) – 198, 265

Murphy, Charles Minthorn (1871-1950), US-amerikanischer Amateurradrennfahrer („Minute a mile–Murphy“); den erwähnten Rekord, der bis 1924 hielt, fuhr er am 30. Juni 1898 (Schnitt 101,780 km/h). Vgl. dazu u.a. *Über Land und Meer. Deutsche Illustrierte Zeitung* 82. Band, 41. Jg., Nr. 47, S. 203 („Die größte bisher erzielte Fahrradgeschwindigkeit“ / mit zwei Abb.). – 11, 81f.

Mutter Erde. *Eine Wochenschrift. Technik, Reisen und nützliche Naturbetrachtung in Haus und Familie* (Berlin/ Stuttgart 1899-1900) – 254, 256, 263

Napoleon I. – 257

Neue Militärische Blätter. *Monatsschrift für Armee und Marine* (Berlin 1872-1912) – 256

Nietzsche, Friedrich (1844-1900), Philosoph; sein Hauptwerk *Der Wille zur Macht. Versuch einer Umwertung aller Werte* blieb unvollendet, *Also sprach Zarathustra* erschien 1883-1885. Bertz widmete ihm einen mehrfach abgedruckten Nachruf und rezensierte den ersten Band seiner *Gesammelten Briefe*. – 12, 34ff., 57, 112, 193f., 212

Nieuport, Charles (1875-1913), französischer Radrennfahrer (Sprinter); hatte die größten Erfolge zwischen 1896 und 1898; später Flugzeugkon-

Zeiten Spott und Geißel/ Des Mächt'gen Druck, des Stolzen Mißhandlungen,/ Verschmähter Liebe Pein, des Rechtes Aufschub,/ Den Übermut der Ämter und die Schmach,/ Die Unwert schweigendem Verdienst erweist,/ …" – 143, 212, 262

Shelley, Percy Bysshe (1798-1822) – 276

Siegfried, Martin (1855-?), Arzt. Sein Buch *Wie ist Radfahren gesund? Hygienische Studien auf dem Zweirade* erschien 1895; sein Aufsatz „Die Hygiene des Radfahrers" steht in: *Der Radfahrsport in Bild und Wort* [siehe unter Anm., S. 15: *Touren*], S. 157-170. Weitere Artikel S.s sind „Radfahren als Heilgymnastik", in *Therapeutische Beilage der Deutschen Medicinischen Wochenschrift* 23 (1897), Nr. 5, 3. Juni 1897, S. 37-38, sowie „Heilerfolge durch Radfahrgymnastik (Cyklotherapie)", in ebd., Nr. 6, 1. Juli 1897, S. 44-46. Eine Diskussion zu S.s Vortrag über „Cyklotherapie" brachte die *Vereins-Beilage der D.M.W.* 24 (1898), Nr. 12, 28. April 1898, S. 71-73 (ohne angekündigten Vortragsabdruck). S. verfasste zudem den Artikel „Zur Mechanik und Physiologie der Cyklistik", in *D.M.W.* 25 (1899), Nr. 33, 17. August 1899, S. 547-549. – 68, 71ff., 175, 258, 273

Sierck, Detlev; 1895 Schriftwart des Deutschen Radfahrer-Bundes (D.R.B.) Gau-Verband 1 Hamburg, 1896 Erster Vorsitzender des Rennvereins Hamburg-Altonaer Radfahrer, 1897 Bundesfahrwart für Bahnwettfahrten des D.R.B. Sein Artikel „Radsport und Rennfahren" erschien in *Der Radfahrsport in Bild und Wort* (vgl. Siegfried), S. [69]-110. – 81, 85

Sierke, Eugen (1845-1925), Kulturhistoriker. – 274

Siklósy, Joseph (1854-ca. 1915), Schriftsteller; schrieb gelegentlich für *Rad-Welt*, so die Artikel „Meine Philosophie" (ebd., 9. Juni 1895, Nr. 56, [S. 2]) und „Der Roman eines Radfahrers" (ebd., 19. Juni 1895, Nr. 64, [S. 1-2]). – 230

Simrock, Karl (1802-1876), Schriftsteller und Philologe. – 264

Sodoffsky, Gustav – 263

Sokrates (470-399 v.u.Z.), griechischer Philosoph. – 38, 53

Sophokles (497/96-406 v.u.Z.), griechischer Dichter. Das Zitat stammt aus *Antigone*, Vers 332-333. – 7

Spencer, Herbert (1820-1903), englischer Philosoph und Soziologe, früher Anhänger der Evolutionstheorie. Sein Werk *The Principles of Ethics* erschien 1892-1893 (dt. 1892-1894 als *Die Prinzipien der Ethik*), das „Erziehungsbuch" *Education: Intellectual, Moral, Physical* 1861 (dt. 1881 als *Die Erziehung in geistiger, sittlicher und leiblicher Hinsicht*). – 35, 38, 50, 66, 77

Spiel und Sport. *Organ zur Förderung der Interessen aller athletischen Sports. Deutsches Lawn-Tennis-Fachblatt* (Berlin 1892-1901). Im Supplement „English Chat", 24. Juni 1899, [S. 1-2], wird Delbrück, ohne Quellenangabe, mit folgenden Worten zitiert: „I can now inform you that in my eyes the social problem is solved. In a word, I have been a cyclist for two years. The future of the people lies in the velocipede. One speaker has stated that the solution of the social problem is to be found in the abolition of alcoholism. Here, again, the wheel steps in; no cyclist is an alcoholist, from pure necessity. Give the young people a bicycle, and they will soon cease to take any interest in Social Democratic gatherings." [vgl. S. (16)] – 27

Spohr – 258

Stahl, Wulfhard – 258, 275

Starley, James (1801-1881), englischer Erfinder des Niederrads. Sein erstes Rad war das Coventry (um 1868), das zweite das Ariel (1871); sein Neffe John Kemp St. (1854-1901) entwarf und produzierte ab 1885 das Rover, das erste Sicherheitsrad und Prototyp aller modernen Fahrräder. Es war so erfolgreich, dass der Name als *rower* (gleich: Fahrrad) Eingang fand ins Polnische. – 15

Statistische Korrespondenz (Berlin 1874-1934) – 263

Stead, William Thomas (1849-1912), Autor, Journalist, Verleger; Herausgeber der *Pall Mall Gazette*; 1890 Gründer und Herausgeber von *The Review of Reviews*, in der er u.a. folgende ungezeichnete Artikel verantwortete: „Women Bicyclists", June 1892, S. 607; „A Bicycle Railway", October 1892, S. 355; „The Bicycle as a Revolutionist", November 1892, S. 465; „What Bicycle Shall I Buy? Advice to a Novice by an Expert", February 1893, S. 158; „Cycling for Women. Why Not Co-operative Cycles?", May 1893, S. 524, „Cycles and Cycling", May 1894, S. 472; „Catholic Priests and the Bicycle. Its Use

kar und Inspektor für Turnunterricht. 1888 erschien sein Buch *L'Hygiène du vélocipédiste* ([2]1893 als *Guide du vélocipédiste pour l'entraînement, la course et le tourisme*), 1897 *La fatigue et l'entraînement physique.* – 84, 105

Tolstoi, Lew (1828-1910), russischer Schriftsteller. Körperliche Arbeit war für ihn so „unentbehrlich wie die Luft" und so „wichtig, weil sie den Verstand hindert, müßige und sinnlose Arbeit zu tun." – 34, 39f., 96, 101, 103, 236

Über Land und Meer. *Allgemeine* [auch: *Deutsche*] *Illustrirte Zeitung* (Stuttgart 1858-1923) – 263

Die Umschau. *Übersicht über die Fortschritte und Bewegungen auf dem Gesamtgebiet der Wissenschaft, Technik, Litteratur und Kunst* (Frankfurt/M. 1897-1986) – 255, 265

Ursicor, H. – 255

Varnhagen, Rahel von (1771-1833), Schriftstellerin, und Karl Ense von (1785-1858), Schriftsteller. – 101

Velhagen & Klasings Monatshefte (Bielefeld u.a. 1886-1953) – 265

Verhandlungen des Evangelisch-sozialen Kongresses (Berlin 1897-1926). Der 10. Ev.-soz. Kongreß fand am 25. und 26. Mai 1899 in Kiel statt; Delbrück wurde im Berichtsband, erstellt „[n]ach den stenographischen Protokollen", lediglich in der Teilnehmerliste aufgeführt. Anders die *Jugend. Münchner Illustrierte Wochenschrift für Kunst und Leben*: Sie brachte unter der Überschrift „Das Fahrrad als ‚Allheil!'-Mittel" (4. Jg., Nr. 24, 10. Juni 1899, S. 390) eine mit fünf Zeichnungen geschmückte Meldung [siehe S. (16)]. – 28

Vevers, John, englischer Konstrukteur eines vierrädrigen, mit Tretkurbeln ausgerüsteten lenkbaren Reisewagens (1769). – 10

Vieth, Gerhard Ulrich Anton (1763-1836), Pädagoge und Naturwissenschaftler; gehörte neben Gutsmuths und Jahn zu jenen Philanthropen, die eine Integration der Leibesübungen in die allgemeine Erziehung anstrebten. – 47

Vincentius von Paula (1576-1660), französischer Priester, 1737 heiliggesprochen. – 37

Vischer, Friedrich Theodor (1807-1887), Schriftsteller. – 270

Ebenfalls lieferbar:

Rüdiger Rabenstein
Radsport und Gesellschaft
Ihre sozialgeschichtlichen Zusammenhänge
in der Zeit von 1867 bis 1914.
2. Aufl. Hildesheim 1995.
VI/333 S. mit zahlr. Abb.
ISBN 978-3-615-00066-5
WEIDMANN

Wer sind die früher Radsportler der Wilhelminischen Epoche? Abenteurer, die mit ihrem Zweirad auf Weltreisen gehen, Geschwindigkeitsbesessene im Rekordrausch auf Mammutdistanzen! Ein Fortschrittstaumel, ein euphorischer Wirbel um das Radfahren: „man“ fährt Rad!
Gegner sind schnell zur Stelle: die Ewig-Gestrigen und die Ängstlichen wie Stadtväter, Polizisten, Reiter, Kutscher, Gutsherren, Pastoren und Sittenwächter! Es hagelt Fahrverbote, Fahrradsteuern werden erlassen! Radfahrende Frauen und Arbeiter werden angefeindet! Mediziner erklären das Fahrradfahren für gesundheitsgefährdend. Kontroversen über Jahrzehnte!
Mit dieser Problematik und weiteren Themen entwirft der Autor eine aufregende und doch wissenschaftlich fundierte Sozial- und Kulturgeschichte des Radsports, die die gesellschaftliche Bedeutung der Radsportbewegung von 1867 bis 1914 belegt. Hier wird Radsportgeschichte mehr als nur eine Faktensammlung von Rennergebnissen. Das Eindenken in diese wichtige Radsportepoche und das Miterleben gelingt mit Hilfe der textbezogenen Bildauswahl auch Lesern ohne Vorkenntnisse.